新 潮 文 庫

さいごの色街 飛田

井上理津子著

新 潮 社 版

10152

はじめに

飛田《とびた》新地は、大阪市西成《にしなり》区に今なお存在する「色街」だ。約百六十軒の店が軒をつらねている。

取材を始めたのは、二〇〇〇年の年末だった。

「にいちゃん、にいちゃん、にいちゃん……」

夜のとばりが降りた時刻、客引きのおばさんが手招きし、紫や赤のけばけばしい色の蛍光灯が、上がり框《かまち》にちょこんと座った女性を照らす店に、一人、また一人と男たちが吸い込まれていく。私は、その光景を見ながら歩くうちに、頭がクラクラしてきた。さっき、近くの商店街の食堂で食べたきつねうどんの、やたら甘ったるかった出汁《だし》が、胃の中から食道を伝って口の中に逆流してきそうな気分に襲われた。

私は界隈《かいわい》に、その時すでに十回くらいは足を踏み入れていた。一角に「鯛《たい》よし百番」という遊廓《ゆうかく》建築をそのまま使った料理屋があり、十五年ほど前、そこで開かれた新年会に来た時が最初だった。面食らった。百年も前にタイムスリップしたような、映画のセットのような町の光景に度肝を抜かれ、鯛よし百番に入ったら入ったで、壁や天井、襖《ふすま》に金や赤色が施されたおどろおどろしい世界に、えも言われぬ淫靡《いんび》さを感じた。以来、新世界に行った時などに「怖いもの見たさ」でちょくちょく足を延ばしていた。来るたびぞくっとするものの、回を重ねるうちに最初ほどの驚きはなくなっていた、はずだった。

ところが、である。「取材対象にできるか」と考えながら改めて歩いてみると、その光景の異常さが尖《とが》って見えてくる。

「何だなんだ、この町は」

「とんでもない」

と、心の中で叫んだ。

はるか昔に売春防止法ができたことも、「人権」なるものが世に存在することも知らないような町……。

歩き回ったその日、ふと、「飛田の人」と話してみたくなり、玄関先で客引きのおばさんにわざと訊《き》いてみた。

「あの〜すみません。大門通りって、どこですか」

「あっちあっち。ここ、まっすぐ行ったらいいわ」

普通の質問への普通の答えがあったことに、少しほっとする。

調子に乗って、何軒かの店で、「古い建物ですね」「(玄関の上の)欄間が素敵ですね」。あげくは「景気はどうですか」などと声をかけまくってみた。無視されるか、「写真あかんで」と言われるのがオチだった。

さらに調子に乗って、次にこんなことを訊いてみた。

「あの〜、私も店に上がれます?」

おばさんはきょとんとし、

「何、あほなこと言うてんの、女のくせに。あほ」

もう一軒で同じことを訊く。

「あほかいな。それやったら、レズの女の子用意しとかなな」

と笑ってかわされた。え〜い、もう一軒。名目は「料亭」なんだから、もしかして中に上げてくれる店だってあるかもしれない。上がって、店の中を見てみたい。今日は三万円持っている。よ〜し。ダメ元でもう一軒、声をかけてみようと思ったその時だった。

「うるさいわ。女の来るとこ違《ちゃ》うやろ、どあほ」

怒声が飛んできて、頭から塩をまかれた。

「早《は》よ、帰らんかい」

すごまれた。

とっさに、私は深く頭を下げ、

「すみません」

と謝った。

その直後には、なんで謝ったのだろうと自分が情けなく、悲しくなった。ああやっぱりこの町は手に負えない。もう帰ろうと、界隈をあとにし、寂れた商店街をとぼとぼと地下鉄動物園前駅の方に向かった。

と、その時だった。きらきら光ったパチンコ屋の自動ドアが開き、中から大音量の軍艦マーチが流れてきたのは。その大音量に、今まさに尻尾《しっぽ》を巻いて逃げだそうとしている自分がなぜか笑えてきた。「進め！」の啓示を受けたわけではない。だがその瞬間、この町は特別な町なんかじゃない、と思えたのだ。他所《よそ》にゴマンとある下町と同じように、パチンコの好きな普通の「人間」が住んでいる。そこにはきっと、血も涙も笑いもあるだろう。だったら何を恐れることがあろうか。よし、この町に近づいてやろう。そんな無謀な気持ちがムクムクと湧《わ》いてきた。

東京に転居した友人から、「東京広しといえどもああいう町はどこにもない。そのうちなくなってしまいそうだから、記録しといたら」と言われたのが、そもそものきっかけだった。

本書は、二〇〇〇年から二〇一一年までの間に飛田の住人をはじめ、この町とどっぷり関わる人たちと出会えたことによって、遅々としながらも書き溜《た》めた飛田新地の記録である。登場する飛田と周辺の人たちの名は、その人たちとの約束により、九割方、仮名とした。

目次

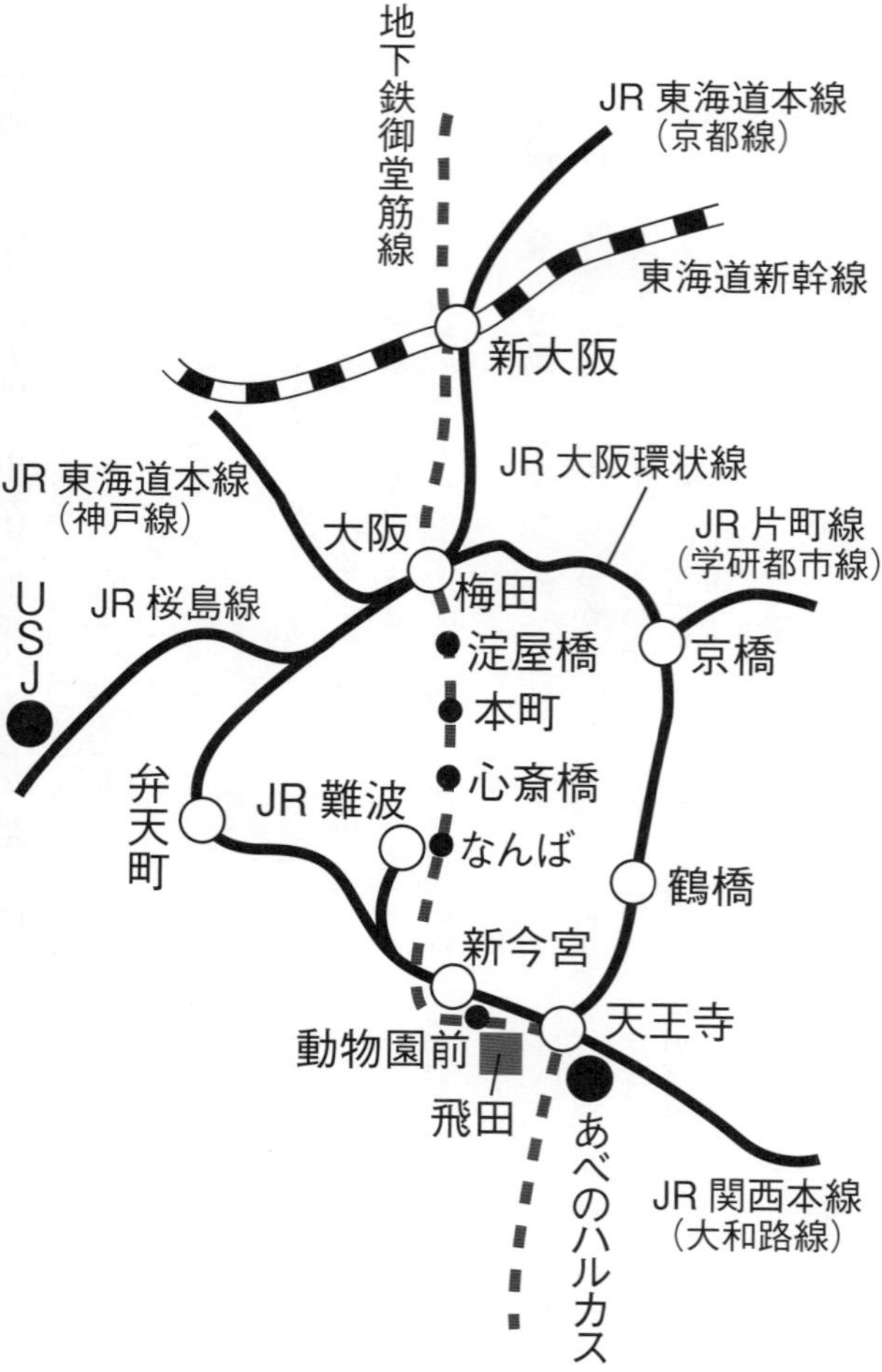
地下鉄御堂筋線
JR 東海道本線
（京都線）
東海道新幹線
新大阪
JR 大阪環状線
JR 東海道本線
（神戸線）
JR 片町線
（学研都市線）
大阪
梅田
USJ
JR 桜島線
京橋
淀屋橋
本町
心斎橋
弁天町
JR 難波
なんば
鶴橋
新今宮
天王寺
動物園前
飛田
あべのハルカス
JR 関西本線
（大和路線）

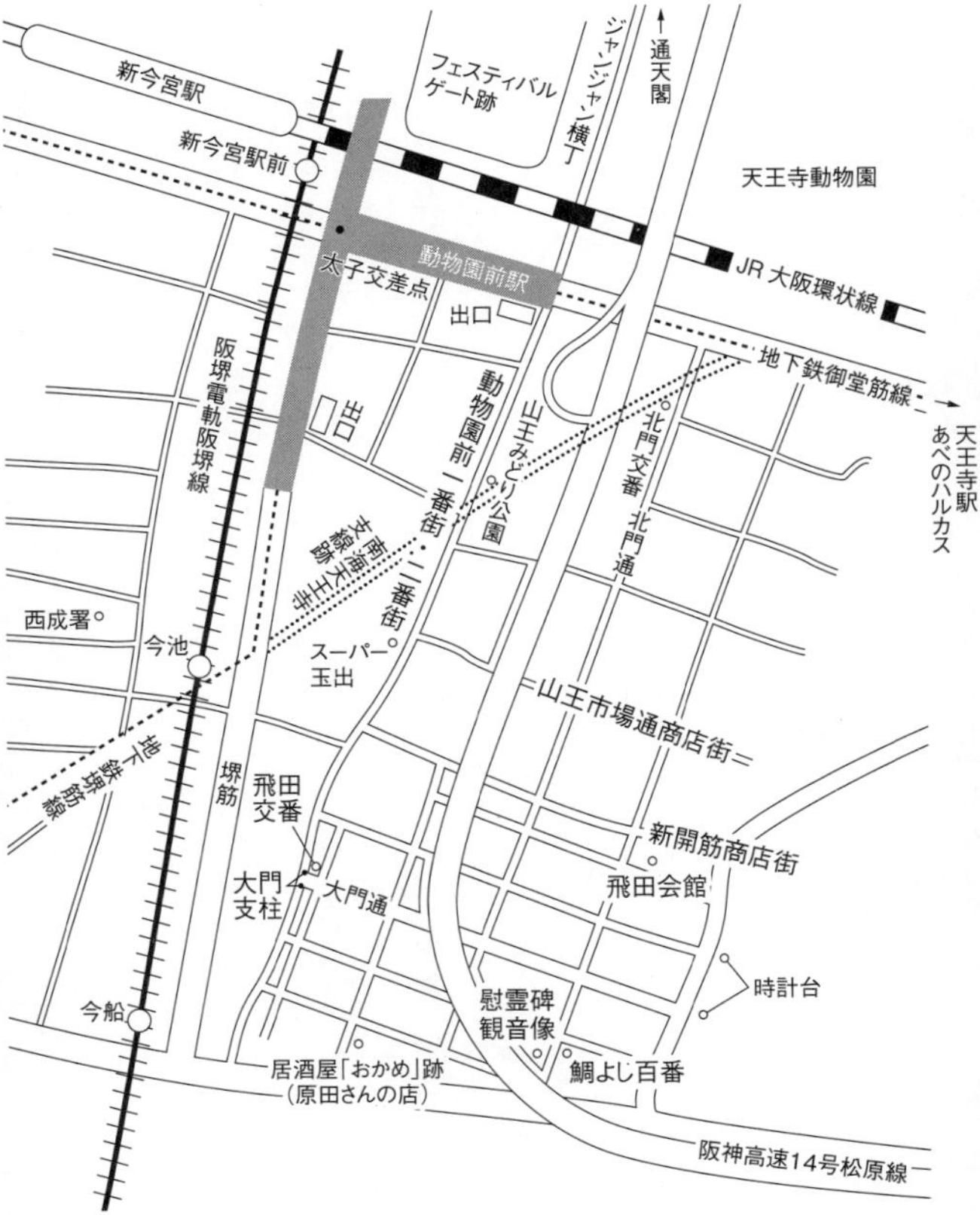
新今宮駅
新今宮駅前
フェスティバルゲート跡
ジャンジャン横丁
通天閣
天王寺動物園
動物園前駅
太子交差点
JR 大阪環状線
出口
出口
阪堺電軌阪堺線
動物園前一番街
山王みどり公園
北門交番
北門通
地下鉄御堂筋線
天王寺駅
あべのハルカス
南海天王寺支線跡
二番街
西成署
今池
スーパー玉出
山王市場通商店街
地下鉄堺筋線
堺筋
飛田交番
大門支柱
大門通
新開筋商店街
飛田会館
時計台
慰霊碑
観音像
今船
居酒屋「おかめ」跡
(原田さんの店)
鯛よし百番
阪神高速14号松原線

章扉写真　黒住周作
（四章を除く）
毎日新聞社
（四章）

さいごの色街　飛田

第一章
飛田に行きましたか

ある日の飛田

男たちが歩いている。覗《のぞ》き込んでいる。曳《ひ》き手のおばさんと何やらしゃべっている……。

はじめのうち、正視できなかった光景が、通ううちに目を背けずに見ることができるようになってきた。

「おにいさん、遊んでって」

に、聞こえないふりをする男。ちらっと見てかぶりを振り、通り過ぎる男もいる。しかし、圧倒的多数は足をとめる。一軒、二軒と通り過ぎた男も、何軒か先で必ず足をとめる。

「いや、また」

と、上がり框《かまち》にちょこんと座ったおねえさんに目をやる。何が、いやまたなのだ、と思いながら、耳を澄ます。

「ちょっとだけ上がって行ってえや。ハタチやで」

ほんとかな。二十五でも三十でもハタチと言うんじゃないの？　と私は心の中で一人つっこむ。

「ほんまやで、正真正銘のハタチやで」

と、曳き手のおばさんが重ねて言い、

「なぁ」

と相づちを求めると、胸の谷間が丸見えのピンクのドレスを着たおねえさんが上目遣いに微笑《ほほえ》んで大きくうなずく。と、あやうく乳房まで見えそうになり、女の私ですらぞくっとする。ヌードより過激だ。

「なんぼ」

男が訊《き》くと、曳き手おばさんは男においでおいでをする。男が開け放たれた戸口の中に入る。おばさんは男とひそひそと話し、そして玄関先の壁を指差す。壁に、印刷された料金表があるのだ。おねえさんはずっと微笑み続けている。

そこまでいくと、商談成立となり靴を脱いで上がる確率六〇％、不成立四〇％くらいだろうか。ネクタイもノーネクタイも、作業衣にズック靴の男もいる。

通りをぐるぐると歩き回っているのは、アタッシュケースを持った銀行員風二人づれだ。尾行してみる。

「もうちょっと向こうまで行ってみようか」

「うん、いっぱい見てから決めよ」

決めるって、モノじゃないよ生身の人間なんだよ。と言ってやりたいが、ぐっと我慢してテキの尾行を続ける。

「にいちゃん、にいちゃん……」

と、曳き手おばさんから声がかかれど、彼らはなかなか入らない。でも、明らかに物色している。さすが銀行員、慎重なのか。二人一緒に十分近く歩き回った末、一人ずつ別々の店に吸い込まれていった。

なんとまあ、と私は思う。今どき、こんなところに来るのは、特殊な男だと思っていたのに、そうではなかった。いかにも恋人いません、独身です、相手がいなくて困っていますといった雰囲気の男などほとんどいない。相当な年配者や遊び人風がちらほら混ざっているものの、ほとんどは「教育費と住宅ローンかかえています」と顔に書いたような一般サラリーマンふう。そう、普通の男たちが往来しているのが飛田なのだ。

普通の男

とすると、私の周りの普通の男たちも、飛田のお客である可能性も高い。私はあの町で見た男たちの姿を知人に置き換えてみる。

行きつ戻りつ歩いていた男は、ライター仲間のS君を彷彿《ほうふつ》させる。ハタチのおねえさんのところに入っていった男は、広告代理店のUさん風。あの銀行員風二人づれの一人は、ご近所のKさんのおつれあいにさも似たり。遊び人風ベルサーチ男は、建築家のOさんを思い起こす。

つまり、仮に私の知り合いが飛田のお客だとしても、なんら不思議でないということだ。ならば、まず、そういう人を見つけだして聞いてみようと思った。女の客は上がれない「料亭」の中がどんな造りなのか、どんなシステムなのか、実際のところ料金はいくらなのかも聞きたい。

聞きやすそうな男友達に次々と声をかけた。会う機会のない人にはメールをした。

「飛田の取材をしているんだけど、誰かあなたの知り合いで、飛田で遊んだことのある人知らない？　匿名《とくめい》でいいから、経験談を聞かせてくれる人を紹介して」と。

「あなた」は飛田で遊んだことがあるかとは聞かずに「あなたの知り合い」のことを

聞くことにしたのは、親しき仲にも礼儀ありと思ったからだが、面白いことに、男友達たちは訊かれてもいないのに、まず「僕は」を語りだした。

ちなみに、「僕は」の話は決まって、「飛田はすごいところ。最初に界隈《かいわい》を通った時、昔にタイムスリップしたような雰囲気にびっくり仰天した」という意味のことを言った上で、

「風俗は嫌いだ。恋愛のプロセスなしにイタしたいとは思わない」

「飛田は不潔そうな感じがして嫌だ。病気も怖そうだし……」

のいずれかだった。そう、みな、自分は風俗は苦手だ、飛田には行かないと申告するのである。特段「あなた」の意見を訊いていないのに。制度そのものを問う、「女性差別そのものじゃないですか」という発言は、二十代後半から三十代前半の三人から聞いた。

ともあれ、そういった「僕は」と否定的な話をしたあと、必ずと言っていいほど、

「そういえば、あいつが飛田に行ったという話を聞いたことがあるなぁ。連絡してみようか」

と相成る。ありがたい。そして、連絡をとってもらうと、かなりの確率で「話してもいいと言っている」という返事が返ってくる。こうして、意外に容易《たやす》く、飛田フリ

ークの男たちにヒアリングすることができた。

「神技」のよう

最初に会ったのが、在阪のテレビ局に勤めるAさん（二十八歳＝二〇〇一年当時。以下同じ）。友人が紹介してくれ、電話で連絡がついたその日、飛田の取材を始めるにあたって、匿名で体験話を聞きたいのですが、と切り出すと、

「よかったら一時間後、七時半に」

と話は早かった。夜半からロケに出る、しばらく忙しくなるけど今なら時間をつくれますからとのことで、さっそく会うことができた。テレビ局内の喫茶ルームで会ったその人は、こういっちゃ何だがなかなかハンサムで、いかにも好青年。制作担当という仕事柄だろうか、聞きにくいことを聞いてもさほど躊躇《ちゆうちよ》せずに答えてくれた。

――初めて飛田に行ったのは？

「二年前です。徹夜の仕事が終わってめちゃめちゃ疲れていた時に、先輩二人に誘われたんですね。疲れ切っている時って、そういう気分になるじゃないですか」

――第一印象は？

「聞いてはいたけど、今の日本に江戸時代が残っていた。すごいカルチャーショック

でした。ドキドキして……」

――どんなふうに店を決めたんですか。

「付近に車をとめ、心細いので先輩二人と一緒に物色しながら少し歩いてから、『一時間後に車のところで』と帰りの待ち合わせを決めて一人になったんです。最初は、〝なにげに、ただ道を通っているだけです〟の顔をして歩いたんですが、長髪で清潔感があり、すれていない、僕の好みのビジュアルの女の子が座っている店があったので、思いきって入りました」

ウエイター氏がコーヒーを運んで来ると、しばらく話は中断する。隣席に聞こえないかと気にし、声をひそめながらも続けて答えてくれる。急な質問に、こんなふうに的を射た答え方をできる人はそういないと私は思う。

以下、彼の言葉の要約である。

靴を脱いで「料亭」に上がり、おねえさんに案内されて階段を上がって二階の部屋へ。

部屋は六畳～八畳くらいの和室。雨戸が閉まっていて、午前中なのに薄暗い。敷き布団《ぶとん》の上にミッキーマウスの絵柄のバスタオルが置いてあった。掛け布団はなく、ほかに室内にあったのは、ちゃぶ台と座布団二枚だけ。

「ちょっと待っといてくださいね」

と、おねえさんはいったん退室したが、すぐにお茶と煎餅《せんべい》を持って部屋に戻って来た。黄色いドレスから白い襦袢《じゅばん》に着替えていた。さすがプロ、着替えるのが早いなぁと妙なことに感心する。

「二十分か三十分か、どちらにします?」

とおねえさん。とっさに「二十分」と答える。先輩から「二十分、一万五千円」(当時)と予《あらかじ》め聞いていたからだ。じゃあ、とおねえさんがすぐに目覚まし時計を二十分後にセットしたのにはちょっと驚いた。

「よく来られるんですか」

「いえ、初めてです」

「大阪の人ですか」

「そうです」

「今日、お仕事は?」

「ええまあ」

聞き上手だなぁと思った。緊張を少しずつほぐしてくれる。広島か九州か、語尾に訛《なま》りを感じたが、出身を聞くのはタブーと思ってやめた。自分より少し上っぽい年齢も聞きたいが、印象を悪くしたくないのでこれも口をつぐむ。こちらからも何か話しかけなければ。

「勤めて、もう長いんですか」

「いえ、知り合いの紹介で来て、半年くらいです」

ぷつんと話が途切れる。沈黙。

「じゃあ、時間がないから始めましょうか」

おねえさんは、にっこりとそう言って、やおら襦袢の前をはだけにかかる。

あ、自分も脱がなければ。

「あの〜、全部脱いでいいんですか」

と、へんてこな質問に、おねえさんは、

「はい、どうぞ」

このあたりからは、さすがにこの人も話しづらそうな雰囲気になってきた。その後の行為とは、つまりそういうことだ。私だって、さすがに根掘り葉掘り訊くのははばかられる。でも、聞きたい。やむを得ず、あからさまな描写となることをお許しいただきたい。

──あの～、もういきなり？

「いや、確か最初にぬれティッシュで僕のモノを拭《ふ》いてくれて。それからなめてくれて」

──それからそれから？

「どうぞという感じだったので、さわらせてもらったのですが。あ、その人は下は最初から何もつけていなかった。もうこんなに濡《ぬ》れているのかとびっくりしました。後から考えたら、何かつけてたんでしょうけど」

──ゼリーか何か？

「たぶんね。で、もうそれからは、そういうことです。あの～その～、おねえさんが口でコンドームをつけてくれて……」

──えっ？　口で？

「そう、あっと言う間に。神技みたいでびっくりしました」

おねえさんは細身だった。曰《いわ》く「がっちり組み合わさる状態」のような感じでイタした。どうしても、自分の彼女と比べてしまう。彼女はややふっくらさん系なので、おねえさんの細身が新鮮だった。鎖骨や恥骨が自分の体に当たるような感触がした。

「イキそうになったら言ってね」

と、おねえさんが言ったことを覚えている。

枕元《まくらもと》に水色のネピアの箱が置かれていたのが、なぜか記憶に鮮明。演技なのか、演技でないのか、おねえさんは少なくとも自分の彼女よりも、コトの最中の声は数倍大きかった。ほどなく果てた。

目覚まし時計が鳴るまでまだ十分に時間の余裕があった。自分は下着をつけ、おねえさんは襦袢を羽織り、今日の天気はどうだとか、今年の夏休みは沖縄へ遊びに行くつもりだとか、他愛のない話をした。話しながら、この子、タイプだなぁと思った。改めて部屋の中を見渡すと、殺風景このうえない。敷き布団の端にぐちゃっとなったミッキーマウスのバスタオルだけがカラフルで、部屋の雰囲気とのアンバランスさが、悲しげだった。

二十分経過を告げる目覚まし時計が鳴り、階下へ。階段を降りる途中、おねえさんが突然キスをしてきた。少し照れる。うれしかった。

「ありがとうね、おにいさん」

そうか、名乗ってないのだから、自分はこのおねえさんにとって、その他大勢の「おにいさん」の一人でしかないのだ。しかし、しかしだよ。キスまでしてくれたのは「愛」に違いない。他のお客にはしないはずだ。僕にだけ「愛」だ、きっと。

「また、足が向いたら寄ってくださいね」

しおらしい言葉に、本当にまた来ようと思って玄関に降り、曳き子のおばさんにお金を支払って、店を出た。

そんなふうに初回の経験を話した後、Aさんは、言葉を選ぶようにゆっくりと、自身の心持ちを分析する。

「ここは飛田だ、おねえさんは商売だと、十分分かっています。でも、おそらく何か事情があって、こういう生身をぶつける仕事を選んだのだろうという境遇を含めて、僕はそのおねえさんがいとおしくなった。コトが終わった後、他愛ない話をした時から、この子は僕のタイプだ、こんな形と違って出会っていれば、恋人になっていたかもしれないとマジで思いました」

他の風俗にはあまり興味がなく、結構真面目《まじめ》。つきあっている彼女が好きだし、と話すAさんだが、その後二年間で三回、飛田へ行ったという。初回のおねえさんにも再会したし、他の店にも行った。誉められることじゃないことは承知だけど、自分にとって飛田は残って欲しい場所だと言葉を結び、

「日常生活とは別次元で、エネルギーを補給するところとして」

とも言った。そして、まったく男の勝手な言い分ですよねと笑った。

二十分間の疑似恋愛

話も一段落したところへ、「飛田の話をしに行けと先輩から言われまして」と、もう一人のテレビ局勤務、Bさん（三十二歳）が登場した。その先輩というのが、私の旧知である。続いて「三十分ほどしか時間がありませんが」という、Bさんからも話を聞いた。こちらは、淡々と。

どちらかと言えば、自分は風俗に行くほう。就職してから十年ほどの間に、キャバクラやソープランドなどを含む風俗へ三十回くらい行った。そのうちの四回が飛田。やはり、初回は先輩に連れて行ってもらい、かわいい女の子のいる適当な店に上がった。

「落ち着いていらっしゃいますね、本当に初めてなんですか」

と、部屋で最初に言われた、そのおねえさんの遣う敬語がまず好印象だった。寡黙《かもく》なタイプで、コトは「ひたすら尽くしてくれる」ような感じで先導された。コトそのものより、一所懸命に自分に尽くしてくれる、その気持ちの部分がうれしかった。

親戚《しんせき》の紹介でこの仕事に入った、以前は金沢でバスガイドをしていた。そんな話を聞き、「一度、セックスぬきでデートしたいな」という気持ちになったが、あり得ないだろうと誘わなかった。別れ際《ぎわ》に規定の料金以外にチップを一万円渡した。おねえさんは「ありがとうございました」と、丁重に受け取った。他の風俗はスレた子が多いので、デートしたいと思ったことはないが、飛田は別格。二十分間の疑似恋愛なのかもしれません……。

「コトの最中に、おねえさんの体が少し汗ばんできたんです。その時に、僕は、体を売る商売の辛《つら》さ、悲しさを感じたんですね。社会学を専攻したから、僕だって人権という面で売買春はとんでもないし、非合法の世界だということ、百も承知です。自分のしている行為が社会的にどういう行為なのかも。でも、人間、いけないことをしてみたくなる時ってあるじゃないですか。ヒトは多面的です。きれい事では済まされない。人間は汚れた部分を持たざるを得ないから、取り巻く社会にも何重もの構造がある。だから、世の中、面白いのだと思いませんか」
Bさんも、至極冷静に飛田と自分を分析した言葉をくれたのだった。

「不倫するより健全」

この二人へのヒアリングを皮切りに、二十四歳のフリーター、二十六歳のメーカー事務職、三十歳の出版社営業マン、三十五歳のコピーライター、三十六歳の自称パチプロ、四十二歳の公務員、四十九歳の流通業管理職、五十二歳の印刷会社営業マン、五十五歳の観光業者らに、それぞれの体験談と感想を聞いた。みな、初対面。テレビ局の二人と違って、最初のうちはみな、口が重い。が、あの手この手でなごんでいくうち、徐々に口を開いてくれた。

最初に飛田に行ったきっかけは、テレビ局の二人と同じで、ほぼ全員が「男同士で行こうかということになって」。二回目からは一人で出かけ、ぶらぶらと歩いて物色した後、一回目に行った店か、それともその近くの店に入る。値段は、三十分二万一千円（当時）で、そのうちの千円は消費税とのこと。先に支払う店も、帰りに支払う店もある。上がり框に座っていたおねえさんではなく、裏側の部屋から出て来たおねえさんが相手となるケースもある。おねえさんたちの推定年齢は二十代後半から四十代前半まで。

おねえさんと一緒に二階に上がり、六畳か八畳くらいのちゃぶ台と座布団または敷き布団のある部屋へ。コーラ、お茶、ビールなどの飲み物とまんじゅう、煎餅、マロングラッセ、きんつばなどの菓子が運ばれる。Aさんの話のようにおねえさんが襦袢に着替えるケースと、玄関に座っていた時の服のままのケースが半々。少しの時間、他愛ない話をしてからコトをイタし、終わった後、時間いっぱいまでまた話をする。口で装着は多数ではないが、コンドームは全員が使用。

話は、大差なかった。行くのは「ふと時間が空いた時」が多く、時間帯は平日の夕刻以降か休日の昼間。「何か怖い目にあったことは?」「注射の痕《あと》や入れ墨のあるおねえさんに当たったことは?」の質問には、全員が「ない」。「外国人の女の人は?」にも、全員が「いない」。「信じられないような、若くてきれいな女の子ばっかり」との言葉を四人から聞いた。もちろん妻や彼女には内緒だが、「不倫するより健全」「他の風俗より健全」「必要悪」などと飛田の存在を全面肯定する。行った回数は三、四回が最も多かったが、かなり頻繁に飛田通いをしている(していた)人も二人いた。その二人について記そう。

エリートサラリーマン

一人は、一部上場のメーカーの技術職Cさん（四十五歳）。

小太りで、人のよさそうな人だった。大阪郊外の住宅地のマンションに住み、中学生と高校生の子どもが三人。「もしも、これが知れたら離婚になりかねないから、絶対に匿名ですよ」と念を押した上で、土曜日の午後、大阪市内のファミリーレストランで話してくれた。


「関西圏の出身ですが、大学も院も関東だったので、飛田という地域があることを若いころは知りませんでした。入社四年目、三十歳の時、海外転勤の辞令が出ました。当時の部署で僕の壮行会をしてくれ、その流れで『お祝いに』と、上司が連れて行ってくれたのが飛田に足を踏み入れた最初です。

そのころ僕は結婚して半年くらいで、女房はハネムーンベビーを妊娠中でした。女房に悪いなぁという思いが一瞬頭をもたげたのですが、飲めない酒を少し飲んだその日、上司について行きました。昔の遊廓《ゆうかく》のようなあの雰囲気に驚きましたが、何より女性のサービスに感激しました。

実は、僕は恋愛とか苦手な方で、学生時代に一度だけ風俗に行ったことがあるだけで、女房以外の女性を知りません。女房とも見合い結婚ですし。出張先の海外ではいくら誘われても、そういうところに行く気にならず、女性を買ったことなどありませんでした。

でもね。こういうことを女性のあなたに言うのはとても恥ずかしいですが、飛田の女性のサービスが僕はとてもうれしかったのです。どんなサービスかって？　それは勘弁してください。そういうことは人に言うべきでないと思います。

四年半の海外勤務を終えて帰国してから、せいぜい一年に一度でしたが、女房に土曜出勤だと嘘《うそ》をついて大阪市内に出て来て、昼間に飛田に行くようになりました。前回の女の子に再会したいと思って行くんですが、一年もインターバルがあると、同じ子は一〇〇％いなくなっている。不満といえばそれが不満で、サービスのやり方も女の子によってかなり違いますけど、僕としては最終的には満足です、いつも。コンドームはつけるかって？　それは男のマナーでしょう。でも、僕の体調が悪く、うまくできない時などに、『今、安全日だから、そのままでもいいですよ』と言ってくれる人もいるんですよ。そういう女の人のやさしさ、本当にうれしい。

三年くらい前から、飛田に行く頻度が増えてきています。ストレスがたまっている時とか、残業続きでよく働いたなぁと自分にご褒美《ほうび》をあげたい時。二、三か月に一度くらいのペースになっていますね、最近は。ただ、お小遣いがなくては行けないわけですから、出張の切符をディスカウントショップで買って交通費の差額をためたりして、費用を捻出《ねんしゅつ》しています。

同じ行くなら、女の子に好かれたいと思うから、海外出張の時にパールのネックレスとか金の指輪とか、値の張らないお土産を買ってきて、会社の机の引き出しに入れておいて、それをあげるんです。チップ代わりに。女の子、すごく喜んでくれます。

会社には不倫している人もいるし、不倫が奥さんにばれて家に帰りにくいという人もいます。そういうのは最低だと思う。家庭は大事にしないと。僕みたいに、家庭は家庭と割り切って飛田に行く方が健全だと思うんです……」

話しながらぐいぐいアメリカンコーヒーを飲み、二度おかわりしたCさんに、「よかったら何か食べるものでも」とすすめると、プリンアラモードの大を注文した。

「甘党なんです」とおっしゃる。大柄の男がおいしそうにプリンや生クリームを食べるのを見るうち、私は無性にビールが飲みたくなった。そして、その人に断りを入れてから瓶ビールを注文した。ピーナッツをつまみビールを飲む女が、プリンを食べる男に聞く、妙なヒアリングとなった。

一連の話を終えた後、Cさんは、私に「風俗専門のライターさんなんですか」と訊く。「いいえ、旅行雑誌などにも書いています」と答えると、自分は家族旅行が好きで、この冬休みにも伊豆の温泉に行ってきたばかり。伊豆にはお気に入りの旅館があって、時々行くんです。息子たちと一緒に露天風呂《ぶろ》に入って、結構いい親父《おやじ》をしていると自分でも思いますよ、と。私はああそうなんですかと相づちを打つ。高学歴、一部上場企業、今のところリストラとも無縁のエリート。

百五十回行った男

打って変わって、もう一人は自由業。広告写真が専門のフリーカメラマン、Dさん(三十八歳)だ。仲のよい友人の紹介だったためか、「いいっすよ、昔のことでよかったら、何でも教えますよ」と、電話の向こうの声はいたって気さく。かなりの売れっ子らしく、ヒアリングの日時を調整できたのは、申し込んだ三週間後。沖縄の撮影から帰ってきたという日曜の夕刻、梅田のカフェで会った。「若いころ、飛田に相当ハマッた」と言う彼の話は、衝撃だった。

二十二歳から二十五歳くらいまでだったので、もう十年以上前ですが、僕は三年ほどほぼ毎週飛田に通ってました。

当時、今で言うフリーターのような感じで、バイト先の酒屋から毎週土曜日に週払いの給料を確か三万円ほどもらうと、それを握りしめてその足で行ってたんです。親元に住んでいたので経済的には気楽だった。最初は、中学の同級生に誘われて。冷やかし気分で行ったんですが、若いし、彼女もいなかったし、もう止《や》められなくなった。一人で行ったり、友達と一緒に行ったり。

そのころの飛田は、今と違って、土曜の夕方に道路を歩くと、他のお客さんと肩が触れるほど賑《にぎ》わっていたんです。僕みたいに若い者もいたし、作業員風のおっさんとかも多かった。「にいちゃん、寄っていきや〜」とやり手ばあさんは腕をつかむわ、離さへんわで熱気ムンムン。確か、ＰＥＣＣ（太平洋経済協力会議）が開かれた時から、飛田の自主規制でやり手ばあさんが玄関の敷居から外に出て客引きするのをやめたのだけど、当時はもうやりたい放題だった。

たいがい通ったけど、情が移ったらあかんから、同じ店には行かないようにして、次々といろんな店に入った。当時は、だいたいがやり手ばあさんが部屋まで案内してくれて、一万円くらいやったか。万札を一枚出すと、「にいちゃん、もうちょっと色つけといてぇや」と言われるけど、「こんだけしかないねん」と言うと、意外とあっさり「そうか、ほな」てな具合。藤本義一さんが、「飛田の値段はハイヒールの値段と一緒」ってテレビで言うてはった記憶があるけど、ちょうどそんな感じやね。

コンパニオン風の洋服を着た女の子がお盆でコーラを運んでくる。で、僕は、

「自分、きれいなぁ」

「その服、似合うなあ」

とか、女の子をほめちぎって。二十二や二十三で一丁前《いっちょまえ》なことやってましたね。

飛田のタブーは、女の子に「どこから来たか」「この商売をどれくらいの期間やってるか」などとプライバシーを訊くこと。説教も嫌われる。そのあたりを心得て、天気がどうだとかと当たり障《さわ》りのない話をするのがエチケット。年齢は「二十二」と言う子が多かったけど、実際はみんなもうちょっと年上やったと思う。こちらとしては、相手が同世代では照れるから、年上の人の方が気楽でしたね。

少し話したら、女の子は「用意してきますね」で、部屋の外へ出て行って、またすぐに戻ってくる。ゼリーをつけてくるわけ。部屋は、その女の子の趣味がよく出てて、ぬいぐるみいっぱいの部屋もあれば、「キャッツ」のポスターなんかを貼《は》ってる部屋もあった。

で、こちらがぐずぐずしてたら、「にいちゃん、時間ないよ」と先導してくれる。三十分中、最初の十分ほど話とコーラ、まんなかの十分でヤル、あとの十分でまた話をする。そんな具合かな。女の子は、みんなピルを飲んでいたと思う。エイズがどうのこうのもなかった当時、ゴムはつけずに中出しＯＫでした。体位？ そこまで言うんかいな、だいたい正常位。「バックしていい？」と訊くと、「いいよ」と言う子も「別料金やで」と二千円取る子もおったなぁ。声は、演技に違いないけど、相当激しかった。

終わってからちょっと話をしたら時間になるから、内線電話で「終わりました」と言って、服を着て降りて行って終わり。

まあ、そんなことを繰り返していたわけです、僕は。週一回見当だったから、三年で合計百五十回くらいは行ったのかな。そうそう、バレンタインデーには女の子がチョコレートをくれたし、「個人的につきあってほしい」と言ってきた女の子もいた。「彼女がいるからあかんねん」とウソをついて断ったけど。

性のはけ口以外の何ものでもなかったけど、僕の場合、他の風俗でなく飛田やったのはやっぱりあの町の情緒かな。ウソの世界と分かっていながらハマッたんやね。それも、今から思えば青春やったと思いますよ。きっちり三年で飽きた、ヤルだけヤッて何も残らないことに。飛田に行った後、だんだん空《むな》しさに襲われるようになったから。

飛田の周りに風呂屋が多いの、なんでか知ってます？　女の子に嫌われたくないから、店に行く前に風呂屋で体を洗ってから行くの。それから、終わった後もまた風呂屋に行くの、なんか気持ち悪いから。不特定多数の男とヤッた女の子とヤッたわけだから、気持ち悪いやないですか。風呂屋には同じようなおっさん、いっぱいいましたよ。どこの店がどうやったこうやったと見ず知らずのスケベなおっさん同士しゃべって、風呂屋が情報交換の場になってるの。滑稽《こっけい》でしょ。アホでしょ。

そういう滑稽なこと、アホなことを三年も続けると、さすがに虚《むな》しくなってきて。ちょうどフリーターをやめて、写真スタジオに勤めてこの仕事に入り出した時、こんなことしてる場合かよ、とピタッと行かなくなり、それ以来一回も行ってません。もう、まったく行きたいと思わへんね。


Dさんの話を聞き、三年間もハマり続けたというのにびっくりしたが、店に行った後に風呂屋で体を洗うというのに、もっと驚いた。

「不潔、気持ち悪い」と思っていながら、女性を買うとは。男の気持ちは計りしれない。と思いながら聞くうちに、Dさんは「今は知らないけど」と前置きしてこんなことを教えてくれた。

飛田には東西の道が数本あり、若い女の子が多い通り、まあまあ若い女の子が多い道、中年の女性が多い道に分かれ、「かわいい子ちゃん大通り」「青春通り」「年増大通り」などと呼ばれている。若くても若くなくても料金は同じだが、若い子の場合は「まぐろ」で、中年の場合は「くわえる」などプラスアルファのサービスがついている。つまり、セックスだけをイタす若い女の子と年配の女性では、後者の場合、セックス以外の性サービスが付加されてようやく、その商品価値が同じになるのだ、と。

「当たり前」だった時代

商品としての性は、なんと分かりやすい。鮮度がよければそのまま刺身に、古くなれば煮物や焼き物にする魚と同じ扱いなのだ。ましてや、ソープランドやキャバクラのような風俗店が近代スーパーマーケットなら、飛田はさしずめ古くから営業している個人経営の鮮魚店のようなものか。

そう、飛田は一九一八年（大正七）から歴史を刻んでいる（詳しくは後述）。とり急ぎヒアリングした二十人は、近ごろの飛田体験を語ってくれたが、古い時代の体験を聞かなければ話にならぬ。そう思って、次は年輩者をあたった。

まず、所属していた旅行ペンクラブの飲み会で、大先輩の男性陣に「若いころ、飛田で遊びませんでしたか」と訊《たず》ねる。さっそく一人つかまえた。

広告代理店OBのEさん（六十三歳）。兵庫県北部の田舎町から、「質実剛健」気風だった京都の大学に入学したころの「今と情況が全然違うからね」という話から始まった。

「僕らのころは、好きな女の子がいても、指一本出せない。出さない。結婚するまではダメ。自由恋愛など思いもしなかった」が、そのプロローグ。「僕らの世代で、遊廓に行かなかった男などいなかったのではないか」と言う。

それを横で聞いていた旅行作家Fさん（七十二歳）は、「そらそうや、そういう時代やったわな。けど、僕は四十年前に〝出来ちゃった結婚〟したけど」と笑った。

今も昔も、時代でひとくくりにするのは無理があろう。しかし、一九五八年（昭和三十三）まで、遊廓は合法だったのだ。飛田で女性を買うことは、何らやましいことではなかったのだ。

「当時の男の性は、遊廓なくして語れない」

と、Eさんは言うのである。県人会の先輩が新入生を五条楽園（京都の遊廓）へつれて行くのが習慣だった。そこでみんな筆おろしをする。それは「一人前の男になる儀式」で、廓《くるわ》でも「学生さん、学生さん」と大切にしてくれたと。「（セックスの）味を覚えてしまったから、仕送りが届いたりアルバイト料が入ったりすると、三度の飯を二度にしてでも行った」そうだ。

「もしも遊廓がなかったら、性犯罪が多発していたに違いないと思うよ。だってね、しばらく（遊廓へ）行かなかったら、本当に鼻血が出たんだもの」

話半分に聞けばいいものを、つい、

「自分でヤらなかったんですか」

などと聞いてしまう。

「そんなもん、自分でヤルのと遊廓でヤルのとでは雲泥《うんでい》の差よ。ともかく、あの味を覚えたが最後……というのが男。情緒ってのがね～」

とうれしそうに話すEさんは、京都では島原や上七軒《かみしちけん》にも通い、一九五六年（昭和三十一）に就職で大阪へ来た後、すぐさま先輩につれて行ってもらったのが飛田だったそうだ。

「あのころは、四十分のハナ（花代＝料金）が一日の学生アルバイト代二百五十四円と同じくらい、一時間のショートが三百円、泊まりが八百円やったね」

と値段をきっちり覚えているあたり、回数を踏んだ証拠だろう。

「京都の遊廓との違い？　基本的には同じやけど、飛田は規模の大きさに、さすが大阪やなぁと思ったよ。人混みがすごかったし、女の子もよかったし」

よかったって、どんなふうに？

「どことなく女の子も洗練されてる。そりゃあすることは同じだけど、それだけを求めて行っているわけとは違うから。飛田の女の子たちは借金も大きかったのかなぁ、下にも置かないふうにいろいろと尽くしてくれて……」

と言いつつ、具体的な性の詳細に話がおよばないのは、先の二十代のAさんや三十代のDさんのように「自分の性」を語るには、世代的に抵抗感が大きいからだろうと思った。

無礼講ＯＫ

七十二歳の元医師、八十歳の元国家公務員、六十五歳の大工、六十七歳の著述家、六十八歳の元市バス運転手。「飛田に行きましたよ」という年配者は、それなりに見つかったが、いざ対面してみると、こちらが何とかして昔の飛田の中の様子を聞き出そうとしても、先のEさんと似たりよったり。具体的な話は、「大門から入った」「立派な建物が並んでいた」「金持ちが行く店と普通の人が行く店がくっきり分かれていた」「相当な賑わいだった」「女の子は着物を着ていた」「ショートと泊まりがあった」どまりで、「行った」「よかった」「当時は当たり前のことだった」「男の楽園だった」と当たり障りのないことばかり。どんなにさぐってもそれ以上の話が出なかった。

「女の人を買うことがいい悪いの意識なんて、かけらもなく、男の下半身についての常識がとんでもない時代だったということですわ」

という話におよんだのは、コピーライターのGさん（六十九歳）。昭和三十年代、新聞社の社会部記者だった時、酒宴は当然男ばかり。人前で「病気を移されて、かゆいかゆい」と下半身をぼりぼり掻《か》いたり、「おい、薬を買って来い」と命令して部下に買いに行かせた薬をズボンのチャックを開けて下半身むき出しで塗ったり。酒席でそのようなことが恥じらいもなく行われていた時代だった、と。そういえば、こんなこともあったとGさんが教えてくれたのは、忘年会か何かで、先輩後輩らと大挙して飛田の料理屋へ繰り出した時の話。

まず、飲めや歌えやの宴会。その時に、店側に何か不手際があったとかで先輩が怒り出した。女将《おかみ》が来て謝ったが、その先輩の怒りはおさまらない。先輩は、女将の前で、隣室に用意されていた布団の上に小便をした。「お前らもやれ」と言われ、何人もが続いてその布団の上に小便をし、肩で風を切るようにして全員でその店を去った。

昔の新聞記者の特権意識だとしても無茶苦茶な行いだ。Gさんは言う。

「飛田は一般社会とかけ離れたところ。もっと言えば、女郎さんは人間やなくてモノで、何もかもの無礼講が許されるところだと皆思っていたのと違いますか」

男友達に上がってもらう

飛田の「料亭」の中を見たかった。女の私が上がれないなら、男友達に上がって来てもらおう。そこで次に、

「料亭の中の様子をつぶさに見て来てほしい」

と、数人に頼んでみたのだが、「ちょっとそれだけは」と断られるばかり。公務員のHさん（三十八歳）など、「めったにない経験だから」と面白がっていったん引き受けてくれたものの、当日に断ってきた。曰《いわ》く、

「最悪のことを考えると、行けない」

最悪のこととは、自分が料亭に上がっている時に警察に踏み込まれたら、ということ。逮捕され、職を失う可能性も含んでいるのだと。

「いいよ。取材を手伝ってあげるわ」

と言ってくれる人が見つかるまでに二か月ほど要した。旧知のカメラマンIさん

(五十一歳)。「井上さんのために、ひと肌脱ぎましょ」とノリがよかったのだが、その当日、ちょっとしたハプニングが起きた。

夕方、飛田にほど近い阿倍野《あべの》の居酒屋「明治屋」で待ち合わせ、軽くビールを飲みながら打ち合わせた。「料亭」の中の様子やおねえさんをウオッチングしてきてほしい、できれば後日の取材アポを取りつけてきてほしいという依頼を、分かった分かったと聞いていたIさんだったが、店内で突如、隣席の客につっかかったのだ。

「煙草《たばこ》消してんか。迷惑やねん」

もとより煙草嫌いのIさんではあるが、別段禁煙でもないその店で、明らかに八つ当たりである。Iさんは飛田に行くはめになったことに、明らかにいらだっていたのだ。

飛田の、「かわい子ちゃん大通り」とDさんに聞いていた通りに面した料亭に、軍資金三万円を渡してIさんを送り込んだ後、私は近くの寿司屋《すしや》で待った。そして、おかしな気分に襲われた。これも疑似恋愛なのかもしれないと思った。

Iさんは私の恋人でも何でもない。単なる仕事仲間だ。なのに、もしかして今時分、Iさんが料亭の中でイタしている可能性もあると思うと、嫉妬《しっと》を覚えたのだ。飛田通いの男たちの言う、おねえさんへの恋愛もどきの感覚に近いのだろうか。三十分ほどして、Iさんが寿司屋に来た。

「あかん。後日の取材アポはとれへんかったわ。そやけど、いろいろ聞いてきたで」

大役を終えたからか、饒舌《じょうぜつ》だった。

「女の子が『着替えてきます』って言うから、『着替えなくていいよ。話を聞きたいだけやから。取材の代理の者やねん』と言って三十分間ずっと話してたんよ。女の子は二十四歳で独身。前はOLしてた。この仕事に入って四、五年。神戸から通ってるって。色白で、線の細いかわいい子で、目が大きかった。おじいさんがメキシコ人やと言ってたから、クオーターや。ほんまにかわいい子やったで。海外旅行とブランド品が趣味なんやて。値段は二十分一万五千円、三十分二万円で、それに消費税五%がつく。女の子の取り分が五〇%で、あと経営者が四〇%、やり手ばあさんが一〇%。多い日は十人以上お客があるから、結構お金になると言ってた。店は十二時きっかりに閉まる。それから自分で車を運転して神戸まで帰るねんて。僕、送って行ってあげたくなったわ」

ふ〜ん。普段は理屈っぽいIさんが、女の子の身の上話を「作り話だと思えない」というその心理に、飛田の強力な吸引力を見た思いがしたが、せんべい布団が敷かれ、ちゃぶ台と座布団のある部屋というのも、おねえさんが「着替えてきます」というのも、他の人たちのヒアリングどおりだ。これだけの内容で、高い取材費だったと思いながら、私はIさんから「二万一千円也」と書かれた領収証を受け取った。その領収証には個人名と住所がミミズがはったような文字で書かれ、三文判が押されていた。

「あんまり何にもしないのも失礼かなと思って、帰りがけに『記念に手をさわらせて』って言うたん。冷たくて、投げやりな手やった」

投げやりな手って？

「意思のない手。体のパーツとしてついているだけの手」

でも、手を握れてうれしかった？

「うん。めちゃくちゃうれしかった。あんな冷たい手を触ったの、初めてや。セクシーやった」

老人ホームの車を見た

整理すると、こういうことだ。飛田の店は「料亭」である。曳《ひ》き手おばさんの言う「にいちゃん、遊んで行ってや」の「遊び」とは、料亭の中で、ホステスさんとお茶やビールを飲むこと。お客が案内される部屋はホステスさんの個室。その中で、偶然にも「ホステス」さんとお客が「恋愛」に陥る。恋愛は個人の自由。恋愛がセックスの体を買ったために発生する料金ではなく、ビールやジュースや菓子の料金である……と、今、表向きにはそういうシステムなのだ。

お客にとってのメリットは、料金が明解なこと。「ホステスさん」にとってのメリットは、お客と「恋愛」する場所が料亭内のため、危険がないこと。仮に怪しいお客で、身に危険が迫ったら、大声を出して階下にいる経営者や曳き手おばさんにすぐさま助けを求めることができる。そして、ソープのように全身を使ってサービスするのではなく本番だけなので、肉体的に重労働でないこと。考えようによっては、お客、ホステスさん双方に合理的な場所だ。

そんなことを考えながら、私はその後幾日も界隈《かいわい》を歩いた。そして、早春のある朝、びっくりする光景を見てしまった。

飛田からわずかに離れた場所に、「○○苑《えん》」と老人ホームらしき名が書かれた一台のマイクロバスが止まった。その中から出て来たのは、見るからに高齢のおじいさん数人。ジャージー姿でよっこらしょとバスから降りた後、そのおじいさんたちは、杖《つえ》をついてのろのろ、とぼとぼと歩く。のろのろ、とぼとぼと歩いて料亭の中へ入って行ったのだった。

第二章 飛田を歩く

飛田への道

地下鉄動物園前駅を降り、御堂筋《みどうすじ》線の天王寺方向の改札を出る。北側は、通天閣がそびえ、串《くし》カツ屋が林立する新世界につながる出口だ。公衆トイレの前の地面に酔っぱらいのおっちゃんが座り、JR環状線の高架下に古着や古雑貨の露天商が並ぶ光景は、何度見てもギョッとする。

が、そんなもの序の口だ。南側の出口を上がり、目の前にある動物園前一番街（商店街）に足を踏み入れると、さらに激しい光景が広がっている。

アーケードはある。が、薄汚れている。地面は、禿《は》げたカラータイルと、それを補《ほ》塡《てん》するコンクリート舗装で、二〇一〇年に改装されるまではでこぼこだった。両側に軒を並べるのは、安飲み屋のほか、時計店や洋品店やパン屋や中華料理屋など。ジャージーの上着をひっかけたおっちゃんたちが、昼間からアルコールの臭《にお》いをぷんぷんさせながら一歩進んで二歩下がっていたり、ママチャリに乗ってふらふらしたりしている。

以前は、電信柱に「夜、水をまきます」「ここに寝るな」と書いた紙が貼《は》られていたが、いつしか見当たらなくなった。

「おっちゃんらの口コミはバカにできんからね。『あっこはあかん』って、寝る人はおらんようになった」

と教えてくれた洋品店主は、こうも言う。

「昔はどれだけ賑《にぎ》やかやったか。人、人、人で、向かいの店に行くにも『すんまへん』『すんまへん』って言わんと横断でけんくらい人が〝だんご〟やった。夕方、上着、シャツ、ズボン、下着、靴下……上から下までまるごとうちで買《こ》うて、『ちょっと着替えさしてや〜』言うお客さんがいっぱいで。仕事帰りに、みんなさらっぴんの服に着替えて、飛田へ繰り出さはったんやね。お客さんの脱いだ服を一人分ずつ紙袋に入れて、名前を書いて、朝まで預かってあげましたん。よおさん（たくさん）売れましたで〜」

この人の言う「昔」とは、大阪万博の景気に沸く一九六〇年代後半や、売春防止法が完全施行される一九五八年以前のことだ。もっと言うと、この人の言う「お客さんの服」とは鳶《とび》、左官など建設業の作業服のことである。ホワイトカラーもブルーカラーも、飛田のお客だった。後者は、一日働いた汗臭い作業服のままでは飛田で嫌われるから、ネクタイとまではいかなくても新品の服に着替えて乗り込んだのである。

さらに古い時代も、いかにこの商店街が賑わったか。商店街中ほどにある、一九二三年（大正十二）創業の洋食店「南自由軒」の三代目店主はこう語る。

「昔は洋食というのはハイカラで上等の食べ物やった。新世界からこのあたりにかけて、うちみたいな洋食店が何軒もあって味を競っていたと、祖父や親父《おやじ》からよく聞きました。飛田へ行く前に食べに来て、帰りにも食べに来る。飛田へ行く人は、大盤振る舞いをいとわない。商店街にもたいがいお金を落としてくれたようですよ」

そう。今やうらぶれたこの商店街が元は飛田へ続くメインストリート「飛田本通り」だった。

飛田への道は何本もあった。この商店街の三十メートルほど東に並行して通る「北門通り」も、南大阪のターミナル天王寺駅付近から妖《あや》しげな飲み屋や小料理屋が並び、緩やかな坂を下った辺りを〝地獄谷〟と呼んだ「旭町《あさひまち》商店街」もあったし、南側からは南海平野線（路面電車）の飛田駅から北上する道も。それが、今や北門通りはしもた屋が点在する住宅密集通りと化し、旭町商店街は阿倍野《あべの》再開発で消滅し、南海平野線はとうの昔に廃止されたから、この商店街が今やほぼ唯一《ゆいいつ》となった飛田への大道なのである。三百メートルほど西には、日雇い労働者の町・釜ヶ崎《かまがさき》が控え、二百メートルほど北には、ミヤコ蝶々《ちょうちょう》や人生幸朗《じんせいこうろ》ら三、四百人の芸人が住まいし「てんのじ村」と呼ばれた戦前の長屋群もある。

動物園前駅から四百メートルほどで、左右に金網が張られ、トタン板が打ち付けられた場所に行き当たる。一九九三年（平成五）に廃線となった南海天王寺支線の跡地だ。そこには、決まって、二、三人のおっちゃんが金網にもたれたり、地面に座ったりしている。その日は、靴や鞄《かばん》やスポーツシャツの露店を広げているおっちゃんもいた。

「ねえちゃん、なんか探してるん？」

金網に貼られた「トビタシネマ」のポスターをメモしていた私に、缶ビールを手にした露店のおっちゃんが声をかけてくる。

「いや、寅《とら》さんやってるんや、思って」

とかなんとか答えたら、

「こいつな。ＮＰＯに世話してもろて住民票つくってもろて、（生活）保護受けて、アパートへ入っとったんやけど、『自由きかへん』て逃げ出してきよってんで。アホやろ」

と、すぐ前でワンカップをちびちび呑《や》っているおっちゃんのことを、なぜか私に言う。

最初に書くべきだったが、この商店街を〝普通〟のいでたち（パンツにセーター、ローヒールの靴とか）で歩くと、三回に一回は、知らないおっちゃんからなんらかの声がかかる。声の三分の一は「どこ行くの？」「何か探してる？」といった〝親切〟なような〝ナンパ〟なような声。ただし、その五分の一は「ヤらへん？」とストレートなナンパだ。もう三分の一は「（う）るっさいじゃぁ」「どけどけ」といったお怒りの声（こちらは静かにまっすぐ歩いているのだけど）、残る三分の一は、この露店のおっちゃんのように妙に親しげな話しかけだ。突然近づいてきて、「ねえちゃんねえちゃん、ええ服着てるやん。かっこええなぁ」などと、ほめちぎってくれるおっちゃんもいる。

界隈《かいわい》に通い始めて最初のうちは本当にびっくりした。だが、三とおりの声がかりとも、外から来た者への、「こんにちは」「やあ」代わりの単なるおっちゃんたちの軽い挨拶《あいさつ》だと、ものの一か月で分かった。だから、露店のおっちゃんの突然の話しかけも、そう特異なことでない。

「自由きかへんって？」と私（すでに、ため口にはため口でのっけから返すべし、と学習できていた）。

「（生活保護を受けたら）何日かごとに、役所へ書類持っていかんなんねん」

「そうなんや。でも、それくらいしれてるやん」

「（書類に）字を書かなあかんの、きついからアオカンのほうがええねて」

つまり、ワンカップのおっちゃんは字が書けない。それを役所で大っぴらにしなければならないのが苦痛で、生活保護を受けてアパートに暮らすより、空き缶を集めてアオカン（野宿）をするほうがいいということ。露店のおっちゃんが私にそんなふうに言う間、当のワンカップのおっちゃんはちらと上目遣いに私を一瞥《いちべつ》しただけで、黒く深い皺《しわ》を何本も刻む顔をぴくりとも動かさず、ワンカップの縁をちびちび舐《な》め続けるばかりだ。そこへ、

「これ、なんぼ？」

と、通りかかったもう一人のおっちゃんが、露店に並んだプーマのシューズを指して、訊《き》いた。もちろん中古。

「五百円」と、露店のおっちゃん。

「高っ」

「何言うてんねん。ナイキやで。ブランドやから強いで。両足やで」

ナイキ違《ちご》てプーマやん、と言った私に、

「どっちでもええんや、ブランドもんやっちゅうこっちゃ」

と、露店のおっちゃんは言う。

すぐ近くには、「旅館」の看板が揚がる、七〇年代の学生下宿のような木造の建物が数軒、軒を連ねている。

その一軒を覗《のぞ》いてみると、玄関先に共同の靴箱があって、靴を脱いで廊下に上がるスタイルだ。

「これが旅館？」と、当初何も知らなかった私には、単純に疑問だった。玄関先に人の気配はない。

「すみませ〜ん」と呼んでみると、しばらくして入口右手の部屋の戸がおもむろに開き、

「はあ？」

と、白フリルのエプロン着用の年配のおばさんが出てきた。

「今日、部屋空いてます？」と訊いてみる。

「今はアパートやねん。しゃあけど、一部屋だけ空いてる。狭いで、四畳。一日千二百円。布団《ふとん》付き。光熱費は別」

つまり、高級ドヤだった（ドヤとは、ヤドを逆に呼んだ、簡易宿泊所のこと）。部屋を見

せてほしいというと、おばさんは渋々上げてくれた。

廊下の左右に四室ずつ。木の扉の向こうに、住人の気配があった。空き部屋は、窓はあるが薄暗く、テレビ一台と二つ折りにしたせんべい布団一組が置かれていた。

「旅館」時代は、町角で客引きするおねえさんがお客と利用したところだろうとピンときた。艶《なまめ》かしい旅館だったろうと、共同洗面所の壁面に設《しつら》えられた紫と薄緑の市松模様のタイルから、想像できる。

「う～ん、またにしますわ」

とおばさんに言って、出る。舌打ちと、「けっアホか」という声を背中で聞いた。

金網から南側は動物園前二番街で、小ぶりの飲み屋が増えてくる。昼間からかなり大きなカラオケ音が、建て付けが悪くてきちんと閉まらない戸から外へ流れ出てきている。もちろん演歌である。

やがて左手（東側）に山王市場通商店街。ここはシャッター通り。暗い。その暗さは、汚れが溜《た》まった暗さだ。灰色の埃《ほこり》も厚くなると「黒」になる。「福祉住宅ありま す」のビラも目立つ。

続いて、洋品店の角を曲がると新開筋商店街。山王市場通ほどではないが、ここも暗い。ざっと四割がシャッターを閉ざしている。

右手（西側）に、ワンカップ百二十円、発泡酒百円など破格の値段の自動販売機を置く酒屋や、「もやし1円」などとタイムサービス商品のちらしをペタペタと貼った「スーパー玉出」があり、置き看板をテーブル代わりにワンカップを立ち飲み中のおっちゃんたちがたむろしている。その並びに、パチンコ屋。まえがきにも書いた、あのパチンコ屋だ。

その先には、左手の空き地の奥に、五メートル近いコンクリートの壁が見える。

「汚いから壊したほうがええんやろけど、壁は誰のもんでもないから、勝手に壊されへんらしいですよ」

と薬局の主が言う。この壁こそが、かつて飛田遊廓《ゆうかく》を〝外〟の世界から遮断した、通称「嘆きの壁」だ。壁が機能しなくなって久しいが、近辺の人たちは〝中〟〝外〟と呼び分けている。

界隈でひと休みしようと喫茶店に入ると、競馬新聞やスポーツ新聞を大きく開いて読みながら、コーヒーや紅茶を飲む、くたびれ感のある人たちがいるが、それはどこの下町の喫茶店でも同じだと思う。しかし、ある一軒でトイレに入った時、びっくりしたことがあった。個室の壁面に、「ここに注射針を捨てないで下さい」と注意書きが貼られていたからだ。

動物園前二番街にて（2011 年）

自然の高低差を利用した東側の壁（2002 年）

抱きつきスリ

私の飛田通いは、ほぼ毎回、動物園前駅からこの動物園前一番街、二番街とたどって歩いた。最初のころこそ少々とまどったが、次第に酔っぱらいのおっちゃんからの声がかりにも、路地から漂うアンモニア臭にも慣れた。しかし、服だけは、千里・桃山台の自宅から梅田、心斎橋を通って三十分余りの地下鉄御堂筋線にジャージーとヘップサンダルで乗る勇気がなかったので、周囲にはいつまでも〝外者〟に見えたろうと思う。

町の〝洗礼〟を受けたのは、冬の日の夕刻だった。

背後から、一人のおっちゃんが、やたら私に近づいてくる気配を感じた。それは、そう珍しいことではないが、気持ちのいいものではない。酒の臭いがおっちゃんの体臭と相まって、はっきり言って臭い。とっさに「逃げよう」と思い、足早に遠ざかろうとした瞬間、突然、背中がズドンと重たくなった。重たい、としか表現できない重さが背中を急襲したのだ。

な、なんだ。一体何が起きたんだ。

何がなんだか分からず、私は固まった。金縛りに遭ったようだった。

背中の重みは、おっちゃんの体だ。と気づくまで何秒かを要したと思う。私の背中に、酒の臭いぷんぷんのおっちゃんの体がぴたりとくっついていたのだ。

「ひえ〜」と、声をあげる間もなく、そのくっつきは何秒かで終わり、おっちゃんは素知らぬ様子で、横手の路地へ消えていった。

まだ夕刻だ。周囲には何人かの人がいた。しかし、誰も動じない。というか、見て見ぬふりをする。先の何秒かは何だったのだと、私は狐《きつね》につままれたような気持ちになった。

たった今こういうことがあったんですと、その現場から百メートルほどの煙草《たばこ》屋の奥さんに話した。すると、

「それは『抱きつきスリ』ですわ。何にもとられへんかった?」

と、しゃら〜っとおっしゃる。

「普通は男の人に抱きつくんやけど、このごろ不況やから、そうか女の人にも抱きついたんやね」

とあっけらかん。飛田界隈に来たことを大っぴらにしたくない男たちは財布をすられても、被害届をまず出さない。だから「抱きつきスリ」は横行しているのよとおっしゃるのだ。

もう一人、後日この抱きつきスリに遭ったことを話した飛田の住民（女性）は、「ま、そういうこともあるから、私ら、いつもコレをポケットに入れとくんよ」と、上着のポケットから財布を取り出して、見せてくれた。百円ショップで求めたもので、中には「くれてやる」ための百円玉が三つ。カムフラージュ用なのだそうだ。三百円の慈悲に感動するではないか。

ということは、この界隈の人たちは抱きつきスリの存在を容認しているということだ。町の洗礼は強烈だった。

大門と嘆きの壁

アーケードが途切れたところを左（東）に曲がる角の左右に、大門の支柱が残っている。高さ約四・五メートル。二階建ての屋根とほぼ同じ高さだ。

そこには、表札のように「飛田新地料理組合」「飛田新地浄化委員会」と書いた電光看板があり、右の支柱の横には「町を明るく美しく」、左の支柱の横には「ちょっと止まって右左」との電光看板が揚がっていた（当時）。右の支柱の足下には、黄色や紫色のパンジーが植えられ、小ぎれいだ。盆と正月、ここに提灯《ちょうちん》がアーチ状に掲げられると、それなりに風情《ふぜい》がある。

今さらだが、飛田はかつて「廓《くるわ》（郭・曲輪）」だった。
手元の辞書（『大辞林』）によると、「廓」は〈①城壁や堀、自然の崖《がけ》や川などで仕切った城・館内の区画。②周囲を囲いで限られ、遊女屋が集まっている地帯。遊郭。遊里。さと〉の意味である。
売春防止法完全施行の一九五八年（昭和三十三）までは、この左右の支柱の間には堅牢《けんろう》な門が存在し、やはり堅牢なコンクリートの高塀がそこから続いていたのだ。『新修大阪市史』には、「（飛田）遊廓の周囲はコンクリートの高塀で覆《おお》われており、通常は一カ所の大門のみが開くという、文字どおりの廓の再現」と記されている。
「女郎さんたちは、大門の外と自由に行き来できなかったはず。買い物に来る時も、必ずおばさんが監視についてきていた」（商店街の呉服屋さん）
「門番もいなかったし、いつも開いていて、女の子も自由に行き来できた」（元料亭経営者）
何人もの人から、二とおりの答を聞いたので、かつて大門が開かれていたかどうかは、なんとも言えない。しかし、囲う高塀が「嘆きの壁」と呼ばれていたのも、飛田の女性の逃亡防止を主目的に造られたのも確かだ。「事実、その高い塀に梯子《はしご》をかけて逃げようとした遊女が私刑された例もあり、容易に逃げられる廓ではなかった」と、作家、竹島昌威知《しょういち》さん（一九二八年〜二〇〇七年）は『大阪春秋』第九号に書いている。

それらは、大昔の話だとは思う。しかし、付近の住人から、

「ついこの間も、大門のところで夜中に大騒ぎがあって、パトカーが来たんよ」

という話を聞いた。飛田のおねえさんの仕事帰りを車で待つ男がいた。察するにおねえさんのヒモ。「（家に）帰る、帰らない」がケンカの発端で、「誰が食わしてると思てんのよ」「ええ加減にしろ」といった怒声が響き、「どつきあいのケンカ」に発展したのだという。

「もともと普通のＯＬだったのに、カラス族（ホストクラブなどに勤める黒服姿の者）の男にナンパされてホストクラブへ通い、仕組まれて、支払いができなくなる。それで、『飛田で働いて金返せ』のようになって飛田へ来た子もいるようですよ」

それが事実なら、大門と嘆きの壁は、ある意味今も機能し続けているということか。

大門跡から飛田新地内に入る。すぐ左手に通称「大門交番」がある。

「飛田って、売春が行われているんですか」

しらっと、若いお巡りさんに聞いてみる。

「そういったことはちょっと……。前を通る市民の方に、道とか店の名前とか尋ねられると、それはお教えしますが……」

歯切れの悪い返答だった。

「料亭」と「鯛《たい》よし百番」


大門跡から東に続くのが、幅約八メートルの大門通りである。モータープールやマンションといった〝ふつうの風景〟に、二階に木製の手すりを設えた木格子《きごうし》の建物や、軽コンクリート二階建ての「料亭」数軒が混在している。

その大門通りの北側と南側にそれぞれ二本の東西の通り（および短い通りが一本）と、交差する三本の通りがあり、飛田新地は概《おおむ》ね四百メートル四方。北寄りが「青春通り」「かわい子ちゃん通り」、南寄りが「年増通り」「妖怪《ようかい》通り」「年金通り」などと呼ばれているのである。

碁盤の目の街路に沿って居並ぶ「料亭」の合計は、百六十軒ほど。間口が二間であることも、おねえさんが上がり框《かまち》にちょこんと座り、曳《ひ》き手のおばさんが脇《わき》にいることも、ほとんどの店共通だ。

戸口の上に欄間細工を施した店も多い。雲や竜、松竹梅など意匠を凝らした細かな透かし彫りは、「元遊廓」だということの矜持《きょうじ》か。道に突き出た、屋号を書いた電灯もまた「ここは特別の世界だ」と、奇妙な誇りを発信しているように見え、歩くほどに、すぐ東側の高台に立つ阿倍野のマンション群も、今通ってきた商店街も、その先に日雇い労働者の町があることもウソのような、異次元に引きずり込まれてゆく。

一隅に一体のお地蔵さんを見つけた。いつ前を通っても、水とお菓子が供えられ、賽銭《さいせん》用の小さな木箱も置かれていて、掃除が行き届いている。ある昼下がり、一人の上品な身なりの七十年配のおばあさんが熱心に手を合わせていた。

「かわいいお顔のお地蔵さんですね」

背後から声をかけた私に、

「そうでしょう? かいらしい（かわいらしい）し、賢そうなお顔したはるでしょう?」

笑顔だった。

「いつもお参りしてはるんですか」

「ええ毎日。ちょっとだけ遠回りして、店に行く前に手を合わせに来るんですよ」

おばちゃん（曳き子）をするようになって六年。「電車で二十分のところ」から通っていますのよと、上品な口調のこの人は、

「自分のことはひとっつも（お地蔵さんに）頼ましませんの。娘と孫が、今日も元気でいられますようにお護《まも》りください。店の女の子たちをお護りくださいって。毎日同

じことお願いしますの。お賽銭ちょびっとだけなの、いけませんわね」

と言って、茶色いがま口を開けて十円玉をそっと木箱に入れた。

〃ええしの奥さん〃かと思えるような、言葉遣いと身のこなし。こんな上品な人がなぜここにいるのだろうと思える、小さな出会いの事始めだった。

飛田には本物の料理屋もある。一九一八年（大正七）の飛田開楼後間もなく建てられた遊廓建物をそのまま使った「鯛よし百番」である。

「もともとは、いちげんさんは入れない格式のある遊廓だったと聞いています」

と、鯛よし百番社長の木下昌子さんは言う。大門近くに「一番」と呼ばれる店があり、入口に近いほど安く、奥まったところに位置する百番は最高級の楼の一つだったともいわれる。売防法完全施行の一九五八年（昭和三十三）に料理屋に変わり、万博の年（一九七〇年）に木下さんの夫が買い取り、夫亡《な》き後、木下さんが経営を継いでいる。

鯛よし百番には、二階の軒下にいくつもの赤い提灯が下がっている。朱塗りの欄干は艶かしく、一階の木格子は豪壮だ。唐破風《からはふ》の玄関を入ると、右手に、中庭と赤い毛《もう》氈《せん》を敷きつめた太鼓橋が見える。その先には絢爛《けんらん》な広間、二階には波や櫓《ろ》をデザインした「潮来《いたこ》の間」や土蔵風造りの「お染めの間」など〃物語〃のある部屋が、中庭をはさんでロの字の廊下沿いに並んでいる。全館あげてキッチュ。異様だ。

私が利用した中で一番強烈だったのは、「喜多八の間」だ。廊下から、川をイメージした玉砂利をまたいで入る。七畳ほどの小ぶりの部屋で、奥の二畳半ほどの床が約五十センチ高くなっている。段差部分に、舳先《へさき》の上がった木舟の側面が埋め込まれ、仕切り部分にある欄間風の四つの木彫りが、妙に存在感を発している。

喜多八の間で、友人たちと寄せ鍋《なべ》をつついた冬の日、私はどうも落ち着かなかった。部屋のあちこちから「視線」を感じるのだ。欄間の竹も、壁面に埋まった櫓も、舳先の黒ずんだ木材も、暢気《のんき》に寄せ鍋をつつき、ビールを飲んでいる私たちを見ているような気がしてならなかった。

半世紀前、この部屋で同じように鍋をつついたおねえさんとお客がいた。有頂天のお客を前に、おねえさんの心に〝襞《ひだ》〟がなかったはずがない。ため息をつくと、辛《つら》くなる。「嘆くより、ほら、こっちを見なよ、あっちを見なよ。楽しいよ」と示す装置が必要で、過剰意匠となったのではないかと思った。

「前は、飛田は普通の人が来るところと違いましたやん。こんな場所のこんな古くさい店に来る人おるんかいなと思ってましたけど、いつの間にやら情緒あるとか何とか言うて若いOLさんまで店に来はるようになったの、正直言うてびっくりしてます。

今も聳える西側の高壁

一隅に、お地蔵さんが三体

ついには、大阪府の登録文化財に指定されてしまいましたし」（木下さん）

飛田の〝外〟意識

鯛よし百番の近くの、桜の木が植わった一角に「慈悲共生」と刻まれた大きな石碑がある。左下には「四天王寺館長号……」とも刻まれている。周りは、寄付した人の名前を刻んだ石が取り囲んでいる（その第一の場所に、鯛よし百番の木下昌子さんの名前があった）。
そして、右手前にはこんな碑文もある。
〈安らかに来りて眠れ
この飛田《さと》に
幽遠無縁の
浄刹創らむ〉
私が飛田に通い出したころ、石碑はその二つだった。
この碑文から思うのは、建立者つまり現在の飛田の人たちは「飛田で亡くなった多くのおねえさんたち、あの世で安らかに眠ってくださいね」と、さらりと思っているだけなのではないかということ。彼女たちを無縁仏にさせたのはあなたたちじゃないのという釈然としない感覚は、そこから二百メートルほど北にある「飛田会館」の建物の前に立った時に感じるわだかまりにも似ていた。

飛田会館は三階建ての古い洋館で、「料亭」経営者たちの本拠地だ。玄関に「飛田新地料理組合」「飛田新地協同組合」の名が掲げられ、掲示板には地域の中学校の陸上部や野球部が大阪市の大会で好成績を収めたことを示す張り紙があるばかりか、「ひったくりクリーン作戦推進中」「犯罪捜査にご協力を　あなたの一言でスピード捜査」などと、西成署との連名の立て看板が掲げられている。玄関左手には、「松乃木大明神」とやらのお社と朱色の鳥居、お百度石。

西成署と連名ってどういうことだ。「私たちは善良な行いをしています」というポーズが過ぎるんじゃないの——と、私はつっこみたくなったものだ。

飛田の〝中〟の人へのアプローチは、先述の「鯛よし百番」社長の木下昌子さんから始めた。

以前、取材したのがきっかけで知り合い、私はすでに数回、鯛よし百番を利用していた。

木下さんは、店に行くと「売るほどありまっさかい、どうぞどうぞ」と、いつもサントリーウイスキー「山崎」のボトルを差し入れてくださる太っ腹。同店のみならず、酒類販売店とボランタリーチェーンの居酒屋「百番」のトップだが、「主人が亡くなり、おばはんの代になってあかんようになったと言われたらイヤやから続けてるだけ」という、おっとりした人だ。大門通りの東端にある酒販店の事務所で、陣頭指揮をとっておられる。酒販店に隣接して居宅がある。つまり、職住とも飛田。しかも、飛田の北側の商店街の生まれ育ち。飛田について教えてほしいと申し出た私に、

「そら、うちは長いこと飛田で商売さしてもろてますけど、申しわけないけど〝中〟のことはほとんど知らんのですわ」

「町会で、まつりとか行事の時、寄付を募りに来はるから、そん時は協力させてもらいまっけど、料理組合の人らともあんまりおつきあいおまへんしなぁ。顔なじみの近所のおばさん（曳き子）に『どないでっか』『ぼちぼちでんな』と挨拶するくらいで、苗字《みようじ》も名前も知らん。うちら〝中〟におっても〝外〟なんですわ」

ほんとかなと思いながら聞いたが、本当のようだった。「慰霊碑のところにお名前が刻まれてましたけど」と持ちかけても、木下さんはぴんとこなかったようで、ひと呼吸置いてから「あ、あれ?」と思い出した。

「そやそや。確か何年か前に、そういうのを建てるって小耳にはさんだんで、『そらええことですやん』と（寄付を集めに来るより）先に（寄付金を）包んどいたんですわ」

何百万とか？

「いや、ちょびっとだけやったと思いますよ。会社やなくて私個人での寄付やから、額ははっきり覚えてませんねん。でも、こっちから（寄付金を）持って行ったので気をよくしはったんか、えらいええとこに名前入れてくれはって」

ま、あれもおつきあいですわ、とさらり。この土地で儲《もう》けさせてもろてるのに、あのおばはんケチやと言われてもかなわんし、と。寄付を募ってはったのがどなたやったかも忘れた。「飛田のこと、ほんまよう分かりまへんわ。すんまへん」だった。

飛田内の「料亭」も、木下さんの酒販店のお客さんですかと問うてみるが、「二、三軒、月極《つきぎめ》でビールを配達させてもろてる店はおまっせ。そやけど（販売の）数はしれてる。お客用やのうて、店の人が飲んではるぶんと違うかと思えるほど少ないですわ」と言う。

「（空襲で）焼けたのは、大門のところへんだけですわ。なんでか、うまい具合に焼け残りましてんな、飛田は」

「私ら〝外〟の人間は遊廓の中へは滅多に足を踏み入れませんだん。そやけど、〝中〟で女郎屋してはる大将はみんな大金持ち。子どもさんらも乳母日傘《おんばひがさ》で育ってはったし、同級生やった子ら、ええ学校行って、医者やら弁護士やらに偉《えろ》なった子、多おまっせ」

「こんなん言うたらアレやけど、私ら、若いころは飛田の女郎さんが大勢来てる風呂《ふろ》屋《や》に行くの、抵抗ありましたで。そやけど、うちの子どもら連れて風呂屋へ行く時、〃中〃を通るほうが近道やさかい、通りましてん。そしたら、うちの子どもら見て、『かわいいかわいい』言うて、女郎さんらよう寄ってきてくれはったねえ。ひゃあ、女郎さんいうたかて普通の女の人なんやと思いましたわ」

「前にね、斡旋屋《あっせんや》に頼まれて、三軒ほど『料亭』に貸してたこと、おましてん。ところがその三軒、次々と（警察の）手入れを受ける。そのたびに名義変更になって、警察にうちまで呼ばれて。警察に『あんたとこが店を貸すから悪い』って言われて。そういうのもうイヤやと思って、高い立退料払って（料亭に）立ち退いてもらったこともありましたわ」

以上が、「そういえば」とちらほらと出てきた木下さんの飛田についての話である。

「それにしても、飛田なんかを取材して、面白いでっか。この町は確かに特殊やし、真っ向から取り上げてるのを見たことも聞いたこともないし、ないのには理由があるからやと思いまっせ。ま、井上さんも無理せん程度にやりなはれや」

と、木下さんはその日また「山崎」をくれた。

「おかめ」のマスター

「料亭」が並ぶ飛田には、その隙間《すきま》や路地に小さな飲み屋が何軒もある。「一階は飲み屋だけど、二階で客を取っているのでは？」と、聞かなくもない。ひと昔ふた昔前まで、飛田の内外にその手の店が相当数存在したと、実際にお客として経験をした人たちからも聞いていた。

私は、「それで、今はどうなっているの？」が知りたくて、ある夜、放送作家の男友達・上野さんに同行してもらって飛田入りした。

「料亭」の玄関口にピンクや紫など色灯りが点《と》もりはじめる宵の口に、大門通りから飛田に入り、道路から数軒を物色した後、「スタンド割烹《かっぽう》　つき」という店に入った。

ここを選んだのは、上野さんの友人に「月子さん」という名の女性がいるという、理由にならない理由からだったが、この店で思わぬ展開が待っていた。

ドアを開けると、チーク材調のカウンターがあり、数席。カウンター内の戸棚にはウイスキーのボトルが並んでいた。スナックじゃないの、と一瞬引き返そうかと思った時、少しふっくらした六十年配の女性が、カウンターの中からこちらを向いて微笑《ほほえ》んだ。

「いらっしゃい。どうぞどうぞ」

このママならきっと大丈夫だと思った。「ビール一本五千円」などと法外な値段を請求されることも、二階でお客をとっていることもない店だと直感した。

ビールを注文し、お通しの野菜の煮物を肴《さかな》に上野さんと飲み始めた。他にお客は、ママと親しそうに話している中年の男性が一人だけ。

「もう長いこと、このお店やってはるんですか」

何げないふうを装《よそお》い、ママに訊いてみる。

「そうですね。もう二十年くらいになりますか」

「二十年前だったら、飛田が今よりももっともっと賑《にぎ》やかだったんでしょうねえ」

「そうでしたねぇ。賑やかでしたよ。何か?」

と話が運び出したが、先客が「ビールおかわり」となり、ママとの話は中断する。急いではいけない。さぐりを入れるふうもいけない、とちょっぴり自戒する。

「東京行ってきたの?」

私が飛田の雑誌資料を探しに大宅《おおや》文庫に行くと言っていたのを覚えていた上野さんが、訊く。

「うん、先週」

「大宅文庫って、どこにあるの？」

「八幡山《はちまんやま》。新宿から京王線で十五分くらいやったわ」

狭い店の中。そんな話が、先客にもママにも聞こえたようで、

「へえ？　東京やて新宿やて。かっこええやんか、ねえちゃん。わしら、せいぜい動物園前か天王寺や。飛田から出たことないもんな」

と、先客が茶々を入れてきた。

「いやあ、やっぱり大阪がよろしいわ。飛田で飲んでみたかったんですわ」

と、まず相手を持ち上げようとする私である。

「ここらへんの方ですか」

「そうや」

「もしかして料亭の経営者？」

と言ってみたのは、界隈では「料亭の経営者」が最も〝偉い〟と気づいていたからである。

「そうや。当ったり前やんか〜」

何が当ったり前やねんと思いつつも、

「うわぁすご〜い。乳母日傘《おんばひがさ》で育たはったんですね」

などと反応してみる。

「僕ら、古き良き大阪が残る飛田に興味あって、一回飲みに行こうと思ってきたんです」

と上野さんも、上手に口をはさんでくれる。

「いきなり経営者の方にお会いできたなんて、光栄です」と私。

「ほう、それやったら古い写真見せたろか」

ときた。自分が子どものころの遊廓の写真アルバムを今、持っている。写っている女性は皆もう亡くなっているから、誰に見せても大丈夫。そのうち古い飛田の写真展をしたいと思っていると、その人は言った。

見せてもらったセピア色のアルバムは、昭和二十年代の写真が詰まっていた。丸みのある柱が立つ遊廓建物の玄関で写した、着物姿の女性たちのポートレート。階段の丸い欄干に、しなやかに片手を添えたおねえさんもいれば、両手両足をきっちりそろえて背筋を伸ばして椅子《いす》に座ったおねえさんもいる。今の美人顔と違い、頬がふっくらして目の細い人が多い。赤玉ポートワインのポスターの女性のように、体つきもふくよかだ。

「きれいな人ばっかりですね〜」

と上野さんは、またまたうまいこと言ってくれる。

「そやろ」

と、先客はご満悦のようだった。

ポートレートのおねえさんに笑顔の人が一人もいず、皆、神妙な顔付きだったことに私は少しひっかかっていた。辛い境遇が笑顔を忘れさせたのかと思ったが、もちろん口に出すのは控えた。すると、そんな私の気持ちを察したかのように、先客はこう言った。

「昔の旦那《だんな》は女の子らを大事にしたんやで。女の子たちは、旦那さん、旦那さんて言うて、慕ってきたもんや。廓の生活は、楽しいこといっぱいあったんやで。うちのお父さんも、店の女の子みんな連れて京都の嵐山《あらしやま》へ花見に行ったりなぁ。ほらほら」

先客がアルバムのページをくると、渡月橋《とげつきょう》を望む嵐山公園で、二十人ほどの女性が弁当を広げて歓談している写真が出てきた。よかった、笑顔だ。
二、三歳の男の子が、女性にだっこされている写真もあった。
「これ僕やねん。おねえさんら、みんなかわいがってくれたんよ」

と聞きつつ、我が子を持つことができなかったであろう生業《なりわい》の女性たちが、幼子をどんな思いでかわいがったのだろうか、などと頭をめぐらせる。

「男とは、女とは、いうことを知りたかったら、男も女も飛田に来るのが一番や」

「本当の遊びが飛田にはあったんや」

矢継ぎ早の先客の言葉に、上野さんは、

「ほんまですね、男の憧《あこが》れですね。僕も二十年早く生まれてたら来たかったですわ」

などと調子いい。

「当ったり前やん。よう飛田へ来てくれた」

と先客はますます上機嫌だ。私は何と答えたらよいか分からず、へらへらしていた。

何にせよ、貴重なアルバムだ。私たちは何度もページをめくった後、お礼を言って
アルバムを先客に返した。

「さ、歌おや」

とカラオケのマイクを握る先客。「木枯し紋次郎」「与作」「矢切の渡し」を歌った。

相当歌い込んでいる。

「プロみたいですね」

拍手して褒めると、口癖なんだろう。

「当ったり前やん」を連発する。

よほど気分がよくなったのだろうか。マイクを置いたと思ったら、自分の境遇を問

わず語りに話し始めるではないか。

両親は引揚者で、戦後まもなくから飛田。自分は飛田生まれだ。親が元気なうちはいろいろと外で商売をやった。コックをちょっとやった後、黒門市場でインベーダーゲームの喫茶店をして大儲けした。その金を持って台湾に渡り、カラオケボックスを経営して、これまた当たった。七年前に飛田に帰ってきたなどなど。

こちらもビールを相当飲んでいる。

「すご〜い、すご〜い」

と、応じる。

「そうか、すごいか」

と先客。

「そやけどな。わしの代でもうあかんわ。飛田がはやる時代やないからな」

かつて二百坪だった料亭を小分けにして営業していたが、数年前にやめた。建物は営業時のまま置いてある。いずれ取り壊す。売って郊外に住み替えたらと友達は言うが、自分は飛田が好きだから、取り壊した後は畑にして、ここで無農薬野菜でも作って暮らそうかと思っている。そんなふうに言った。昭和二十年生まれ、原田という名だ、とも。

原田さんの口癖は「当ったり前やん」ともう一つ、「よう飛田に来てくれた」だった。よう飛田に来てくれたと言いながら、自分のビールをこちらのグラスにどんどん注ぐ。自分もがぶがぶ飲む。私はいただき過ぎて、結構酩酊《めいてい》してきた。だから、何のはずみで、

「うちの中、見したろか」

となったか記憶にない。が、渡りに船だった。

「ぜひ見せてください」

と「つき」を出た。もちろん上野さんも一緒だ。でなければ、初めて出会った人についてゆくのをさすがに躊躇《ちゅうちょ》したろうが。

原田さんの「料亭」は、「つき」から二十メートルほどのところにあった。すでに閉ざされている。トタン板で何重にも囲った中を、原田さんはじゃらじゃらとたくさん鍵《かぎ》のついたホルダーから一つを選び出し、開けて玄関に入る。真っ暗だ。湿気臭い。暗闇《くらやみ》の沈黙の中、この人がとんでもないオヤジで、突然首を絞められたらどうしようと怖くなった。一言も発しない上野さんも脅《おび》えているに違いない。だが、一分後には、そんなことを考えて申しわけなかったと思った。

「長いこと使ってないけど、こんなふうに誰かに見せることもあるかと思て、そのま

まにしてたん。よかった、置いといて」

原田さんが、先ほどまでの酔いが回った口調と打って変わって、しんみりとそう言ったからである。彼は靴のまま框に上がり、ライターの明かりで壁面の電気のブレーカーの場所をさぐり、スイッチをONにした。すると、一、二、三くらいの呼吸をおいてぼわっと蛍光灯が灯り、青白い光が玄関中を照らした。

数年前まで化粧を塗りたくったおねえさんが座っていた上がり框は三畳ほどのスペースだった。その横手に「昔は、待ち時間に利用するバーカウンターだった」という十畳ほどの洋風スペースがあり、そこは段ボール箱が積まれて物置状態になっている。

框の左手に階段があった。

「どや、部屋も見したろか」

のしのしと鈍い音を立てながら階段を上がる。二階には、ラメ入りの壁の廊下伝いの片側に、四部屋並んでいた。

「ええで、入って」

ふすまを開け、その一部屋に入った。殺風景な六畳間だった。

違い棚付きの半畳の床の間があり、畳の上に淡紅色の安っぽいじゅうたんが敷かれている。壁はグレーで、やはりラメ入りだ。ちゃぶ台一つと、積み上げられた粗末な数枚の座布団《ざぶとん》のほか、あと家具らしきものは小さな鏡台だけ。壁に、最終の営業年だったのだろう、一九九五年のカレンダーがかかり、鴨居《かもい》には黒いハンガーがぶら下がっている。鏡台の近くにヘアブラシと黒いヘアピン数本が落ちていた。

「なんか落ち着く部屋ですねぇ」

「部屋が何ともいえないエネルギーを放ってる感じがしますよねぇ」

上野さんが妙な感想を口にする。この殺風景な部屋を無理にほめなくてもいいのに。と思ったものの、しばらくたたずむうちに、私とて、この部屋に郷愁を感じてきたのはなぜだ。

あと小さな本棚と机があれば、七〇年代の学生下宿だ。私の学生時代、下宿生はこういう部屋に住んでいた。一人の人間がつましく暮らすぎりぎりの空間。もっとも、大学生には実家という帰り場所があった上での下宿だが、かつてこの部屋に寝泊まりしたおねえさんには帰り場所などなかったのだ。

この部屋に、緊張しながら上がった男、にやけながら上がった男もいたろう。おねえさんはこの部屋でどんな話を交わしたのだろう。性急に体を求められるばかりだったのだろうか。

「どや」

という原田さんの声で我に返った。

「いろんなドラマがありました、みたいな部屋ですね」

「いや、もう改装改装を重ねてるから。ボロボロやろ」

「でも、もったいないですね、こんな歴史のある部屋をつぶしてしまうの」

上野さんが気の利《き》いた言葉を返してくれる。原田さんは、そりゃあ残せるものならこの部屋を残したい。改装して飲食店にしたいけど、五千万円以上かかる。そんな金どこにもあらへんもんな、と言った。

二階の廊下を戻る時、柱にチャイムのスイッチがついているのが目にとまった。

「あ、これ？　これは、手入れが入った時に押すスイッチや。いっせいに全部の部屋にチャイムが鳴って、『やばい』いうことが伝わるんや」

トイレや屋上につながるという階段も見せてもらった。

「あんたらよう見てくれたわ。ええ記念になる。部屋も喜んでるわ。ほんなら、うちの家へも寄って行き」

と、今度はあれよあれよという間に、その店の裏側にある居宅につれていかれた。

広い。建坪八十坪はあろうと私は踏んだ。すすめられるまま、茶の間にあがり、炬《こ》燵《たつ》に入って、ビールをいただきながら、再び問わず語りの昔話の続きを聞くことになった。

黒門市場時代、台湾時代の栄光。大儲け。話半分に聞いても、この人は億の金を持って、飛田に帰ってきたということか。そして、料亭は父亡き後、ゴッドマザー的存在だった母が切り盛りしていたが、その母も亡くなり跡を継ごうとしたが、飛田は衰退するばかり。店じまいを決意した。今は固定資産税を払い、遺産を食いつぶしながら、小さな居酒屋をやって暮らしている、と。ところどころ、つじつまの合わないところもあるが、そんなことを指摘するのは無粋というもの。こちらの適当な相づちには、

「当ったり前やん〜」

という得意の言葉が返ってくる。そうこうするうち、二階も見て行ってくれとなり、私たちは階段を上がる。ここで度肝をぬかれた。

幅二メートルはあろうかという廊下に沿って、二十畳ほどの大広間が二部屋並んでいたのだ。間のふすまを取り払うと、四十畳敷きの超大広間になる。まるで旅館の大宴会場だ。

目を凝らせば、天井や窓、それに桜の木らしき設《しつら》えの広い床の間の意匠が凝りに凝っている。しかも、桜や桐《きり》や杉と見受けられる木材がさまざまに使われていて数寄屋《すきや》

造りふう。私も上野さんも「すごいすごい」と連発した。

「意匠が細かくて、洗練されている。びっくりしました」と上野さん。

「ここ、何に使《つこ》てたと思う?」

「もしかしたら……」

「そや、にいちゃん、そや」

上野さんはまだ何も言ってないが、原田さんの顔が緩む。

「そやねん、この部屋トバやってん。うちのおっかん、柳川組の組長と仲良かったから。大勢の旦那衆が集まって来てたん。ちょっとしたもんやろ」

トバとは賭場のことだとすぐに分からなかった私に、原田さんはニヤッと笑った。

「この部屋をきれいに掃除して、わしの還暦の会をここでやりたいんやわ」

最後の最後に、原田さんが奥さんと二人で切り盛りしている居酒屋「おかめ」につれてゆかれたのは、夜の十一時半を過ぎていたと思う。お客が一人もいない店内で、退屈そうにテレビを見ていた、原田さんよりかなり若い奥さんが顔をしかめた。

「もうお父さんいうたら、今日もまた働きもせんとどこ行ってたんや。ほんまに、それだけ飲んでて今から仕事できるんかいな」

「できるわい。男にはな、つきあいっちゅうもんがあるんや。なあ」

相づちを求められた上野さんが、

「ええ、ええ。今日は感激でした」

と言う。「ほんまにもう」と繰り返した若い奥さんは、私たちにこう言った。

「すんませんでしたね。うちのお父さんの酒飲みにつきあってくれはって」

深夜の「おかめ」にて

こうして知り合った原田さん夫婦の居酒屋「おかめ」に、私はその後通うようになった。じつは飛田を取材したくて来ていたと、おそるおそる打ち明けると、原田さんは「それはええことや。昔の飛田のこと、僕らも知ってるようで知らんから、書いてくれるんはうれしい。協力するで」と言った。

「私は、売春に諸手を挙げて賛成であるはずがないから、『ええように書いたって』と言われても困る」

と言うと、

「そんなこと分かってるって。夜遅くに来てみ。とりあえず、今の飛田のこといろいろ分かるから、参考にしたらええ」

原田さんの言う「夜遅く」は半端《はんぱ》じゃない。深夜十二時すぎのことだった。

飛田の「料亭」の営業時間は十二時までだ。

八時ごろに客足のピークを迎える飛田は、九時半ごろから徐々に客足が減り、十時をまわると早、疎《まば》らとなる。外灯や、料亭の玄関から道路に放たれる灯りは、変わらず煌々《こうこう》としているから、道路に人が疎らになったぶんだけ、その明るさが際立《きわだ》つようになる。

「今日はもうあかんのちゃう?」

「いや、もうちょっとがんばろ。ほれ、来た来た……」

おねえさんと曳き子のおばさんのひそひそ話が、漏れ聞こえてきそうだ。一人、二人と男が通ると、おばさんは「にいちゃん、にいちゃん、にいちゃん」と連呼し、おねえさんはにわかづくりの笑顔を見せる。そんな繰り返しが続く。

そして、十一時五十五分に、ドヴォルザーク「新世界より」が町中に流れる。新世界が近いというシャレだろうか。「遠き山に日は落ちて〜」というあの歌がけだるそうに、妙に明るい町に鳴り響くのである。それが「あと五分で閉店ですよ。さあみんな帰り支度をしましょうね」という合図だ。その日最後の客を送り出した店が、一軒、二軒と戸を閉め、やがてすべての料亭から灯りが消える。

おねえさんも、曳き子のおばさんも終業。仕事を終えたサラリーマンが夕刻から一杯やりに行くのと同じように、彼女たちは終業後に飲みに行く。だから、「おかめ」が賑《にぎ》わうのは十二時を過ぎてからだったのだ。

「いろんな子が来るから、店にいとったら雰囲気分かるで。ただし、あんまり話に割り込んだらあかんで」

という原田さんの言葉に従い、私は夜中十二時に「おかめ」に行き、一、二時間をカウンターで一人で飲みながら聞き耳を立ててみることにした。

深夜詣《もう》での初日、かつおのたたきを肴にビールを飲み、持参した『週刊文春』のページをめくりながら来店者を待つ。

最初にやって来たのは、黄色いTシャツにジージャン、ジーパン姿の中肉中背、(おそらく)三十すぎの色白の女性。ビールに枝豆と鯖《さば》の塩焼きを注文し、大あくびをした。続いて、六十すぎの太った女性。その次は、若いころの岡崎友紀のようなショートカットの女性と、夏木マリのようなロングヘアの女性の二人組。みな、一杯目はビールで、思い思いにサラダや鰻《うなぎ》の蒲焼《かばや》きなんかを頼む。四人とも知り合いのよう。

「なんだ、普通なんだ」と私は思う。

ヴィトンやコーチなどブランドのバッグを持っているのも普通のOLと変わらないし、やがて始めた「バナナダイエットに飽きて、このごろ生姜《しょうが》ダイエットを始めたけど、どうやろ」などというダイエットの話も他愛ないガールズトークだ。「キムタクはほんま男前や」とか、「いややっぱりうちは中居君のほうが好きや」とか……。軽やかに笑い合っている。

「どう？　今日は忙しかった？」

と、マスターが話を振ろうとしてくれるが、

「あかんあかん」

「不景気や」

それ以上の反応はない。岡崎友紀似が、

「二時間坊主《ぼうず》（お客ゼロ）やってんで。やってられへんわ」

と言ったので、何かつっこみたかったが、そのころの私はまだつっこみ方が分からなかった。

「こないだも、三時間坊主やて言ってた子おったで。あかんねんな、このごろ」とママ。

「客が通らへんねんもん、どうしようもない」

まもなくダイエットの話に戻り、共通の友人の悪口へと移行した。

初日は三時ごろまでいたが収穫なし。帰り際にマスターが私にこそっと言ったのは、

「四人とも女の子やったんやで」

六十すぎの太った女性は、曳《ひ》き子のおばちゃんだとばかり思っていたので驚いた。

「あのなぁ。男の週刊誌はあかんわ。浮くわ。今度は女もんの本持ってき」

二回目からは『週刊女性』を持参した。効果てきめん、カウンターテーブルに置いていると、「ちょっと見ていい?」という女性が現れた。目鼻立ちくっきりの金髪。二十代後半か。

「もちろんです、どうぞ」

彼女が皇室の写真が載っているページを開いたので、

「雅子さん?」

と言うと、

「ウチの友だちにもマサコっちゅうのおるけどえらい違いや」

と、ぼそり。またある時は、私がファッションのページを開いていると、

「今年はウエスタンブーツが流行《はやり》やねんな」

と覗《のぞ》き込んできた、私と同年輩の物静かな女性もいた。

「そうみたいですね。靴はいつもどこで買われますか?」

言葉を返そうとするが、滑る。

私は、深夜の「おかめ」に溶け込めないでいた。マスターもママも、あえて私が何者なのかを知らないように装う。そりゃそうだ。「おかめに、あやしい取材者が来ている」と噂《うわさ》でもたてば、お客が来なくなること必至だろうし。

今思えば、おねえさんたちと知り合うせっかくのチャンスを、みすみす逃したと思う。ファッションの話やペットの話、酒の話など、ダメで元々、もっとこちらからとっかかりをつけていけば、一人や二人メールアドレスを交換できる相手を見つけることができたかもしれないと思う。しかし、飛田に通い出して何か月かのそのころ、私は黙って聞き耳を立てるか、一言ふた言おねえさんたちの会話に口を出すのが関の山だった。

おねえさんたちは、一人での来店とつれ立っての来店が半々くらいだったか。十二時すぎに来店し、生ビールを一杯か二杯飲んでひと息つき、「ラーメン食べに行こ」「歌いに行こ」と出ていく者もいれば、二時、三時まで飲食し続ける者もいた。私が眠気をこすり、二時、三時まで「おかめ」にいて、仕入れることができたのは、
・夜のおねえさんは、徒歩圏内かタクシーでワンメーター程度のところに住んでいて、この仕事専業。お客に言う「神戸から通ってる」「昼間はＯＬ」は、雰囲気づくりのためのウソ。昼は東淀川《ひがしよどがわ》や堺《さかい》など遠方から通っているおねえさんもいる。

・店に座るのは（多くの場合）十五分交代。他のおねえさんが奥の茶の間にいて、交代する。そうでないと、座っているだけでも結構疲れる。
・おねえさんたちには、経営者、おばちゃん（曳き子）に対し、「私が稼いであげている」という優越感がある。正規料金以外にお客がチップをくれると、ポケットに入れる。たまには経営者、おばちゃんにお裾《すそ》分《わ》けしてあげることもある。
・嫌な客は、おばちゃんが招き入れても、おねえさんが断る。外国人は断る。
せいぜいその程度だった。

語ってくれたおねえさん

私が知りたかったのは、おねえさんのライフストーリーや、なぜこの仕事に就いたのかということ、仕事上の思いや意見だった。何度か顔を合わせ、挨拶《あいさつ》をするようになっていた一人のおねえさんに、たまたま客が二人だけだった「おかめ」の店内で、「取材させてほしい」と名刺を出して頼んでみたこともあったが、

「いらんわ」

だった。いらんわと言われても、「そこをなんとか」と食い下がるのが取材の常道だ。だが、私はそのころまだ「この人たちのご機嫌を損じたら怖いのではないか」と、

どこか腫《は》れ物にさわるような偏見を持っていたのだと思う。

ある時、私に「(料亭の)経営者?」と訊《き》いてきた一人のおねえさんがいた。

「いや、違うんやけど」

その時は、それだけのやり取りだったが、数日後の昼間、商店街の喫茶店で偶然に会った。二、三歳のピンクのトレーナーを着た女の子をつれていた。すっぴん。爪《つめ》にはピカピカしたネイルアート。

「めっちゃかわいい」

と私が子どものことを言ったのをきっかけにちょっとなごんだ。

「あの店、よく行く?」

「飛田、もう長い?」

訊《たず》ねてみた。

「あの店は、こないだが二回目。飛田は長いような短いような……。なんでそんなこと訊くの?」

という彼女に、名刺を出して事情を説明し、

「急いでなかったら、ちょっと話を聞かせてくれません?」と言うと、「今日は休みやから、別に急がへんけど」。突如、チャンスがやってきた。ドキドキしてきた。

この喫茶店の常連なんだろう。子どもは喫茶店の他のお客と遊んでいる。今だ。

「生まれ、どこって聞いていい？」

「宮崎」

「宮崎市内？」

「ん？ま」

「ご両親とかきょうだいとかは？」

「父親は早くに死んだから、顔知らんの。きょうだいは二つ上のお兄ちゃんがいる。そのお兄ちゃんが最悪。じいちゃんばあちゃんの家に住んでたんやけど」

「お母さんはどこにいてはったの？」

「パチンコ屋の寮。（小学校）五年生から、うちらもそこで」

「そうなんや、お母さん、パチンコ屋に勤めてはったんや」

「たぶん。お母さんは面倒くさい親。なんか嫌なおっさんがおって、泊まりに来てたんよ。ほんまにもう」

宮崎にはいい思い出が一つもないと彼女は言った。

「でも、好きな男の子の一人や二人いた？」と振ってみたら、

「いいひんわ。中二の時に、お兄ちゃんにサレた」と言った。「ありえへんと思うや

ろ？　そんなこと」とひんやりとした笑みを見せた彼女に、返す言葉を探しているうちに、彼女は妙に快活に喋《しゃべ》り出した。

「うちは十七歳で大阪に出て来たん。先に出て来てる友だちがおったから。ミナミのソープ。なんか、そういうことになって」

重労働だった。客に「もっと簡単に稼げる」とつれて来られたのが飛田だったと。

「ゲッと思ったけど、どこで働いても同じやとも思った。『美容師になりたい』って夢みたいなことをマスターに言うたら、『貯金しぃ』って、まじに言うからびっくりした」

女の子が彼女のところに戻ってきた。ミックスジュースとミックスサンドを追加注文し、子どもに与え、口元を時々拭《ふ》いてやりながら、続きを話してくれる。話の内容が子どもに伝わるのではないかと、私はハラハラするが、彼女は一向に気にするそぶりを見せない。

「貯金額がもうちょっとで二百万円というとこまでいった二十一の時に、この子の父親と結婚して、飛田を出たん。ダンナは客のトラック運転手。ウチに入れあげてた〝いい子〟やったのに、腰を痛めて欠勤するようになって、あれよあれよという間にうちの貯金に手をつけよった。『ウチの金をアテにせんといて』となんぼけんかしたか。めっちゃ殴られてんで。鎖骨が折れたほど。それでも我慢したけど、娘に手をあげた時に、もうムリやと思った。娘をつれて、荷物両手に持てるだけ持って、(飛田の)マスターのとこへ戻って来たん……」

波瀾《はらん》万丈のこれまでを、さらさらと語ってくれたのだった。

若いのに大変やってんねえ、と言う私に、彼女は「結婚してた時が最悪やったな」と。

「マスターはほんまにいい人で、『(結婚が)あかんようになったら、帰って来ると思てた。待ってた』て言うて、ワンルーム(を借りるための)の敷金を貸してくれた。仕事が終わったら、託児所にいる娘を『早《は》よ迎えにいったげ』と気ぃつこてくれるんよ。でも、子どもは十二時に迎えに行っても一時に迎えに行ってもどうせ寝てるから、この前みたいに、たまには飲みに行くの」

私、なんでこんな話をしてしまったんやろうと、九州訛《なま》りのイントネーションで言った。

「今の店は(飛田の)端っこのほうなので、マスターには悪いけど、〝青春通り〟のほうの店に変わろかなと思ってるとこ」とも。

美容学校に行くお金を貯《た》めなあかんもんね、と言うと、緩く微笑んだ。あまりにもトントン拍子で話が進んだために、私は彼女の年齢を聞きそびれた。

ぐずり出した女の子を引っ張って、喫茶店を出て行った彼女を見送りながら、なんと悲しい境遇なんだろうと心が痛かった。彼女は、のべ四、五百人いるといわれる飛田のおねえさんの、よほどの一人だろうと、そのころの私は思った。

飛田料理組合

この際、直球を投げてみようと「飛田新地料理組合」に取材を申し込んだ。

先述のとおり、飛田新地内に立つ古い洋館、飛田会館の中に事務局のある、飛田の「料亭」の経営者で組織する組合だ。取材をさせてほしいと電話をすると「組合長が留守ですので」と女性が言うばかりで、なかなかつないでもらえない。それでもしつこくかけ続けること数回で、組合長がようやく電話口に出てきてくれ、

「ずうっと忙しいんやけど、○月○日やったら時間とれるから、とりあえず。話はそれから」

と道が開けた。

指定の日時に出向くと、玄関を入って数メートル、右側の応接室に通された。

往時の飛田のモノクローム風景写真と歴代の組合長の肖像写真を飾った重厚な白

壁に、鹿《しか》の剝製《はくせい》がにょきっと頭を出している空間に、入った時から威圧されたが、さらに、笑顔のいっさいない男性が次々と六人入室してきてドアがパタンと閉まった時は、一瞬「まじ、やばい？」と背筋が寒くなった。名刺交換をする。組合長、副組合長、専務理事。あとの三人はこちらが名刺を渡したのみで、肩書き分からず。

「で、ご用件は？」

私は、飛田の町が好きだから歴史を書きたい、町のあらましを知りたいと、「嘘《うそ》も方便」を少し交えて伝えた。刺すような視線を向ける六人の足下はみな、先が尖《とが》ったエナメル靴（に思えた）。冷や汗が溢《あふ》れる。少しの静寂の後、組合長の返答は、

「書いてもらわんでいい」

だった。明らかに不愉快そうだった。

「飛田のことは、話すべきことではない」

と、副組合長も言った。

「図書館で市史とかを調べても、大正七年にできたくらいしか載ってないんです。大阪の古き良き町を代表するような町やから、もっと知りたいんです」とか何とか続けたと思う。

「それ書いたら、おたくはいくら儲《もう》かるの？」

続いて発せられた言葉が、これだった。

「いや、あんまり儲からないとは思うんですが」

「そしたら、そんなしょうもないこと、せんことやな」

「儲からなくても、書きたいんです」

「あんたに話すことは何もない」

穏やかな口調での押し問答だった。

「それはなんでですか？」と私。

「おたくが、飛田を本当のところはどう思ってはるのか分からへんけど、昔はともかく、今は私らはイカンことしてるんやから。書かれては困るんや」

と、組合長がかみしめるように言った。私は、この人たちに「イカンことをしている」意識があるのだとちょっと驚いたのだが、そんなやりとりをしている最中に、ドアの向こう側から突然、

「誰の許可もうて、やっとんじゃ」

「なめとんのか、おりゃ」

「あかんちゅうたらあかんのじゃ」

怒声罵声《ばせい》が聞こえてきた。怒られている側も何か言っているようだが、聞き取れな

い。ドキドキする。

「何があったんですか?」

「宮城の大学院生やて。研究にとか言うて勝手に写真撮っとったんや。他人の家の写真を無断で撮って、それで済むと思ったら大間違いや。なあ、あんたにも分かるやろ?」

私は「風景としての町は誰のものでもないはずだ」と思うが、「そ、そうですね、各お店の前に『ノーピクチャー』って貼ってはりますのにね」と答える。執拗《しつよう》に続く怒鳴り声は、私に「あんたもいい加減にしとかんと、怒鳴るで」と言っているようにも聞こえる。が、そんな怒声くらい平気だというふうに装わなければと焦《あせ》った時、ふっと、言葉の神様が降りてきた。

「飛田はこんな町です、写真撮ったらダメな町ですってきちんと書いてる本がないから、そういう隠し撮りとかする人が現れるのと違いますか」と。

「あのなぁ、組合はホームページも開いてへんやろ。そういうふうに、今はちゃんと気ぃつかいながら、みんな静かに商売してるわけや」

「でも、飛田へ来て、元気もらって帰らはるお客さんが大勢いはるわけでしょ。昔は合法やったし、必要な町でしょ」

私は一体何を言っているんだろうと思うもう一人の私がいるが、この際、である。

「そらそうや。男と女がいてる限り、受け皿はどこかに絶対に要るんや」

「でしょう？　古き良き町の雰囲気をこれほど残してる町、他にありませんやん」

「そらそうや」

いい風向きになってきた。

「戦前の料亭は、相当大きかったんでしょう？」

「そや。大きいとこは三百五十坪も四百坪もあった。小さいところで七十坪」

「やっぱりすごかったんですねえ」

「大門通りに格式ある店が集中してた。門が大門だけやったから」

「へ〜。そうなんですか」

「五十坪以上の店には、灯りとりのために前栽《せんざい》があるのが普通やった」

「前栽って、中庭のことですよね」

「そやそや。前栽の周りに、囲み廊下があったんやな」

「何軒くらいあったんですか」

「そら、今より相当多かったやろ」

そんなふうに話が流れた。

「昔はよかった。今はあかんということや」

「昔は情があった。親方はみんな人助けをしとったわけや」

と、ポツリポツリと口を開いてくれ、

「飛田の宣伝になるんやったらええけど、商売の邪魔になるようなこと、後ろに手が回るようなことを書くんはあかんということや。分かるな」

六人の十二個の目が、またいっせいに私を刺した。

「私は、飛田に賛成でも反対でもないんです。この町が確かに存在したということを書きたいから、知りたいんです」

しどろもどろに答えたが、

「宣伝してくれるんやったらええんや。分かるな」

ともう一度言われると、反射的に「はい」が口をついて出た。

「よっしゃ、あれ、あげて」

組合長が言うと、若手が別室から冊子を持ってきて、渡してくれた。B5判コピー十七ページをホッチキスで留めたもので、表紙に『飛田新地参考資料』とある。

「あんたの知りたいこと、これに全部書いてある。読んだら分かるわ」

大急ぎでページをめくると、旧仮名遣いで書かれた沿革のような文章一ページ（戦時中の一九四三年に内部作成されたものと後で判明した）と、あとは「〝廓《くるわ》の街〟に再開発の波」「『料理店』廃業相次ぐ」「〝嘆きの壁〟も年内撤去」「飛田　塀にかすむ昔日《せきじつ》の灯」「時流に戸惑い　再開発の足音」などの見出しの新聞記事のコピー、末尾に年表と「歴代組合長」の名前の一覧があった。これが、飛田新地料理組合のオフィシャルな「広報資料」ということになる。

「これは何からのコピーですか」

と、旧仮名遣いの一ページ目を開いて聞く私に、「そんなん分からん。けど、中味読んだら飛田のこと全部分かるわ。もうええな。忙しいねん」。六人とも早々と席を立つ。席を立ちながら副組合長がこう言った。

「分かってると思うけど名前はあかんで。プライバシーいうもんがある。誰の名前も絶対にあかんで。分かってるな」

私は「はい。ありがとうございました」と深々と頭を下げた。

「私らは、防犯に協力しながら、控えめに控えめにやってるんよ。そこのところも分かってな」

聞きたかったことの十分の一も聞けなかったが、とっかかりができた。以後、私はたびたび組合の幹部らを訪ねた。

菩提寺《ぼだいじ》

吉原（東京）から北に一キロほどの荒川区南千住《みなみせんじゅ》に、病死した遊女の亡骸《なきがら》が運び込まれた浄閑寺がある。安政の大地震（一八五五年）の時に、多くの遊女が投げ込まれたことなどから投げ込み寺ともいわれる。「結核が多かったんじゃないか。投げ込まれた死体の数、十万体とも二十万体ともいわれています」と、同寺で聞いた。境内には「新吉原総霊塔」が立ち、その足元に白い骨壺《こつつぼ》がぎっしりと詰まれている。一方、名古屋の中村（遊廓《ゆうかく》）の近くには中村観音があり、本尊の十一面観音は、〝無縁さん〟の遺骨を練り固めて建立《こんりゅう》されたものだそうだ。「無縁さんとは、イコール遊女ではなく、行き倒れになった方々広くすべてを指します」とご住職に聞いたが、その中に中村遊廓の女性も含まれていると捉《とら》えるのが自然だ。

そんなふうに、遊廓には、遊廓で亡《な》くなった女性たちを弔うお寺がつきものだ。遊廓の女性の性病罹患《りかん》率は高かったはずだし、結核も昭和二十年代まで「不治の病」といわれた。病に冒され、故郷へも帰れず、人知れず飛田の中で亡くなっていった歴代の女性たちはどこに葬《ほうむ》られたのか、あるいは捨てられたのか。ところが、飛田付近にそういったお寺が見当たらない。組合の幹部から、

「近所の寺と特別なつきあいがあるとは聞いたことがないなぁ。昔から飛田の親方らは金も持ってたし、高野山に参ってた。I院というお寺が、遊廓時代からの飛田の菩提寺や。石碑も建ててある」

と聞いたのは、二〇〇一年だった。このあいだも、大型バスを仕立てて有志でI院に行き、「みんなで手を合わせてきた」とも言う。「このあいだ」とは、当時から七年さかのぼる「平成六年」だった。檀家寺《だんかでら》を経由して、高野山に分骨という流れがふつうだろうが、いきなり高野山だった。私は、まず電話でI院という寺に問い合わせた。

「大阪の西成区に、飛田という昔遊廓だったところがあるんですが。私はそこの歴史を調べているライターです」

「はい」

「そちらが、飛田遊廓のかつての遊女の方々の菩提寺だとお聞きしまして」

「はあ?」

「どんなふうに飛田の皆さんがお参りされてきたか知りたいのですが」

「うちは関係ありません」

電話口できっぱりと否定された。

「境内に石碑があると聞いています。一度伺いたいのですが」

「来てもらってもお話しすることは何もありません。うちは関係ありませんから」

「平成六年に飛田新地料理組合の方々がバスでお参りに行ったと言ってらっしゃるんですが」

と言うと、「少々お待ちください」となり、別の人が電話口に出てきた。

「飛田の人たちが来られたことはかすかに記憶にありますが、詳しいことは誰も覚えていません」

飛田関係の墓石も石碑もない。うちは飛田に関係のある寺ではないと強く言われ、電話を切られてしまったのも、大阪から遠く離れた高野山で、飛田の地名が一度も問い返されなかったのも妙である。

それならと高野町役場をはじめ関係各所に問い合わせたが、埒《らち》があかない。飛田関係の墓石か石碑は、二十万基ともいわれる墓石がぎっしりと並ぶ奥の院に移されたのかとも思ったが、それなら百十七もの塔頭《たっちゅう》の土地が入り組んでいるので調べようがないという。

何らか飛田の人たちが勘違いしていたのかと、再び料理組合に問い合わせると、幹部が資料ファイルを探し出してくれた。

確かに行っている。「平成六年九月六日、大型バス一台、参加者四十二人（男十七人、女二十五人)」。I院に参り、お経をあげてもらい、お布施《ふせ》を渡したと記録が出てきた。

「そういえばあの時、あと何年かでその石碑をどこかに動かす予定だと坊さんが言ってた。お布施をはずんだから、覚えてないはずないと思うんやけどな。その後、ごぶさたしてしまっているけど、今後は年に一回くらいはお参りしたいと思っている」

幹部が、こんなことで嘘を言うはずがない。その数日後(ちょうど年末だった)、私は高野山まで足を延ばした。

大阪・難波から高野山の山上までは南海電車の特急とケーブルで一時間半の道のりだ。山上駅から、バスで塔頭が並ぶ高野山の中心地へ行く。雪がしんしんと降る中、I院はバス通り沿いにすぐに見つかった。「位」の高い寺院であることを示す五本線の入った壁が、威風堂々の趣きだった。

「すみません。お聞きしたいことがあるんですが」

庭掃除をしていた若い僧侶《そうりょ》に名刺を渡し、先日電話で問い合わせたが、これこれしかじか飛田関係の石碑があると聞いているので、お参りしたいと申し出る。その若い僧侶が取り次いでくれ、建物の中に通してくれた。

座敷には、年賀状を筆書きしている中年の僧侶がいた。私を一瞥《いちべつ》しただけで、無視して年賀状を書き続ける。私は再び自己紹介し、用件を伝えたが、中年の僧侶は手を止めず、したがって下を向いたまま、こう答えた。

「電話で申し上げたとおり、うちは飛田とは何ら関係がありませんので。以前、飛田の方が来られたとのことですが、その時のことを知っている者はもういません」

石碑があったと、確かに聞いたと言っても、

「過去にあったとしても、分かりません。数年前、境内を整備する時に、施主の分からない石碑は奥の院に移しましたから、その中にあったとしても分かりません」

と、顔を上げずに言うばかり。奥の院のどこかと聞いても、「分かりません」。あからさまな拒絶。身も蓋《ふた》もないとはこのことだ。お調べいただけませんかと食い下がると、今度は無言になり、挙げ句に「おひきとりください」である。格式ある寺院が遊廓なんかと関係していたことを大っぴらにすると、都合が悪いのか。私はすごすご去るしかなかった。帰り際《ぎわ》、庭掃除に戻っていた若い僧侶が「すみませんでした」と声をかけてくれた時、不覚にも涙が出そうになった。

その後、奥の院のほうに行ってみたが、夥《おびただ》しい数の墓石の中に、飛田関係の石碑を探し出すなんて到底無理だ。諦《あきら》めて、せっかく来たのだからお参りして帰ろうと、メインの参道を、墓石に刻まれた文字に注視しながら、とぼとぼと歩いた。文字を注視するといっても、参道沿いの墓石だけだから、二十万基のうちのほんの一部だ。江戸

時代の大名や著名企業の創業者らの名前が見てとれる以外は、まったく知らない人の名前が彫られた墓石ばかりである。しかし、「大阪南地相生町」「京都鴨川組」「京都府貸座敷總合會」「南地五花街」など花柳界の石も目につき始め、もしかしたらと頭をもたげてきた。そんな中、一の橋の手前にさしかかったところ、右手の、雪が積もった一基の古い石に、「飛田」の二文字が目に飛び込んできた。

私は、雪をかき分けて、墓石にへばりついた。正面に「昭和三十二年四月二十三日建立」「大阪飛田勢浄講　納骨之碑」と彫られている。「昭和三十二年」は、売春防止法完全施行の一年前だ。側面と裏面に回ると、小さな文字で寄付額と名前が並んでいた。私は写真を撮り、そしてすべての文字をメモ帳に書き写した。五十五人分あった。金額が最も大きいのは、「五萬圓」で二人。次が「参萬圓」で十二人。「弐萬圓」が一人。あとは「五阡圓」もしくは金額の記載なしで名前だけの記載だった。

飛田の親方たちが講をつくって、高野山詣《まい》りをしていたことを示すものだ。もっとも、この墓石の下に「納骨」されているのが、講の構成員の身内のものであったのか、おねえさんたちのものであったのか、まったく不明だ。あるいは、娯楽的な講だったとしたら単なる記念碑である可能性もある。

よく見ると、墓石の建つ場所は、I院の枠の地ではなく、清浄心院という別の塔頭の枠の地だから、探したかったI院から移された石碑ではなさそうだ。しかし、何にせよ飛田の親方たちが建てた墓石に、私は行き当たったのだ。

さっそく清浄心院を探し、聞きに行ったところ、丁寧に古い帳面を繰ってくれた後、

「残念ながら、奥の院の古い石に関しては、経緯を知る手がかりがありません。昔は何百人という方が納骨をと、毎年お参りにみえていたので、どの方が飛田というところの講の方かもはや分かりません」とのことだったが。

大阪に戻って、私は飛田の組合に報告に行った。

「I院、大きな立派なお寺やったやろ」と笑顔を見せた幹部は、私が、石碑がなくなっていて、移動先が分からなかったと話すうちに、眉間《みけん》にしわが寄り、くぐもった顔つきになっていった。最後までひと言も質問をはさまずに聞いた後、

「そうか。それはご苦労さんやったな」

と、やんわりと労《いたわ》ってくれた。その後、

「それで、僕らが行ったことは覚えてた?」

と私に訊く。残念ながらと答えると、「ふ〜ん」と、口角を下げた。

私は、言おうか言うまいか迷っていた、お坊さんの冷たい対応について話し、「お寺というのは本来オープンなところのはずなのに、招かれざる客だったとしても、あ

の対応はないと思う」とも言った。一緒に憤慨してくれるだろうと思っていたのだが、少し間をおいてから、

「気持ちは分かるけど、まあ、そういうこともあるやろ」

と言った。表情をぴくりとも動かさず、淡々とした口調だった。最初、私は少し拍子抜けしたのだが、やや切なくなってきた。

飛田の人間は〝外〟の人間から、これまでさんざん「下」に見られ、差別的扱いを受けてきた。だから、淡々とした口調は、これまでの数多《あまた》の経験が身につけさせた、いわば護身術だったのだと思えてきたからだ。腹立たしくないはずはない。しかし、それくらいのことにいちいち憤慨していては、身が持たないから、「高野山の寺が、金だけ受け取って、自分たちを排除した？　ああ、またか。どうせわしらは……」と。

そのあと、「飛田の講の納骨碑」を見つけたことを伝えると、

「知らんかった。ようそんなん見つけたなぁ」

と、やっと表情がゆるんだ。そして、私が書き写してきた、石碑に刻まれた人物の名前をコピーし、「知らん名前ばっかりやけど、昔の飛田は団結力も金もあったんやな。昔の親方らはええことしてたんや」

と、私のほうではなく、薄日さす窓辺に目をやって言った。「昭和三十二年」に巨

額を出し、高野山に石碑を建てた飛田の親方たちの子孫は今一人として飛田にいないということか――。

先述した「安らかに来りて眠れ……」の碑文が立つ飛田の一角に、その三年後、大きな「母子観音像」が建てられた。

第三章 飛田のはじまり

市会議員の汚職

飛田は、いつから存在したのか。

一九一二年(明治四十五)一月十六日に焼失した遊廓・難波新地乙部の代替地として、設置されたというのが通説である。

のちに「南の大火」と呼ばれた難波新地の大火事は、湯屋の煙突から吹き出した火が元で、十一時間以上燃え、付近の建物五千戸を総なめにした。困り果てた楼主たちが、焼け跡を復興して営業の再許可を取ろうと大阪府に申し出たのがその端緒ではある。しかし、飛田が代替地だったというのはきれいごとで、汚職と背任行為が巧みに絡《から》み合っていたのだから、飛田は出自からして怪しさいっぱいだったようだ。

時は、一八七二年(明治五)に発令された「芸娼妓《げいしょうぎ》解放令」の下にあったために、難波新地の再許可は、「風紀上よろしくない」と、まず却下された。

ざっくり言うと江戸時代まで当たり前の存在だった遊廓だが、この芸娼妓解放令は、横浜港沖で起きた「マリア・ルーズ号事件」をきっかけに発令された。上海から南米ペルーへ向かう途上だったこの船から一人の中国人が逃亡し、「我々二百三十一人の中国人は船内で奴隷《どれい》扱いを受けている」と助けを求めた。日本政府は中国人たちを保護し、「船長は無罪」という司法判決を下すが、人道上の問題として、中国人たちを船長に引き渡すことを拒否した。これを不服としたペルー人弁護士が、「日本にだって娼妓という奴隷が数万人もいるじゃないか」と〝逆切れ〟発言をした。そのため、明治政府が「国際問題に発展すると面倒だ」と大慌《おおあわ》てで「遊廓業者は娼妓を解放しなさい」と発令したのだ。

「それは困る。なんとかしてくれ」と訴える楼主たちに、全国の先陣を切って大阪府はこの法令の裏をくぐって、味方した。「娼妓が前借金を背負う形式ではなく、自由独立業者の形式なら、売春を行う場所を提供してよろしい」と「貸席営業制」を設けたのだ。ところが、風当たりがきつく、一九一二年（明治四十五）二月にこれを覆《くつがえ》す。

国レベルでは、一九〇〇年（明治三十三）に、「満十八歳以上の女性で、所轄《しょかつ》警察署に備える娼妓名簿に登録された者でなければ娼妓稼をなすことができない（「名簿に登録すると、娼妓になれる」と言い換えられる）」とする内務省令「娼妓取締規則」が発令されていた。難波新地乙部営業の再許可願いは、府として貸席営業制廃止を宣言したばかりというタイミングだったのだ。

「同じ場所に復興できないなら、代替地を」と、難波新地乙部の楼主たちは大阪府に陳情書を提出する。市会議員でもあった楼主代表、上田忠三郎らが府庁に日参、上京して内務省に掛け合うなど「尽力」を重ねた。代替地は阿倍野《あべの》付近か大阪築港《ちっこう》付近か淀川《よどがわ》北岸かと噂《うわさ》が飛ぶ中、大阪府は、四年後の一九一六年（大正五）四月十五日、「布告示第一〇七号」で、突然、飛田の地を遊廓に指定したのだ。

第一の理由に挙げられたのが、「失業した難波新地遊廓業者の救済」で、「なぜ飛田の地が選ばれたか」についての説明はなかった。もしや、これには利権がからんでいるのではないか——。布告が出た五日後、大阪朝日新聞が、立憲同志会系の水野與兵衛府会議員によって飛田の土地の一部が購入されていた事実をスクープした。

遊廓地に指定されたのは、二万二千六百三十坪もの広大な土地だ。それまで一坪一円相当だった地価が、一夜明ければ三十円に高騰《こうとう》していた。これを買収して開発し、百戸余りの建物を建てたのは、一九一六年八月に資本金百五十万円で設立された阪南土地建物という会社で、先述の上田忠三郎が代表者だったのだから、その経緯は明らかにグレーだったのだ。

ましてや、難波新地の楼主たちの変わり身は早く、大火から四年の間に、焼失した当の難波新地乙部の楼百二十六軒のうち七十六軒は京阪神の他の遊廓にすでに移り、二十五軒は他業に就き、また出身地など地方に移転済みの人も少なくなく、飛田の地が指定される時には、代替地を必要とする者はほとんどいなかったというから、何をか言わんやである。

飛田は今でこそ住宅密集地の大阪市西成区に位置するが、当時の行政区は大阪府東成《ひがしなり》郡天王寺村大字《おおあざ》堺田。葱《ねぎ》や菜っ葉の畑だった。

わずか七百メートルほど北の新世界では、一九〇三年（明治三十六）に第五回内国勧業博覧会が開催され、その跡地に天王寺公園や通天閣、ルナパーク（遊園地）が設けられ、パリをモデルに区画し歓楽街の歴史を刻み始めていたが、その賑《にぎ》わいはかろうじて大阪市域最南端の大阪鉄道（現JR大阪環状線）の線路の辺りまでで、飛田には全く届いていない。

さかのぼれば、江戸時代に、大坂の市街地整理の一環で辺隅な地に設けられた「大坂七墓」の一つ、飛田墓地（鳶田、鵄田、鵈田とも書かれた）の東南端に位置した。飛田墓地には、極刑を行う仕置場もあり、火葬の煙が絶えず、白骨が山と積まれていたという。明治初期まで盂蘭盆《うらぼん》に、諸霊供養《くよう》のために七墓を回る風習があり、「是ぞ三《さん》途《ず》と一足に飛田の墓」という句が残っている。

「飛田墓地にあったお骨は、明治七年から徐々に、新設された阿倍野墓地（現阿倍野区）や一心寺（現天王寺区）へ移されたので、明治中後期にはだだっ広い空地となり、誰ぞが畑にしていたみたいやけど、少なくとも人が住むようなところではなかったでしょうね」

と、二〇〇二年に教えてくれたのは、現飛田の北西約六百メートルの堺筋《さかいすじ》沿いにあった不動産会社社長の菊谷さんだった。菊谷さんは、社屋の隣地に立つ、寛永二年の銘の入った「太子地蔵尊」と「飛田墓地無縁塔」、「慶長十九年の義戦（大坂冬の陣）によって壊滅した墓石を八十四年後の元禄《げんろく》十一年、天台沙門融順が整備した」旨《むね》の銘文が刻まれた巨大な墓石を、自主管理していた。その後、菊谷さんが亡《な》くなり、二〇〇六年ごろに三つとも取り除かれてしまったのが残念だ。それらが墓地の飛田を偲《しの》ぶ希少なオブジェだった。

大阪には、江戸時代から連綿と続く南地五花街《なんちごかがい》（現中央区の宗右衛門町《そうえもんちょう》、櫓町《やぐらまち》、阪町《さかまち》、九郎右衛門町《くろうえもんちょう》、難波新地の総称）、新町（現西区）、北堀江（現西区）、曾根崎新地（現北区）と、大阪港開港後の「外人対策」を主目的に一八六九年（明治二）に新設された松島遊廓（現西区）の六か所の色街がすでにあった。これら色街の貸座敷には、芸者を中心とする「甲部」と、娼妓が中心の「乙部」があり、乙部にあたるのは、松島と新町の一部と、焼けた難波新地乙部だった。つまり、飛田遊廓は、近代大阪における、松島遊廓に次ぐ二つ目の遊廓新設だったわけだ。

反対運動と、知事の「置き土産」

激しい反対運動はあった。

先鋒《せんぽう》に立ったのはキリスト教者たちで、かねてから廃娼運動を進めていた大阪矯風会（一八九九＝明治三十二年設立＝会長・林歌子）と、廓清会《かくせい》（一九一一＝明治四十四年の吉原遊廓全焼を機に組織された＝会長・島田三郎）だった。林歌子は、現淀川区の乳幼児養護施設（当時は孤児院）「博愛社」や女性の保護救済施設「婦人ホーム」を開設した人である。

「飛田遊廓建設の必要がどこにありますか。遊廓を置けば、私娼が増すばかりで、迂《う》闊《かつ》な議論はまるで子どものようです……」と語った林は、布告が出た四日後の四月十九日、島田三郎と二人で大久保利武《としたけ》知事（明治の元勲・大久保利通《としみち》の三男）と新妻駒五郎警察部長を訪問して撤回を求め、その足で大阪朝日新聞を訪れて、反対運動を展開するので、協力してほしいと依頼する。天王寺公会堂、土佐堀青年会館などで反対集会を開いたばかりか、四月二十二日には上京し、安部磯雄、山室軍平、松宮弥平、渡辺ツネ、久布白落実《くぶしろおちみ》ら廃娼運動家と共に、大隈重信総理に訴えた。その足で岡山駅に飛び、台湾から帰国の途にあった一木喜徳郎《いちききとくろう》内務大臣を詰問《きつもん》するなど、精力的に動き回った。

新聞各社の記者は、新妻警察部長に「なぜ飛田を指定したのか、なぜこの時期になのか」と問いつめる。「難波新地焼失時にした代替地指定の口約束、遊廓経営者の失業対策、市内遊廓の〝散娼整理〟、私娼制圧のため。指定に時間をかけたのは、土地騰貴を防ぐため」と回答される。その結果、各紙とも連日キャンペーンを張り、飛田遊廓の突然の指定への憤慨を露《あらわ》にした記事が掲載された。

認可の最高責任者は、大久保利武知事だった。だが、「前任者からの引き継ぎ事項」の一点張りで逃げ、池上四郎大阪市長も「市域外のことは、自分には関係ない」と言う。責任の所在が宙に浮きそうになったが、先述した大阪朝日新聞による利権をすっぱ抜いた報道により、市民にも、反対派につく者が増えていく。

四月二十七日、廓清会、矯風会、基督《キリスト》教徒の一団（おそらく救世軍）の三派で「飛田遊廓設置反対同盟会」を結成した。陳述書を持って大阪府庁に出向き、大久保知事を詰問したほか、山室軍平、島田三郎、矢嶋楫子《かじこ》、安部磯雄らを招いて、大阪ばかりか東京、神戸、横浜でも「大演説会」を開催した上に、五月十三日には、内務、文部大臣と総理に「陳情書」を提出した。また、大阪倶楽部《クラブ》員、弁護士会員、医師会員、市会議員、各学校長、府立今宮中学校と私立桃山中学校（二校とも飛田近くに立地）の職員、生徒父兄、同窓会員、飛田近辺の各戸、衆議院議員ら合計二千三百人に、同会の主張を書いた手紙を、賛否の意見を送り返すよう葉書を同封して発送した。九百二十人から返事が戻り、同会の主張に反対したのは約十通だけだったという。

飛田遊廓設置反対同盟会が綴《つづ》った冊子『飛田遊廓反対意見』を読むと、桃山中学校長が自校の生徒たちの通学路にあたることを心配する観点からの意見を寄せているが、論客の多くは天下国家のあり方や女性の人権に立脚した反対意見を述べており、そのレベルの高さに驚かされる。海外でも話題になり、五月十日付けの『シカゴ・デイリー・ニュース』に報じられたそうだ。

十月二十一日には、矯風会がデモをした。日本で初めての女性だけのデモとされる。矢嶋楫子、林歌子を先頭に、二列縦隊で、百数十人の和服姿の女性が静かに祈りながら、川向こうの江之子島《えのこじま》（現西区）の大阪府庁まで歩いたのだ。反対署名と「請願書」を大久保知事に届けようとしたのだが、大阪府庁は大騒ぎとなり、知事は居留守を使った。

盛り上がった反対運動には、突飛な行動もついて回った。

翌一九一七年（大正六）の春、高知県から中川藤太郎という材木商が飛田遊廓予定地にやって来て、自分の小指を包丁で切り落とし、流れ出る鮮血で「祝融来《しゅくゆう》」の三文字をしたため、公衆の面前にさらした。「祝融」とは火の神のことで、転じて火事・火災を意味し、「火よ来たれ」と呪《のろ》いをかけたのだ。

また、同年五月二日には、「曲芸飛行」にやって来たアメリカ人飛行士アート・スミスが反対運動に共感し、大阪の空から「飛田遊廓設置反対」のビラを大量に撒《ま》いた。

このように、さまざまな反対運動が行われたものの、運動は実らなかった。同年十月、大久保知事は辞任する。その〝置き土産〟に、遂《つい》に飛田遊廓建設の最終認可を与えたのだった。

反対運動に敗れた後、林歌子は、飛田遊廓の指定地を見下ろす阿倍野の外国人墓地で集会を開いた。一同、涙にむせぶばかりだったが、久布白落実が立ち上がって、画期的な発言をした。

「みなさん、泣くのはもうやめましょう。敗因の一つは、婦人に政治力がなかったことです。次は、婦人参政権獲得運動をしようじゃありませんか」

飛田遊廓設置反対運動の失敗こそが、婦人参政権獲得運動の端緒となったのである。

旧難波新地取締、市会議員で、土地を転がし大儲《おおもう》けした上田忠三郎ら、ゼネコン・

阪南土地建物の関係者は、認可の報に、してやったりだったろう。土地を五段階評価に分け、将来地価のさらなる高騰による利得を見越して、評価額の二十分の一の寄付を各地主から募ると共に、大地主からは大規模寄付も受け、資金調達に成功した。土木工事をしてインフラを整備、百四戸の家屋を建て、新規開業を希望する者に賃貸して、一律二千五百円の開業資金を貸し付けた。楼主たちは誰もが「よい場所」を希望するので、家屋の割当に紛糾する場面もあったという。

大門と開廓当初の街

飛田の大道の入口は、今も昔も「大門」だ。

そもそも大門とは、もとはお城の表門を指し、遊廓がこれに倣《なら》ったものだ。京都の島原遊廓や東京の吉原遊廓の大門は、遊廓の女性に心を残してお客が振り返りつつ帰っていくことから「見返り柳」と呼ばれた柳の木が門前に立ち、「和」の趣きだったが、飛田に今も残る大門の支柱は、コンクリート造りの洋風である。

高さ約四・五メートル。右手の支柱の上部にはアールデコ風の装飾が施され、天辺《てっぺん》に擬宝珠《ぎぼし》風の突起物が付いている。この突起物を、

「近代建築が、昭和初期に〝帝冠様式〟へ流行が移ってゆく過渡期のおかしな〝帝国

的〟デザインぽい」

と、建築家の浅見雅之さんが言う。明治以降、近代化の象徴として、洋館が盛んに建てられたが、大日本帝国としては「我が国独自の威厳を示さなければ」と、洋館に瓦屋根《かわらやね》を載せた「帝冠様式」の建物が造られるようになる。愛知県庁舎や名古屋市庁舎、軍人会館（現九段会館）がその代表で、飛田の大門がそこにいきつく過渡期の建造だというのは、時代的にもぴたりとくる。こんなところに大日本帝国が顔を出していたとは。

かつて、二本の支柱の間に黒塗りの木の門扉《もんぴ》があった。

「なんで大門が立派やったか知ってるか？」

うんちくを披瀝《ひれき》してくれたのは、料亭の経営者の一人、辻本さんだ。

「遊廓というのは、江戸時代から特別の場所やった。〝御用〟なヤツが入り込んで来よったら、奉行所に代わってソイツを捕まえて処刑する権限が与えられていたんよ。遊廓の廓（郭）という字は、城の中と同じで、そういう権限があることを指してるんや」

つまり、治外法権的な特権を誇示するために、立派な大門が必要だった——と言うのだ。

「飛田遊廓が出来た大正時代は、暗に続いてきたそういう取り決めが揺らいで来ていた時やったから、大門を入ったところに『大門交番』がある。捕まえたヤツを大門交番に突き出したら、あとは警察が（事後処理を）やってくれる。持ちつ持たれつ。そんなふうに、飛田は時代的に完全な治外法権と違《ちご》たから、厳密には『遊廓』とは言えへんかった。それが証拠に、古い公式文書には『飛田遊廓』やなく『飛田新地』と載ってるはずや。調べてみ」

これは意味深長だと、私は公文書類を片っ端から調べたが、いずれも「飛田遊廓」と表記されていて、真偽のほどはあやしいのだが。

一九一八年（大正七）十二月二十九日の開業当時、この大門と、大門から続く高塀はすでにできていた。そして、新地内の東西南北の道路もすでにほぼでき上がり、誰が名付けたか、北から順に、桜木通り、山吹通り、大門通り、弥生《やよい》通り、若菜通り、南北の筋は西から下山下筋、北門筋、山下筋と呼ばれるようになった。東西が「通り」で、南北が「筋」なのは、大阪の道割りのセオリーどおり。いずれも行政簿には登場しない通称で、今もってそう呼ばれている。

「情緒のある通り名でしょ？　宝塚歌劇に花組とか星組とか夢のある名前がついているのと同じで、遊廓も雰囲気づくりが大切やからきれいな名前をつけたんでしょね。

「大門を入ってすぐのところに、段葛《だんかずら》もありました」

と、飛田近くの今池町で生まれ育った吉本柳子さん（一九一七年〜）が言う。段葛とは、葛石を積んで一段高くつくった道のことだが、飛田のものは小さな築山《つきやま》で、小ぶりの松と桜が植えられ、灯籠《とうろう》が置かれていた。吉本さんの口を借りると、段葛があるのも「宝塚と同じ」。宝塚歌劇場に向かう花の道に段葛があるそうだ。無理やり宝塚と比較する感覚がちょっと面白い。

一九一八年（大正七）十二月二十九日（日曜）、飛田が華々しくオープンしたのかというと、そうでもない。

大阪毎日新聞（十二月二十八日付け）には、「十二月二十七日に貸座敷四十戸、娼妓三百人で開業する予定だったが、貸座敷二十一戸、娼妓二十一人しか警察から許可がおりなかった。廓内に八戸、廓外に三十四戸の売店もできているが、前途遼遼《りょうりょう》だろう」、大阪朝日新聞（十二月二十九日付け）には、「建設された百四戸のうち三十三戸の許可を申請したが、六戸の許可がおりなかったので、二十九日に二十七戸で開業することになった。娼妓数は一戸平均三人、総数八十余人である」旨が載っている。

何しろ「公許」の遊廓だから、「誰でも働いていいですよ」というわけにはいかなかった。遊廓側の思惑どおりには許可がおりず、当初予定より二日延びて十二月二十九日に、貸座敷二十一戸（＝大阪毎日新聞。大阪朝日新聞では二十七戸）、娼妓数二十一人（＝大阪毎日新聞。大阪朝日新聞では八十余人）での開業となったようだ。このほか開業時の規模は、貸座敷四、七、二十六、娼妓総数三十人と記述する資料もあり、何にせよ小規模の門出となったことは確かだ。

開廓四か月後の一九一九年（大正八）春には、松島遊廓の有名楼「天野楼」が移転してきた。市電線路の敷設《ふせつ》地となり、立ち退かなければならなかったところ、阪南土地建物に「ぜひ飛田に来て」と頼み込まれ、二十人の娼妓を抱えて飛田に越してきたのだ。これによって、飛田は少し賑わいを増した。それでもまだ、最大に見積もって貸座敷二十八、娼妓総数百余人だ。建築された百四戸の貸座敷すべてが埋まるまで、少し時間を要した。

すぐにも開業したいが、資金不足だという業者には、開廓早々に発足した「商業組合」が便宜を図った。業者に代わって家具調度を用意し、その代金を各業者が店の売上げの中から分割で返済する方法がとられた――と、知り得たことを、先述の菊谷さんに言うと、

「飛田の経営者は、ゼネコンに前借金をしないと開業できなかったということですよね。利息の取り決めはいくらやったんやろ。ますます（ゼネコンは）金持ちになる。

女郎さんが前借金を背負って遊廓に来る構図と同じじゃないですか」と。私も、そう思う。

しかしながら、開業二年後の一九二〇年（大正九）には、貸座敷百二十六戸、娼妓千二百十四人、七年後の一九二五年（大正十四）一月に百六十八戸、千九百五十六人、同年三月に百七十九戸、二千五十六人と、その規模は拡大の一途をたどった。あたかも、大阪市の都市化がめきめきと進む時代。一九二五年四月に西成郡、東成郡の全域を編入する第二次市域拡張が行われ（この時に、飛田地域は大阪市住吉区山王となる）、関東大震災後の東京からの移住者も加わって、人口二百十二万人を数える。東京をしのぐ日本最大にして世界第六位の大都市となり、昭和初期まで「大大阪《だいおおさか》」と呼ばれる、飛田遊廓は、そんな時代の中で、拡大化されていく。

「居稼《てらし》」の仕組み

妓楼は、いわゆる「お茶屋」のような造りだった。多くは、いぶし瓦を葺《ふ》いた入母《いりも》屋《や》造りの木造二階建て、間口は平入り形式。一階の窓には格子《こうし》、二階は窓の上下に欄間風の切り込みが施された。ハレの日には、軒下に家紋の入った幕が張られ、提灯《ちょうちん》も釣られた。館内は、中庭をはさんで多数の部屋が配された。

大門通りに「大青楼」と呼ばれる格式高い高級楼が並び、その裏手の弥生通り、山吹通りに中規模の「中青楼」、さらに裏手の若菜通り、桜木通りに小規模の「小青楼」が続き、楼の上級・下級は、規模の大小と比例した。大正終わりから昭和初めにかけて、ダンスホールを備えた洋風の建物も登場し、いち早くベッドを置いた楼もあったという。

大青楼に「本旭楼」「巴里」「御園楼」「都楼」「世界楼」「日の本楼」、中青楼に「本家大一楼」、「東大一楼」。また、「大喜楼」「梅ヶ枝楼」「君ヶ代楼」「港楼」「福愛楼」「河萬楼」「マツタニ楼」「キング」「大和」「新大和」「角タツタ」「第二梅ヶ枝楼」「第三梅ヶ枝楼」「三州楼」「富貴楼」には、モダンな設備が備えられていたという。

「『大和』や『梅ヶ枝』は、経営者の出身地の名前やろけど、『キング』とか『日の本』とかは、大きくなりたい……みたいな願望やろね。住吉（現住吉区）に名前をつける占い師がいて、みんなそこに相談に行く。占い料、命名料がえらく高いけど、うちのお父さんもそこでつけてもらったと言っていました。売上げが思うようにのびなかった翌年、戎《えべっ》さんの帰りに『どないしてくれるねん』と文句をつけに行って、お金を返してもらったらしいですけど」

父親が飛田の中堅の遊廓業者だった、自分はその婚外子だったと教えてくれた旧知、澤井徳子さんはそう言った。

飛田遊廓の営業形態は「居稼《てらし》」だった。

「居稼」は、妓楼に自分の部屋を与えられ、そこで客を取る形態のこと。芸者のように、置屋でスタンバイし、お呼びがかかって座敷に出向く形態「送り」に対して、こう呼ばれた。座敷には、往来に面して太い格子が巡らされ、本来、娼妓はその格子の中で、外向きに並ぶ。東京の「張り見世《みせ》」と同じ、この形態のことも、大阪では合わせて「居稼」と呼んだ。客は外から覗《のぞ》き込んで、娼妓の品定めをする。娼妓がお客に顔を「照らす」を、当て字にしたもので、「稼ぐ」者が「居る」と書くとは、なんともストレートだ。

もっとも、一八九一（明治二十四）、九二年（明治二十五）ごろ、この居稼が禁止され、「娼妓は道路から見えない店の中で、客待ちをせよ」となり、さらに一九一六年（大正五）にはこれも禁止されたので、以後終戦まで、格子の中に娼妓の写真を飾り、客はその写真を見て、誰を指名するかを選ぶ形式に変わったとされる。しかし、

「写真見世が建前だったけど、写真はいくらでも修正できたからねぇ。（楼に）上がったお客さんが、『写真とえりゃあ違う』と言ってもめたんだわ。だから、うちらは（警察に）見つからん程度に女の子を並べてました」

と、名古屋・中村遊廓の楼「春福」の元経営者、稲垣勝子さん（一九二三年〜）は言った。名古屋でそうなら、飛田でも当局の目を盗んで娼妓が顔を出す店もあったと十分に考えられる。

貸座敷では、娼妓たちのほかに、現金出納をとり仕切る、雇われ店長「帳場」と、客を呼び入れる「曳《ひ》き子」、二階に料理などを運ぶ「二階廻」が働いた。

飛田の特徴と花代

飛田の特徴は、単刀直入にセックス専門だったことだ。

多くの他の遊廓には、相当数の芸者も混在したが、飛田には、一九二〇年（大正九）に五十人、一九二五年（大正十四）に二十九人とも二十五人とも、微々たる人数だ。

私の父は先年、「飛田の取材をしている」と言うと、「飛田はあかんわ。やめとき」と顔をひどくしかめた。

一九二四年（大正十三）に西区で回漕《かいそう》店の息子として生まれた父は、「てかけはん（大阪言葉で『お妾《めかけ》さん』の意）」という言葉を、職業の一つを指すかのように使った。

祖父には「てかけはん」が二人いた。本妻（祖母）公認で、一人は新町の、もう一人は堀江の芸者だった人で、祖父亡き後も父はその二人の「てかけはん」と親戚《しんせき》づきあいを続けた。そんな父だから、飛田もへっちゃらだと思ったのに、他の花街はよくて飛田はダメとはなぜ、と思ったものだ。

下賤《げせん》な言い方をすれば、飛田は「早い、安い、おいしい」の三拍子揃《そろ》った男性天国だった。客は予約なしで、直接に登楼し、初見でも手軽に遊べた。太夫《たゆう》も花魁《おいらん》もいない。娼妓は平等に皆、娼妓。客も身分を問われない。花鳥風月を解せなくとも、謡《うたい》の一つもできなくとも、金さえ持っていれば堂々と客になれた。つまり、客の階層を問わず、セックス専門の飛田は、「一ランク下」に見られていたことが否《いな》めない。

だったら、花代は安かったのか。

『東成郡最近発達史』に、一九二五年（大正十四）一月の「一か月間」として、「売揚花数十五万八千余本」「遊興費二十四万九千六百余円」「登楼人員五万八千四百余人」とあるから、遊客一人当たりの消費額は四円二十七銭（うち十二銭は遊興税）。登楼時間は一人平均二時間三十余分ということになる。これは、当時の眼鏡フレームとほぼ同額、米十四・六キロ分、タクシー初乗りの四回分だ。一九二六年（大正十五）の松島遊廓の一人当たり消費額が三円八十三銭だから、むしろ飛田のほうが若干高額である。

その五年後の一九二九年（昭和四）に発行された『全国花街めぐり』には、「花代一本十五銭、一時間十本の勘定」とあり、「一時間一円五十銭」で、他の遊廓とほぼ同様である。また、同書には、六時間単位で娼妓を貸し切る「仕切」という言葉の記載もあり、「午後六時から十二時まで、花三十五本（五円二十五銭）」「午前〇時から六時まで、花三十三本（四円九十五銭）」「午前六時から正午まで、花十八本（二円七十銭）」「正午から午後六時まで、花三十本（四円五十銭）」と、〝長時間割引〟が適用されていたようだ。

こういった基本料金も、「大紋日《だいもんび》（正月三が日、天長節＝天皇誕生日）」が三割方、「紋日（正月四日から十日まで、二月十一日、天神祭、住吉大社お田植え祭の日）」が二割方増額となるのも松島遊廓とまったく同じで、府内の他の遊廓と比べても、飛田の花代は平均的だった。

なお、関東で主流の「玉代《ぎょくだい》」という言葉は関西では用いられなかった。花代は、芸妓、娼妓を華やかな花に見立てたためで、線香一本がともる間を単位に時間を計算したために、線香代とも呼ばれた。

娼妓は売られてきた

飛田の女性はどこからやってきたか。

「今も昔も、ほとんどが地方の子ですよ」

「昔は色の白い東北の子が多かったと聞いていますよ」

と、付近の商店街の年配店主たちから、口々に聞いた。

巡り合わせなのは、飛田開業の一九一八年（大正七）が、第一次世界大戦中の米騒動の年だったことだ。

同年七月、シベリア出兵により、軍隊で米が必要になるのを見込んだ商人が買い占めに走り、米の価格が前年の約二倍になった。米騒動は、富山県の漁村の女性たちが「このままでは餓死する」と一揆《いっき》を起こしたのに端を発し、たちまち全国に広まったもので、つまり、全国津々浦々に、食えなくなった人たちが続出した年だ。

食っていくための苦渋の選択。それが、娘を売ることだったとしても不思議でない。合法の遊廓が必要としたのが、有象無象の輩《やから》だ。「娘買い」を生業とする女衒《ぜげん》といわれる人たちがいた。ヤクザのような人たちで、全国がいくつかのブロックに分けられ、ブロックごとに女衒の親分がいて、その配下に無数の女衒がうごめいていた。彼らは、ある農村が凶作で、飢《き》饉《きん》に陥ったと知ると、一目散にその村に娘を買いに行く。

「東北地方はひどいもんだっせ。飯の食えん人間がごろごろしてまんがな。貧乏小作の家では、もう食い扶持《ぶち》をへらすのに一生懸命だンがな。ひどいもンだな、給金は二の次だす。高いも安いもおまへん。（中略）何ぼでもタマは出まっせ。まるで人助けみたいなもンや」

これは、一九五六年（昭和三十一）の直木賞候補となった西口克己の小説『廓《くるわ》』の中の、女衒が京都の「女郎屋」に話す言葉だ。『芸娼妓酌婦紹介業ニ関スル調査』によると、一九二〇年（大正九）の全国の女衒の実績は、「求人一万千三百八十五人、求職者八千九百三十八人、就職者六千六百人」。この中に、飛田の求人・就職も含まれていたわけである。

明日の米にも事欠く人たちの目の前に大金をちらつかせ、「戸主」にもちかける。あるいは直接に娘をくどく。その際の、女衒らのセールストークのポイントは、
・体を売る仕事だとは、決して口にしない。
・いい着物を着て、いい暮らしができる。金がたくさんもらえる。
・二、三年で、上等な着物を着て、たくさんのお土産を持って故郷に帰れる。
の三点だった。女衒は、娘とひきかえに大金を「戸主」に渡す。その額に、娘が娼妓として働くまでにかかる交通費や食事代、着物代、家具調度代などが加算され、娼

妓の「前借金」となる。

飛田開業の五か月前、一九一八年（大正七）七月に、大阪府駆黴院《くばいいん》（駆黴とは梅毒を治療すること）の院長上村行彰《かみむらゆきあき》（生年不明〜一九三七年）が、娼妓登録のために健康診断を受けた女性たちに聞き取り調査した結果を『売られ行く女』と題して発表した。飛田開業直前の統計ではあるが、一、二年で大きく変化することはなさそうなので、同報告書から、大正時代の娼妓の実態を拾ってみる。
・娼妓登録
飛田など公認の遊廓の娼妓になるには、まず、健康診断を受けた上で、（一）前借金の額、（二）娼妓になる理由、（三）生年月日、（四）戸主の承諾、（五）働く楼の場所、（六）新住所、（七）以前の職業、（八）他で娼妓経験のある場合はその経歴を明記した申請書に、戸籍謄本《こせきとうほん》、承諾書、健康診断書を添付して警察に出す。大阪府は、八年間に一万八千四百四十一人の「合格者」を輩出し、「鑑札」を出していた。
・娼妓の年齢
「満十八歳以上」と決められていたので、その年齢を待って登録する者が全体の二五

％以上と最も多く、満年齢十九歳二〇％、二十歳一四％、二十一歳一〇％、二十二歳八％と続き、最高齢が三十九歳。全体の一五％に内縁を含む結婚歴があり、そのうち五七％には子どもがいた。男性経験のない者は皆無で、十六～十七歳で初体験をした者が多かった。

・娼妓の家庭環境と学歴・前職
両親のいる者が約五四％、父また母のみの者が三八％、両親ともいない者が八％。「家長」の職業は、農業が最も多く二八％、商業が二一％、工業二〇％、労働者（勤め人）一四％ほか。

本人の学歴は、無就学が二七％、尋常小学校まで（一年間～五年間の就学のみを含む）が七二％。高等女学校の卒業者は、五百人に一人。前職は家事手伝い三〇％、下婢《原文ママ》一七％、酌婦《しゃくふ》仲居一七％、女工一一％、芸妓八％、内職者七％、雇女五％ほか。

・娼妓になる理由
上村が具体的に示す四十の実例の中から、三例を挙げる。
（一）元酌婦。家の貧困を救うために。

父は漁師。十年前に出漁後、行方不明になった。長姉と三姉は嫁ぎ、次姉は娼妓。本人の学歴は尋常小学校二年まで。十五歳で家出し、「素人《しろうと》奉公」を経て、十九歳で酌婦になったが、酌婦とは名ばかりで、実際は「淫売《いんばい》」だった。六年後に帰郷すると、実家が零落し、貧困を極めていた。母に「親戚の二人も娼妓になった」と勧められ、「四年二百円」で娼妓になった。
(二) 夫亡き後、子どもを食べさせるために。
父は職工、母は紡績女工、兄は幼くして死亡、姉は家出し行方不明、妹は紡績女工。本人は、尋常小学校三年終了の後、紡績女工となり、十六歳で鉄工所職工に嫁いだが、二十二歳で第三子を妊娠中に夫と死別。実家に戻ると、父はすでに死亡していた。三人の幼子を養育していくために、娼妓になった従姉妹《いとこ》を頼り、「四年半二百四十円」で娼妓になった。
(三) 父の遺《のこ》した借金を返すために。
父は、本人十五歳の時にアメリカに渡り、現地で死亡した。母と弟は農業。姉は嫁いだ。十三歳から子守奉公に出て、女中、宿屋の仲居などを転々とする。父の旅費の返済が、元利併せて五百円残っている。母に説かれて「三年半二百七十円」で娼妓になった。

娼妓は最下層の女性ばかりだった。上村は、娼妓になることを「困窮的貧民の唯一《ゆいいつ》手段」だったと書いている。

しかし、下には下がある。（一）の女性のように、フリーランスで「淫売」や「街娼」になるより、飛田のような公許の遊廓で働くほうが「上」だった。前借金で、家族はひとまず救われたのだから。

「飛田では、女衒とは言わず、周旋屋と言ってましたね。職業紹介所です。動物園前駅のちょっと北、ジャンジャン町の周辺の路地に、周旋屋が何人か住んでいて、『親方、ええ女の子入りましたで。見に来てくださいや』って言いに来てくれるんですわ。『はいはい、ほな、行きましょか』てな具合で見に行って、ええ子がおったらうちにつれて帰ってくる。女の子ら、みんな素直でしたよ」

「ええ子とは別嬪《べっぴん》さんのことかって？　違います。お父さんが病気だとかお兄さんがケガをしたとか、入り用の多い子。こちらがバーンと金を出すわけですから、それをちゃんと弁《わきま》える子」

と、元経営者、奥田さんから聞いた。奥田さんが飛田で貸座敷を始めたのは戦後まもなくだが、戦前も同様だったのではないか。借金が多いほど、完済まで時間がかかる。まぎれもない人身売買だが、百歩譲って経営者の立場になれば理屈はとおっている。

飛田開業三日後の一九一九年（大正八）一月一日。大阪毎日新聞には、羽仁もと子が「自分の才能を役立たす為《ため》に　人は皆職業に従ふもの」、大阪朝日新聞には、平塚雷鳥が「（日露）戦後の婦人問題」と題し、女性に自分の意志をもって生きることを促す一文が大きく飾った。遊廓に暮らす彼女たちに、そんなメッセージは届くべくもなかった。

前借と阿部定《あべさだ》

娼妓の前借の額は、まちまちだった。

前記、上村行彰著『売られ行く女』の「娼婦になる理由」に記されている四十例には「五年二百二十円」「二年半百八十六円」もあれば、「四年半六百円」もあるが、女性の容姿や年齢など商品価値よりも、「戸主」の必要額によるのではないか。奉公が何年というのも、どのみち働いている間に借金が増額されるのだから、気休めに他ならない。

その六年前、一九一二年（明治四十五）発行の『東洋時論』には、最下等で百円内外、最上等で千円乃至《ないし》千五六百円」とあり、百円から二百五十円ほどの場合は小規模店へ、三百円から五百円は一流どころ大店へ売られる。千五六百円は「遊芸の心得」がある、よほどの場合だという。

ところが、一九三三年（昭和八）発行の郷土雑誌『上方』に掲載された『飛田遊廓の沿革』には、「巴里楼に新来した巳弥の如《ごと》きは四千五百円といふ甚大《じんだい》なもの」「一人平均一千五百円内外」とある。当時の四千五百円は現在の約一千六百万円、一千五百円は約五百三十万円に相当する。物価が急に上がったのか、それともどちらかが信憑《しんぴょう》性《せい》に欠けるのか、私に推し量る力はない。

もっとも、これらの数字は「額面」でしかなかった。

娼妓側が実際に受け取る金額は、「証文」の金額の約二割、年季明けに約五割だったのだ。しかも、借金が膨らんでいき、年季がいつまで経《た》っても明けなかったら、後の五割は踏み倒されるのか。あこぎが過ぎると思ったが、後に知り合ったヤミ金業者さんに、

「どんな方法を使《つこ》たかて、しぼり取れるだけしぼり取るのがシノギっちゅうもんや。騙《だま》せる人間、騙さんとどうすんね。ケツの毛までむしりとらんな、どうすんねん。常識や。人と同じことやってたら笑われるばっかりやで、この世界」

と「シノギ哲学」を聞き、私としては、妙に溜飲《りゅういん》が下がった思いがした。金がすべて。金のためならいかなる手段でも使う人たちは、今も昔もいる。その人たちの「常識」を、堅気の常識で計るのは無理なのだ。

「何年かだけ」のつもりで遊廓で働き始めても、楼主とその周辺の人たちになんだかんだとしぼり取られ続け、一生、一般社会には戻れない。

飛田には、あの阿部定《あべさだ》（一九〇五年〜没年不明）もいた。一九三六年（昭和十一）、性交中に愛人の男性を絞殺し、局部を包丁でちょん切るという事件を起こした女性である。

東京・神田の畳屋の末娘として生まれた阿部定は、十五歳の時に友人の家で大学生に犯されたショックからか、遊び暮らすようになる。幾人もの男性と関係を結ぶ様子を見兼ねた父親に「そんな男好きなら娼妓に売ってしまおう」と横浜につれていかれた。その時はまだ十八歳だったために芸妓となったが、男女の関係ができた芸妓屋の主人に食い物にされ、娼妓となったのだ。

関東大震災で家を失った芸妓屋の主人とその一家を、阿部定が養うはめになるも、主人に別の女性と関係ができるなど、翻弄《ほんろう》されたのだ。この主人と縁を切るために、阿部定は長野県飯田へ移る。飯田では不見転《みずてん》芸者（相手を選ばず、金次第で客の言いなりになる芸者のこと）とならざるを得ず、「いっそ娼妓になったほうがまし」と、一九二七年（昭和二）、二十二歳で流れてきたのが飛田だった。

この時の前借金が、二千八百円ぐらいだったという。べらぼうに高額なのは、件《くだん》の主人とのごたごたがまだ続いていて、縁を切るために金をくれてやる必要と、飯田の芸妓屋に借金を返す必要があったからだ。色白で鼻筋がとおっていたという彼女の美《び》貌《ぼう》も考慮されたと思われる。

彼女は飛田大門通りの「御園楼」という高級店で、「園丸」を名乗り、一年余り働いた。その時のことを、事件後の予審訊問《じんもん》の際にこう述べている。

「御園楼は当時大阪で一流の店であったし、私も売れて三枚とは下らず（売れっ子ナンバー一か二をキープし）、可愛《かわい》がられておりました。そのころから、私は客を相手にするのが厭《いや》でありませんでしたから、御園楼ではおもしろく働きました。

一年くらい経ったころ、ある会社員の客が私を落籍（身請け）してくれることになりましたところ、その人の部下も私の客であることが判《わか》ったため、落籍の話は駄目になり、客から堪忍《かんにん》してくれといわれ、金をもらったことがありました。

それで少し腐っているところへ、紹介屋におだてられたので、翌年早々、二十三歳の時、名古屋市西区羽衣町の徳栄楼に、前借二千六百円で住み替えました」

住み替えた名古屋の「徳栄楼」では、「逃げれば、お前の親の家作を差し押さえて一度に取る」と言われ、恐ろしかったという。そこでは二年ほど働いたが、チフスを患《わずら》って嫌になって、再び大阪に舞い戻り、今度は松島遊廓《ゆうかく》の格の低い「都楼」に二千円ほどの前借金で勤める。しかし、客筋の悪さに嫌気がさし、東京へ逃げ帰るが、都楼から探しに来た男につれ戻され、丹波篠山《ささやま》（兵庫県）の「大正楼」に売られる。寒い冬の晩でも外へ出て、客を引っ張るような辛《つら》い勤めが待っていた。どんどん下級店に落ちていったのだ。

大正楼を抜け出した後は、「今さら堅気になっても追いつきません」と、高等淫売（楼や置屋に属さず、一人の主人と組んで売春する人のこと）になったり男に囲われたりを、東京・日本橋、三ノ輪、浅草、名古屋などで繰り返した挙げ句に、事件を起こしたのである。

娼妓《しょうぎ》の暮らし

阿部定は飛田時代を、「おもしろく働きました」と述懐したが、売られてきた女性たちが毎日泣いて暮らしていたのかというと、そうばかりでもない。

刑務所のような高塀で囲まれ、一般社会と隔離された飛田では、当初、外の世界との出入りは大門でしかできず、娼妓が外に出るには大門交番に届出が必要だったが、客や業者らが「不便」という単純な理由から、一九三〇年（昭和五）四月に北門、南門、西門が開かれ、〝外〟と〝中〟の距離が少し縮まった。

戦前、飛田の娼妓たちはどんな生活をしていたのか。

「居稼《てらし》」だったから、楼（貸座敷）に一人一部屋を与えられ、そこが彼女らの職住の場だった。多くは床の間が付いた四畳半（京畳なので、現在の六畳ほどの広さ）。鏡台、箪笥《たんす》、座卓、寝具などを置いた、美しい部屋。それは、彼女らのそれまでの人生の中で、最もゴージャスだったはずだ。

飢える心配はない。三度の食事を賄《まかな》いのおばさんが作ってくれる。娼妓たちに脚気《かっけ》や栄養失調などで倒れられては元も子もないと、白米も与えられたのだ。基本は一汁一菜だが、紋日には魚もつく。親方に言われるように、お客に台物（だいぶつ＝店屋物）をねだると、かなりの確率で、天ぷら、寿司《すし》、丼《どんぶり》ものなどご馳走《ちそう》を食べることもできた。

着物も、田舎で銘仙柄の木綿の着物が一張羅だったのと大違いだ。初めて正絹《しょうけん》に袖《そで》を通す。出入りの呉服屋が担《かつ》いで来た反物の中から、「あんたにはこれが似合うんと違う?」と、楼主やおばさんに言われて品定めをする〝いい家のお嬢さんのような経験〟も、生まれて初めてだ。

以上は、戦前の飛田で「遊んだ」ことのある、元材木商の吉本喜一さん(一九二四年〜)と漫画家木川かえるさん(一九二二年〜二〇〇五年)から聞いた話の総合である。

娼妓たちは、楼主を「親方」「マスター」「お父さん」と呼び、絶対服従である。大きな楼には二十人近く、小さな楼にも複数の娼妓が住んで働き、楼主を「家長」としたファミリーが構成された。

「ほんま、女の子は娘と同じだっせ。一口に言えば、子どもです」

と飛田の元経営者、奥田さんは繰り返した。自分の娘と同じように慈《いつく》しむという意味にもとれるが、自分の所有物という意味にもとれる。

「言うことをよう聞いて、よう働き、稼ぐ子は、そらかわいいですわな」

奥田さんは、そう続けた。

大阪の遊廓での花代の分配は、東京・吉原遊廓などの楼主「六」対娼妓「四」よりも遥《はる》かに娼妓に有利な「四対六」だったとされている。だが、それも名目だけだった。楼主は娼妓に、部屋代、食費、衣装損料、席費、寝具損料および前借金の返済金のほか、「花一本」につき五銭八厘《りん》（一九三七年の場合）の手数料を上納させたので、結局は何年経っても前借金がほとんど減らない。おまけに、きちんとした勘定帳も、給与明細もなく、あったとしても、娼妓の多くには解読する学力がないから、いくら稼げたのか、いくら借金が残っているのかが、ほとんど分からず終《じま》いだった。絶対服従の存在である楼主には訊《き》けない。彼女らは、「遊廓の中がすべて」もっと言えば「楼の中がすべて」な人間に育てられていったのだ。

滋賀県八日市市（現東近江市《ひがしおうみし》）にあった八日市新地遊廓では、娼妓になる儀式として、女性を、死者の湯灌《ゆかん》に見立てた「人間界最後の別れ風呂《ぶろ》」に入れ、その後、土間に蹴落《けお》とし、全裸で、麦飯に味噌汁《みそしる》をかけた「ネコメシ」を手を使わずに食べさせた。人間界から「畜生界」に入ると自覚させたのだという。「男根神」と書いて「おとこさん」と呼ぶ木の棒を強制的に性器に入れる「入根の儀式」というのも行われたという。飛田でも、同様のことが行われていたのだろうか。今となっては不明である。

唯一の救いとして推察できることは、飛田の娼妓たちにも、小さな「笑い」はあっただろうことだ。「飛田が発祥とは限らないが」と前置きして、木川かえるさんは、戦前の大阪の「粋言葉」だとして、次の言葉を教えてくれた。

タヌキの睾丸《こうがん》（股《また》いっぱい→また一杯）
キツネに灸《きゅう》（コン灸→困窮）
牛のおいど（モウの尻《しり》→物知り）
破れ太鼓（ドン鳴らん→ドもならん）
仏壇のお椀《わん》（金椀→かなわん＝かなわない）
蛙《かえる》の行列（向こう水→向こう見ず）
饅頭《まんじゅう》の切腹（餡切《あんきり》→呆《あき》れた）
鰻《うなぎ》の上京（う登り→自惚《うぬぼ》れ）

「さっきのお客さん、けっこう牛のおいどやったしぃ、タヌキの睾丸なんやったらええんやけど、（お金を）持っていそうで案外キツネに灸なんかもしれへんし。破れ太鼓やわ」

「あんた、もしかしてその人に惚《ほ》れたんちゃうん？　饅頭の切腹やわ。その人もあんたに気があるみたいやって？　鰻の上京もええ加減にしいや。どうせ仏壇のお椀やって」

サービス精神からだろう。たとえば、こんな会話もあったんと違いますかと、木川かえるさんがなんばグランド花月の楽屋で、手持ちのホワイトボードに「タヌキ」「キツネ」「牛」と文字を書き、その文字を着物姿のおねえさん二人の絵の線に取り込んだ隠し絵を描きながら、女性の声色を使って即興で陽気に演じてくれた。

難波病院と篠原無然《むぜん》

娼妓たちは、常に花柳病、つまり性感染症と隣り合わせだ。大阪府令によって、五日毎《ごと》の「定日健康診断」が義務づけられた。

『南大阪名士録』の巻末付録の『飛田遊廓沿革史』によると、一九三三年（昭和八）に飛田遊廓組合が「飛田診療院」を開設し、「秘梅科」をはじめ内科、外科の医師が診察に来た、一九三七年（昭和十二）に完成した飛田会館（後述）二階の「保健設備」で、「上診」「下診」が行われたという。

「お医者さんが来る日は、朝からぞろぞろと着物姿の女郎さんたちが歩いて行った。普段は寝ている時間やから、眠い目をこすりこすり歩いたはりました」

と、今池町育ちの吉本さんが古い記憶をたどってくれた。

前記『売られ行く女』によると、大阪で「定日健康診断」を受けていた延べ人数は、年間三十七万一千人。全娼妓の八二％（一八％はすでに罹患《りかん》して入院しているなど休業中）

にあたり、この健康診断により花柳病が発見されて「直ちに入院」を命じられる率が八%だったというから、すでに入院中の人を含めると罹患率は二六%とめっぽう高い。

花柳病の種類と割合は、黴毒九%、淋疾《りんしつ》六六%、軟性下《げ》疳《かん》二五%。黴毒は梅毒、淋疾は淋病。聞き慣れない軟性下疳というのは、生殖器に痛みを伴う潰瘍《かいよう》ができる性感染症のことで、「下層社会の景気が好《よ》い場合に蔓延《まんえん》を見る」のだそうだ。数年の間、どの花柳病にも罹患していない人はわずか三%。「反復罹病した」のが七割とは非常に高い確率だ。

飛田を含む大阪一円の娼妓たちが、花柳病が発覚すると強制入院させられるのが、住吉区帝《て》塚山《づかやま》にあった難波病院（元大阪府駆黴院。現大阪府立病院機構の前身の一つ）だった。この難波病院について調べていくうちに、一九二四年（大正十三）に八百十人収容の鉄筋三階建てに建て替えられ、その前後約二年間、篠原無《む》然《ぜん》（一八八九年～一九二四年）という社会教育者が、同病院で娼妓のカウンセラーの役目を果たしていたことが分かった。

篠原無然は、兵庫県北部の諸寄《もろよせ》（現新温泉町）出身、早稲田の哲学科に学んだ後、全国を講演行脚《あんぎゃ》し「社会教化」に務めたが、やがて深山に修養の場を求めて一九一四年（大正三）、飛《ひ》驒《だ》に入山したという。大阪府保健課の嘱託となったのが一九二三年

（大正十二）。娼妓専門の病院として先行していた京都の八阪病院を視察し、大阪の貸座敷をつぶさに回って娼妓らの聞き取り調査をして、難波病院の建て替えにあたってソフト面を改善した上、病院で娼妓たちと寝食を共にし、彼女らの心のケアをした。肩書きは「入院娼婦監督」。
　岐阜県高山市平湯に篠原無然記念館があると知り、訪ねると、難波病院関係の資料もずいぶんあった。

大阪府娼妓一覧表

		開業総数	休業中	休業外泊中	失踪《しっそう》中	在院者	現稼業《かぎょう》数
松島	一月	1770	72	13	95	81	1509
	十月	2092	44	145	140	154	1609
飛田	一月	1728	9	51	133	70	1465
	十月	1797	22	81	166	101	1419

「失踪中」の人数が記されたデータは初めてだ。その多さに驚いた。

無然が入院中の娼妓に「遅刻しないように」「よく嚙《か》みこなして」など「食堂心得」、「湯の中に石けんなどを入れぬこと」「できる限り外で洗ふこと」など「浴室心得」を書いた紙もあった。娼妓たちが、小さな子どもに諭すような注意をしなければならない層だったということだろう。「飛田遊廓の武藤春尾が、松島遊廓の花畑きぬと、病院内で蹴り打つ喧嘩《けんか》をした」との記録もあった。
何より驚いたのは、ミミズが這《は》うような文字で「娼婦の作りし哀歌」と題した歌が綴《つづ》られた巻き紙を見つけた時だった。しかも、誤字だらけのひらかなのものと、清書であろう漢字まじりのものと、両方。無然は難波病院で、娼妓たちに文字を教え、思いを綴ることを教えていたのだ。

浮き川竹の勤め程／辛い切ないものは無い／二七の検査が来たなれば／親にも見せない玉手箱／情け知らずのお医者さん／少しの傷も容赦なく／直ぐに取り上げ病院に／入院するのは厭はねど／さすれば年期が増すばかり／里に帰るも遅くなる
人間女と生まれ来て／夫一人と定めしが／一夜一夜と変る人／書生さんや職人や／兵隊さんや馬丁まで／気ままに我がままされる時／もう死すると覚悟で／死する此の

身は厭はねど／里《くに》に残りし両《ふ》た親の／お側で死するは厭はねど／まして苦界の犬死で／死したと思へば恨めしや／又も心を取直し／涙拭き拭き二階から／下をうち俯し眺むれば／しろと女のいそいそと／私も家《うち》に居たなれば／行きたいとこにも行きましょに／少しの金子に身を沈め／三年五年は夢の間に／花の盛りも泥の中／しをれて出るのも苦界ぞと
「二七の検査」は二と七のつく日に検診が行われた、「親にも見せない玉手箱」は性器を指すのだろう。
罹患していると診断されると、容赦なく入院となるが、入院費用が借金に上乗せされ、年季明けが遠のくばかりと嘆き、お客に多い職業ベスト四が「書生さん、職人、兵隊さん、馬丁」だったともいう。「気ままに我がまま」されるのを「死すると覚悟」で耐え、このまま死んでは「苦界の犬死」で「恨めし」だからと心を奮い立たせる。「泥の中」で女の花盛りを過ごし、「しをれて出る」のも苦界だ。「里《くに》に残りし両《ふ》た親の／お側で死するは厭はねど」とのくだりが切なすぎる。
このほか、「素人女《しろと》」がつれ立って屋外を自由に歩く姿を見て、我が身の不幸に涙し、「私だって十七、八までは蝶《ちょう》よ花よと育てられたのよ」と強がり、望郷の念、親への思慕をつらつらと綴った数え歌と、お客と相思相愛になり、その人は私を身請けしようと言ってくれるが、私は多くの借金が残る身、お別れするしかありません――という内容の歌も出てきた。彼女らが、綴ることによって少しは癒《いや》されたのだと思いたい。

篠原無然記念館を案内してくれた村山昌夫さんは、「無然先生は郷土の偉人として岐阜県の小学校の副読本に載っていますが、全国的に知られていないのが残念です」と言った。

楼主たち

一方、貸座敷の経営者たちはどんな人たちだったたか。

一九四一年（昭和十六）発行の『南大阪名士録』という冊子がある。書いたのは、恵美須町《えびすちょう》（浪速区《なにわく》）にあったという日刊「新世界新聞」の社主、三橋義澄（一八九四年～没年不明）。おそらく有料掲載だろうし、内容を鵜呑《うの》みにはできないとは思うが、この紳士録は、役人（警察署長）、議員（市会議員、貴族院議員ら）、芸能関係者（吉本せい、吉田奈良丸ら）、新世界関係者（通天閣社長、南陽通商店街会長ら）ら百四十九人が掲載されている中、三十二人が飛田の楼主たちだ。

三十二人のほぼ全員が、地方から上阪した人で、出身地は岡山、奈良、福井が目立つ。高等小学校卒業者と、中学校や工業学校など上級学校の卒業者が、およそ二対一。田舎にいた時は、村役場勤めや小学校の教員だった人もいる。上阪してからは、反物屋、帽子屋、蒲鉾《かまぼこ》屋、小料理店など他の商売で一国一城の主となって山あり谷ありを経験し、おそらく資金を貯《た》めてから、飛田の楼主に行きついている。

今里新地（大阪市生野区）や京都の七条新地（京都市下京区、現五条楽園）からの移転組は数人に過ぎない。

「おや？」と思ったのは、「飛田遊廓組合」が組織された、開廓の翌々一九二〇年（大正九）から一九四一年（昭和十六）まで二十二年間にわたって飛田遊廓取締を務めた高岩友太郎という人が元巡査だったことだ。警察との関係を疑うのが自然だろう。

今さらだが、当時の遊廓は合法だ。楼主は「名士」だ。私は、今の飛田の「料亭」に、この人たちの子孫がいて、大正や昭和初期から代々続く「老舗《しにせ》」があるかもしれない――と改めて思い、「この紳士録に載っている人の末裔《まつえい》の方、飛田にいませんか」と古老たちに聞いてみたのだが、

「おるわけないやろ」

と、一笑にふされるばかりだった。

「賢い経営者は、みんな子どもらに教育をつけて、(飛田の) 外へ行かせるんや。やっきになって、男の子は桃山 (学院)、女の子は帝塚山 (学院) へ入れる。金はあるから、教育 (費用) には糸目つけへんわけよ。弁護士、医者、税理士になってるの、多いでぇ。女の子も堅い商売人に嫁がせる。二代も三代も続けるというのはアホや」と。

先述したように、当初、飛田遊廓は、開発のために組織された阪南土地建物が「大家」で、楼主たちに建物を賃貸していた。一九二六年 (大正十五) 六月に、阪南土地建物が新世界のルナパーク (遊園地) や南陽通商店街 (ジャンジャン町) などの経営を手広く手がける大阪土地建物に吸収合併されたため、楼主たちは、自動的に大阪土地建物の「店子《たなこ》」となった。

飛田の楼主たちは、金にシビアだった。

一九三六年 (昭和十一)、家主の大阪土地建物に、貸座敷業者全二百三十四軒がうち揃《そろ》って、「自分たちが払った敷金は、単に預けているのだから、敷金が生む利子を自分たちによこせ」と要求している。敷金の合計は三十五万円だった。同年に、大阪府保安課が、娼妓の待遇を改善する案を出したので「儲《もう》からなくなる」と、楼主たちの脳裏に不安が走ったからだ。この時、楼主たちは三時間にわたって大阪土地建物に折衝したが、「主旨は結構だが、前例がなく、敷金の性質からいっても会社の所有権に属しているから、どうにもならぬ」と、はねつけられている。

楼主たちは団結して、飛田遊廓の維持に努めた。『飛田遊廓沿革史』には、キリスト教団体による廃娼論の演説会を「潰《つぶ》しに」出かけ、廃娼派の衆議院議員らに「猛反対運動」を繰り広げた。「暴漢には暴漢を使って」対処したと、手柄のように書かれている。前者は、一九三〇年（昭和五）六月に廃娼連盟の初めての全国大会が、大阪・中之島公会堂で開かれた時、飛田の楼主たちが中心になって関西一帯の遊廓業者に動員をかけ、会場の座席の隅から隅まで陣取り、怒声を投げつけて、開会を阻止したことを指す。乱暴すぎやしないか。

ともあれ、飛田遊廓組合は十六万五千円の予算を計上して、一九三七年（昭和十二）六月二十七日、敷地面積約四百四十坪、鉄筋三階建ての新事務所（現飛田会館）を完成させる。

飛田会館

飛田会館の内部を、料理組合幹部に案内してもらって見学した。

玄関を入ると右手に小窓のある受付と事務室。その奥に、協同組合と料理組合の職務室があり、そこまでが、今も日常的に使われているスペースだ。

その奥が、応接室（私が最初に訪れた時に通された部屋）で、さらに奥に「協議室」、左手に「コピー室」「会議室」「娯楽室」「宿直室」「厨房《ちゅうぼう》」という札が出ている。

「一階はまだしも、二階、三階を見たら、（飛田が）どんだけ（金を）持っとったかが分かるで」

と幹部が言う。飛田の人たちのモノを計る尺度には、やたら「金」が最優先する。

重厚な石の階段を二階に上がると、西側と東側それぞれに広い空間があった。西側のそれには、盆と正月に飾る提灯《ちょうちん》などが山のように積まれ、物置と化していたが、

「何を思ってこんな立派な造りにしたんやろね。造りが凝っているの、分かるかな？」と幹部。

全床板張りで、板をはがすと〝隠し階段〟になっているところが二か所ある。窓枠はアールデコふうの趣きだ。確かに凝っている。そんな中、隅の方に木の粗末な扉があった。ちょっと異質。

ぎーと音を立てて開いた木の扉の中に、男便所一つと女便所三つが横並びになっていた。そのうち三室は木片が打ち付けられ、開けられない状態だったが、一室だけはかろうじて開くことができた。汚れた和式便器。ホースも落ちている。用途は想像できる。ここで膣《ちつ》を洗って、そして。

「医者が来て、診察したんやと思うよ」

この大空間に診察台が設置されていたのか。それとも、蒲団《ふとん》かマットが診察台代わりだったか。いずれにせよ、ここに次々と女性がやって来て、下着を脱ぎ、診察を受けたのだろう。篠原無然記念館で見た「二七の検査」つまり二と七のつく日に容赦なく検診が行われたことが記された七十年前の女性の詩が思い出される。

もう一方、東側の空間は、椅子《いす》二百席ほどを並べることのできる、舞台付きの集会場で、今も総会などの時に使っているという。

「ずうっと長い間まったく使ってない」という三階に上がると、議会室のような趣きの重厚な部屋があった。前方に演台があり、向き合う形で、中央に三人がけ、左右に二人がけの机と椅子が階段状に五筋。

「な、すごく金がかかってるやろ」

という幹部の言葉に頷《うなず》きつつ、搾取《さくしゅ》する者の圧倒的な横柄《おうへい》さをここに見る思いだった。一階に降りると、

「もう一つ、すっごいもん見せよか。ここ何やと思う？」

と幹部が指した壁面に、人ひとりが優に入れる大きさの観音開きの扉があった。

「金庫ですか？」と私。

幹部が鍵でその扉を開ける。と、鉄格子《てつごうし》がはまっていて、その奥に広く暗い空間が続いていた。

「すごっ。ものすごい大金かお宝か、今でも眠っているんやないですか?」

おどけて見せながら、「折檻《せっかん》部屋?」とも思うが、口をつぐむ。謎《なぞ》だ。

「お宝ごろごろやったらええんやけど。端から端まで確認したけど、な〜んにも出てこんかった」と幹部は笑う。私はその時なぜか「鍵の穴から天を覗《のぞ》く」という滅多に使わない言い回しが浮かんできた。

戦前の最盛期

飛田は賑《にぎ》わった。

戦前の最盛期は、一九三〇年(昭和五)ごろから、日中戦争が勃発《ぼっぱつ》する一九三七年(昭和十二)ごろまでだ。

一九三三年(昭和八)には、貸座敷二百四十軒、娼妓数三千二百人、一九三六年(昭和十一)には、貸座敷二百十七軒、娼妓数二千六百四十六人、遊客数百五十三万八千八百六十四人の規模だったという。

前者は遊廓側、後者は大阪市の記録なので、把握数に差があったのだろうが、娼妓数ざっくり二千数百から三千人の規模だったことは確かだ。

これは、国内屈指の規模だ。当時、全国のいわゆる娼家（貸座敷業）の営業地数は五百四十五、全国の娼妓数は四万四千九百八人なので、一営業地あたりの平均娼妓数は八十二・四人。「吉原を超えて日本一の規模だった」といわれた名古屋の中村遊廓が、娼家百三十八軒、娼妓数約二千人だったから、飛田ははるかその上をいっていた。

戦前の飛田を説明した本が三冊ある。町の雰囲気を伝えているので、引用したい。


旧大阪の南端、西は西成区、北東は天王寺区、南は住吉区に接した一廓で、交通は南海電鉄阪堺線と同田辺《ママ》線との交差駅「今池駅」に下車すれば、その駅下が即《すなわ》ち飛田遊廓である。恵美須町から賃片道四銭、自動車は旧市街内の何処《どこ》からでも一円二十銭。

（中略）

貸座敷一八七軒。娼妓二千三百人。芸妓置屋一軒。芸妓一五人。

大門を入つた中央大通りを中心に、街道碁盤の目のごとく縦横に通じ、家に多少の大小はあるが、いづれも同じやうな和洋折衷風の二階造りで、入口は両開きのドアになつてゐて、それを押してはひると写真がズラリと並んでゐる。さすがに新設の遊廓だけあつて、一望整然として心持がよい。

大通の突当りの左手に「長谷川」右手に「御園楼」といふ家がある、これが当遊廓の双璧《そうへき》らしい。

遊興制度　松島、飛田共に同一で、揚屋・引手茶屋の類《たぐい》はなく直接貸座敷に登楼し、芸妓もそこへ招《よ》んで遊ぶのである、妓夫は凡《すべ》て年増の女が勤めてゐる。（後略）

（松川二郎『全国花街めぐり』、一九二九＝昭和四年、誠文堂）

この本は、東北から九州まで百二十一か所の遊廓を泊まり歩いて書かれたガイドブックだ。著者は、今でいう旅行作家。「自然の好風景を愛すると同じ心持で、美人を愛する」のだそうで、「みなさん、旅先で旅館に泊まる代わりに遊廓に泊まろうじゃありませんか」のノリで著された。同書の復刻本で、建築史家で風俗史研究家の井上章一氏が「男たちの旅行熱は、土地の女とあそびたいという情熱にも、ささえられた。あそこにいけば、あんな女とやれる。あちらではこんな女もさせてくれるらしい。下品な書きっぷりでもうしわけないが、そんな思惑によっても、観光産業は増幅されていた」と解説している。遊廓目的の男の旅行が何らやましくなかった時代なのである。

飛田は殆《ほとん》ど大阪の南端で、大正五年（筆者注：大正七年の間違い）に出来た廓で、四方は全く塀でグルリツと建て囲ふてある。長い一方の門だけ開けて、他は非常の時の外は断然明けない事になつてゐたが、近頃その一切を開放して、周囲も実に大阪第一の賑はしさである、夜の三時頃にある貸席へあがつて、

「お茶漬けでええさかいご飯たべさしてんか」

と云《い》ふと、十何人かのお客様にヅラリツと本膳《ほんぜん》をもつて来たので驚いた事があつた。飛田では、

「夜の三時」

も全く宵の口である。その筈《はず》でもあらうか、

「法界屋」

と称する、多見丸とか、小政とか描いた赤い提灯に、めいめい袢天《はんてん》姿のとても意気《ママ》なこしらへで、三味、太鼓、胡弓《こきゆう》なんかで、

「関の五本マアツ、アドツコイシヨ」

と唄《うた》つてくる連中が、丁度南海電車の新聞電車と称して、二時半に発するのに乗つて来て、ここへ来ると、それからが商売になるのだから、それは全くの
「不夜城」

なのだ。

貸座敷のすべてが仲々立派で、
中には、

「玉突場」

「支那式寝台」

「湯殿」

それぞれに備へた大殿堂もある。

此処《ここ》には二千からの娼妓がゐて、やはり松島同様にその娼妓の方が「本位」である。芸者もゐるにはゐる。がそれはまづ第二位のものだ。

近頃は長足の進歩で、丁度関西線一つ越した。昔は新墓に近い処《ところ》も、今は周囲のすべてが、この「飛田」によつて生活してゐる観がある。（後略）（食満南北『上方色町通』一九三〇＝昭和五年、四六書院）

食満《けま》南北（一八八〇年～一九五七年）は、歌舞伎《かぶき》の台本書きをメインにした在阪の作家だった。この本では、芸者中心の花街から遊廓まで京阪神奈良の二十四の「色町」を紹介している。

当時の飛田へのアクセスは、今よりも便利だったかもしれない。大阪駅からは、城東線（後の大阪環状線）今宮駅経由でも、市電を乗り継いでも、今とほぼ同じ三十分ほどで行けた。地下鉄御堂筋《みどうすじ》線が天王寺まで延伸され、飛田最寄《もよ》りの動物園前駅ができるのは一九三八年（昭和十三）だが、南海鉄道（現阪堺《はんかい》電気軌道）の阪堺線と平野線および天王寺支線が飛田を囲むように走っていた。今池駅が、平野（現平野区）につながる平野線の始点で、平野線には飛田駅があった。天王寺支線はターミナル天王寺駅から、難波・和歌山間をつなぐ南海天下茶屋駅につながり、飛田に近い駅として大門通駅が一九三一年に開設された（後一九四九年に今池町駅に統廃合。なお四十余年を経て、一九八四年には飛田本通駅も開設されたが、天王寺支線は一九九三年に廃止された）。このように飛田にはいくつもの玄関駅があった。

それにしても、夜中の二時、三時にも、三味線や小鼓《こつづみ》、拍子木を打ち鳴らして歌う門付芸人、法界屋もいて賑わっていたとは。法界屋は、被差別部落の人たちの生業だった。飛田から一キロも離れていないところに、西浜や渡辺という被差別部落があった。飛田の集客が、飛田本通り（現動物園前一番街・二番街）など近隣の商店街を潤《うるお》したというのも、なるほどである。

「ジャンジャン町が、内国勧業博覧会の工事にあたった労働者の人たちをターゲットに形づくられていったのが明治後期。飛田遊廓ができて、ジャンジャン町から飛田をつなぐこの道筋にも店が増えていきました」（動物園前一番街商店会長）
飛田に近づくと、古着を競《せ》り売りする店やあやしい女性のいる店もあったようだ。

こゝから飛田遊廓まで凡《およ》そ五町ほどの大門通りは、心斎橋、九條につぐ賑はいをみせてゐる。それ等の町筋に比べては、店舗などは比べ物にならない貧弱さではあるが、場所柄丈けの立派な営業振りをみせてゐる。ところ〴〵遊郭の延長をおもはせるやうな白い女のグループがある。普通の町では、普通の鮓《すしや》屋であり、うどん屋であり、関東煮屋であるものが、中をみると、みな食べ物よりも女が主になつてゐる。ときには桃割れなどに結んだ、若い目もさめるやうな服装の女などが坐《すわ》つてゐる。
玉突場がある。肌脱ぎになつたゲーム取りの女が、客の前で平気でお化粧をしてゐる。牛肉屋がある。二階へ上る段梯子《だんばしご》の中央に、二人の若い女が膝《ひざ》をつき合せて陣取つてゐる。そして道行く人をみ下ろしては、例の……お入り、ちよつとお入りをやつてゐる。（中略）
飛田の夜は案外暗い。

あのアメリカナイズした、インター・ナシヨナル式な建物が、ずらりと建ち並んだところは、夜よりも、私などには昼から夕方の方が、ずつとエキゾチックな色彩の感じをうける。いまでは名物になつてゐるといふダンスホールの設備なども、昼の色彩にこそ、ぴつたりと合ふのではないかといふやうな気がする。

夜の飛田は、電燈《でんとう》の装飾が散発的で、甚だ朗《ほがら》かでない、いつか夜に入るべき黄昏《たそがれ》の薄明《はくめい》をみたとき、飛田も面白いなとおもつたことがあるが、その後、ある冬の夜に一度訪ねたときには、その陰鬱《いんうつ》さ、寂しさに驚いて、すぐに踵《きびす》を返してしまつたほどであつた。（北尾鐐之助『近代大阪』、一九三二＝昭和七年、創元社／『覆刻版　近代大阪』一九八九＝平成元年、創元社）

大門通りが心斎橋級に賑わっているという一方で、飛田に「陰鬱さ」「寂しさ」が漂っていたというのである。私は最初この記述を読んだ時、二百軒以上の貸座敷が並び、二千人以上の娼妓がいたはずの飛田を、なぜ陰鬱で寂しいというのかと首を傾《かし》げたが、やがてそれは北尾鐐之助の心象風景だったのだと思うに至った。

なぜなら、北尾が飛田に鋭い視線を向けていたからだ。申しわけないが、先の二人とはレベルが違う。

この本は、北尾が大阪の二十七の「都市風景」を重層的にルポルタージュしたものだ。文体も、巻頭の写真もモダンなら、町を見る視点も先鋭的だった。彼の心のフィルターを通せば、飛田が表層的に賑やかであるがゆえに、陰鬱で寂しい町に見えたのだと思い直した。

もっと言えば、今でいう女性問題の視点が、北尾にあったのだと思う。北尾は大阪毎日新聞記者だった。前職は『サンデー毎日』編集長で、毎号の同誌の表紙に若い女性の写真を採用した。きりっと主張のある眼差《まなざ》しの女性ばかりを登場させている。彼は、女性をきちんと人としてとらえる、数少ないジャーナリストの一人だったに違いない。


一九三七年（昭和十二）に日中戦争が勃発し、軍靴《ぐんか》の音が響くようになると、飛田には出征前の兵士たちが増えた。

「金持ちは妾《めかけ》をもって当たり前の一夫多妻制やった時代、それが無理な庶民は遊廓で〝一夜妻〟を求めたのは、当時の感覚としては当たり前やったんやね。毎回処女を装《よそお》う女郎さんもいたらしい。百戦錬磨のやり手の女郎さんにしてみたら、若い兵隊さんを夢中にさせることくらいワケない。そやから戦争中、こんな歌も歌われた」

元放送作家で、私が会った二〇〇二年当時、門付芸を実践・研究していた華房良輔さん（一九三〇年〜二〇〇九年）はそう言って、発祥が神戸とも大阪ともいわれる代表的な「兵隊節」だという「軍隊のぞき節」を教えてくれた。

一番電車に乗りおくれ
二番電車が満員で
三番電車に飛びのって
着いたところが新開地

顔をのぞかせ格子戸で
おいでおいでと招き猫
酒にビールに落花生
唾《つば》をごくりとのみ込めば
やり手婆《ばば》が肩たたく
（作詞者不詳、下条ひでと補作詞。曲は「のぞきからくり節」）

各地の連隊で、「新開地」部分を「天王寺」「飛田」「松島」などと替えて、盛んに歌われたそうだ。

やがて戦時色が濃くなり、灯火管制が始まると、さすがに飛田も「不夜城」どころではなくなっていったはずだ。

しかし、飛田新地料理組合からもらった、戦中に作成された一文に、「廓内の防空完璧を期すべき黒布暗幕を設備して営業に支障を来《きた》さしめず」と記述されているから、空襲を避けるため、立ち並ぶ楼にくまなく黒布を巻くという涙ぐましい努力をして営業を続けたのかもしれない。

戦時下には、出征遺族の慰問、従業員各人による「一銭献金貯金」、慰問袋の作製、国防献金、報国貯金、出征兵士の「武運長久」祈願、「白衣の勇姿」慰問、戦没者の慰霊祭を行い、「全廓一体となり、銃後奉仕に専念した」ともある。「これまで各方面のお世話になりました。お国に、精一杯の協力をします」という純粋な気持ちの表れか、それともポーズか。こういった「全廓一体」の枠組みと必死の努力が、戦後のいち早い立ち直りと再びの繁栄、売防法後の生き残りにつながっていく。

飛田新地で客を待つ女た
(1956年

第四章 住めば天国、出たら地獄

戦後の飛田

焼け残る

一九四五年（昭和二十）三月十三日の大阪大空襲など三十三回の無差別空襲を受けた大阪は、焼け野原となって敗戦を迎えた。しかし、飛田は大門の北東部の一部が焼けただけで、奇跡的に焼け残った。

「なんで飛田が焼け残ったか知ってます？　嘘《うそ》か真《まこと》か『五龍《ごりゅう》さんのおかげや』って言われてるの。天龍さん、黒龍さん、金龍さん、銀龍さん、白龍さんの五社に、大きな巳《み》ぃさんがいてはる。あの巳ぃさんを殺したら祟《たた》りがあるから、連合軍が（空襲場所から）はずしたんやて」

新開筋商店街の喫茶店「その」のママをはじめ、周囲の数人から聞いた。「五龍さん」は、それぞれ飛田周辺の小さな祠《ほこら》だ。こういった話がまことしやかに流れるのが、広いようで狭い飛田らしい。戦中戦後の飛田について、ほかにこんな話も何人かから聞いた。

「戦争が激しくなってきても、『まだ親方に恩返ししてないから、ここにいさせてください』って女郎さんが三つ指ついて頭下げるから、疎開《そかい》しとうてもできんと困ってる親方がいた」

「復員してきた人が、女郎さんの写真を持って、必死に『この人、おりませんか』と尋ね歩いてた。結婚の約束をしていたのに、かわいそうに、女郎さんの行方は分からんで、最後は狂い死にしてしまわはった」

それっぽく語り継がれてきたのだろうが、どちらの話もかなりあやしい。

このような都市伝説的な「美談」は聞けても、戦後の飛田をリアルに語ってくれる人には、私はほとんど出会えなかったが、一人だけ、「飛田の焼け跡を見た」という人に、取材を始めた翌年に会えた。

阿倍野《あべの》再開発によって飛田を見下ろす地に聳《そび》えるマンションの一室に一人で住んでいた高林貫之さん。

「なんやいう新聞作ってはった。飛田と阿倍野の境目にちんまり住んでたくせに、ごねてごねて、等価交換で阿倍野再開発のマンションに入りはった人や」と飛田の人たちが声をひそめて教えてくれた人だ。

いきなりマンションを訪ねた。千鳥格子《ちどりごうし》のスラックスにアスコットタイというしゃれた出《い》で立《た》ちの八十代後半だった高林さんは、戦後の飛田の様子を教えてほしいという私の唐突な申し出に、「なるほど君はブン屋か。ブン屋にろくな者がいないことを、僕は知っている」と牽制球《けんせいきゅう》を投げてよこしてから、少し話してくれた。

まず、「兵隊も金やね」という話から。自分は炊事軍曹になるはずだったが、「腹巻きに千五百円ほどいつも入れて、金を持っていたから、昭和十九年十月に召集免除になり、終戦は飛田で迎えた」と。戦後まもなくの飛田の思い出を訊《き》いた。

「焼夷弾《しょういだん》が落ちた後、飛田一帯には、砂糖が焼ける甘臭い匂《にお》いが充満してました。配給で、砂糖なんかろくすっぽ手に入らんかったのに、飛田には横流しした砂糖を隠し持ってる家が多かったということ。焼けた砂糖って、えらく臭いんですよ。鼻の先が痛くなる匂い。あれが、あのころの飛田の匂いやね」

「飛田の戦後いうたら、もう一つ、喧嘩《けんか》や。『金持ち喧嘩せず』って言うのに、飛田の金持ちは喧嘩ばっかりしよるんですわ。『ここまでがうちの土地や』『いいや、権利はうちにある』って、土地建物の取り合いの喧嘩がしょっちゅうで、僕が石で地面に線を引いて、『ここまでAさん』『そこからはBさん』って、仲裁したげた」

飛田は、大阪で突出して納税額が多かった、いかに潤《うるお》っていた町だったかと、目を細めて繰り返し、自分が何者なのかについては、戦後、二千円で喫茶店を買って、マスターにおさまった。でも、それだけではと〝新聞社〟を作ったという。

「最初は『関西中央新聞』。飛田や新世界（の店や会社）から広告を取って、情報を載せる新聞。あのころ、そういう新聞が山ほどあったんやね。よそは『広告を出せ』と恐喝まがいのことをやってたけど、僕は信頼されてたから、僕の新聞には広告を載せてほしいという人が、向こうからやって来た。役所からのお知らせも書いてあげて、ええ新聞やったんですよ。それが証拠に、大手の新聞社が買いたいと言ってきて、昭和二十四、五年に売りました」

申しわけないが、私は話半分に聞いた。

大半が焼け残った飛田には、次から次に人が戻ってきた。食うや食わず状態の時代にあっても、戦中の抑制から解放された男たちの性への欲望は計り知れない。「終戦の年の年末にはもう射的屋《しやてきや》が数軒は並んでいた」というから、復活・繁栄の道への歩みはすばやく、一九四六年（昭和二十一）末に、業者百五十、「接客婦」八百人に至り、その二、三年後には接客婦の団体「むつみ会」までできた。

「僕が物心ついた昭和二十一、二年、もう賑《にぎ》やかでしたよ。きれいな着物を着たおねえさんがいっぱいいて、まるで竜宮城でした」

と、飛田育ちの村尾利夫さん（一九四三年〜）も証言する。

そこはまた、高林さんのような「飛田で食おう」いや「飛田を食い物にしてやろう」という人たちの吹きだまりとなった。大阪駅前、天六、新世界、鶴橋《つるはし》などと同様、飛田も「町の顔役をバックにした闇市《やみいち》が開かれ、闇ブローカー、テキ屋、ヤクザ、ヨタモンの巣となり、それを操るボスを肥やす結果となって、数々の暴力行為の温床となった」（大阪市民生局福祉課『大阪と売春』、一九五七＝昭和三十二年）のである。

一九四六年（昭和二十一）一月、公娼《こうしょう》制度は民主主義に反するとしてGHQが発した覚え書き「日本に於《お》ける公娼制度の廃止に関する件」を受け、一九四七年（昭和二十二）二月、内務省が廃娼令を施行した。この廃娼令によって、従来の「娼妓取締規則（私娼取り締まりが目的で、公娼制度を認めたものだった）」が廃止され、公娼制度がなくなるはずだったが、警視庁は貸座敷業者と娼妓に自発的にいったん廃業届を出させ、貸座敷を「接待所」、娼妓を「接待婦」と呼称を変えさせて、従前の遊廓《ゆうかく》を黙認した。飛田の貸座敷も、接待所、カフェー、料亭などに看板を変え、娼妓も女給、接客婦とその呼称が変わっただけで、売春システムは何の変化もなく継続した。

これは、「公娼制度を廃止せよ」というGHQに逆らったのではなかった。内務省は、「（米兵による）性犯罪から子女を守るため」という大義名分の下に、三千三百万円という巨額を投じて「特殊慰安施設協会（RAA ＝ Recreation and Amusement

Association)」を組織し、米兵向けの慰安所を設置したのだから。公娼制度を非難するGHQが、本音のところで自国の兵士のために売春婦を必要としたのだ。

ＲＡＡは、敗戦間もない八月二十六日に、花柳界業者らにより会社として発足し、「新日本女性求む、宿舎、衣服、食料すべて支給」などと広告を出して、そうと知らずに応募してきた一般女性まで巻き込んでゆく。東京では吉原、新宿、玉の井、立川、福生《ふっさ》など十三か所に設置された。大阪では、後に千日前に第一号のアルバイトサロン「ユメノクニ」が開店した場所に慰安所が設置されたが、飛田には設置されなかった。

「進駐軍がジープに乗って飛田を見に来たけど、建物が古くさいという理由ではずされた」

と、飛田近くの山王二丁目の住民でもあった竹島昌威知さんが教えてくれた。飛田の大店「日ノ本」は、いったん慰安所にすることに決定されたが、改修工事中の一九四六年三月十日に、他慰安所での性病の蔓延《まんえん》に驚いたGHQが、一転してＲＡＡの各施設や売春街への米兵の立ち入りを禁止する指令を発令したため、元どおり「一般人」用の貸座敷に戻るという一幕もあった。

不思議なのは、敗戦を境に、それまで飛田の貸座敷の「大家」だった大阪土地建物が飛田から忽然《こつぜん》と姿を消したことだ。

一九四二年（昭和十七）の電話帳に「住吉区山王四丁目五番地」として記載されているのを最後に、見当たらなくなる。戦時企業統合の可能性が強いが、戦後も復活していない。大阪土地建物の賃貸条件が、当時の大阪によくあった一定年を過ぎると借家人に権利が移譲されるルールだったか、高林さんが言ったように、戦後のどさくさで権利関係が崩壊し、喧嘩の強い者が闇雲に土地建物を自分のものとしたのか。あるいは、農地解放のように、大阪土地建物の土地建物が取り上げられて借家人に分配されたのか。いずれかだったのだろうか。

赤線、青線、ポン引き、カフェー

戦後の飛田は「赤線」となった。

赤線とは、公娼制度の廃止にともない、特例措置として、警察が地域を限って許した売春地域「特殊飲食街」のことである。所管の警察が地図に赤く囲んだことから、そう呼ばれるようになった。評論家・神崎清氏（一九〇四年〜七九年）によると、全国の赤線地区の売春婦は約六万人。一人あたり、一年間の水揚げ平均は六十万円、総額にすると年間三百六十億円の業者の搾取《さくしゅ》が行われ、遊興飲食税が七千万円支払われたという。赤線は、当初、娼妓が他の仕事に転向するまでの暫定《ざんてい》措置とされたが、後に売春防止法が完全施行される一九五八年（昭和三十三）まで容認され続ける。

大阪市内の赤線地区は、飛田、松島、今里、住吉、港の五か所で、業者数合計七百三十。赤線の周辺の売春店密集地が青線で、飛田周辺、大阪駅周辺、大淀区（現北区）の一部などに業者数百四十六。さらにその周辺の、ポン引きの多い地域が白線と呼ばれた。

「飛田は赤線やったから、そこらの青線とは違う」

飛田の人たちは、今もそういう言い方でプライドを示す。自分より〝下〟の位置にいる者を引き合いに出すことで、優位性を示すのが得意だ。

「女郎さんは鑑札を持っていた。青線はそうはいかんから、梅毒、淋病《りんびょう》が蔓延した。全然違う」

と、前出の高林さんも強調した。「集娼の社会的必要度」を問う世論調査で、「労働者」の八二％、「俸給生活者」の七二％が「ある程度必要」と答えていた時代である。

飛田には、大阪大空襲で壊滅状態になった松島遊廓から多くの業者が転入してきた。今も飛田内に住む土田さんもその一人だ。

「父親は、松島の桜之町で百坪、二十六室の遊廓をやっていました。私はそこで育って、（旧制）中学、大学は京都の同志社。でも、昭和二十一年の三月に命からがら復員してきたら、松島は焼けてしまってて。先に松島から飛田に移っていた家内の兄に紹介してもらって、二十三年三月に百五十万円で店を買《こ》うたんです。店は大正八、九年の建物で、ずいぶん手を入れました」

戦後の飛田は、戦前からの地元業者と、松島からの転入者、やはり戦災で消滅した色街・新町（現西区）からの転入者、それ以外からの転入者の四パターンで、地縁血縁を頼りに一人また一人とやって来たのだという。松島から移ってきた親方たちは、飛田、松島の一字を取って「飛松会《ひしようかい》」という親睦《しんぼく》会を組織した。土田さんが転入する前年の一九四七年（昭和二十二）、『松島新地誌』（一九五八年発行）に、「飛田新地の飛松会の力添えで、銀行から五十万円の金を借りた」とあり、松島からの転入者たちは早々と飛田で羽振りを利《き》かせていたとうかがえる。

「特に戎《えべっ》さんの日は、笹《ささ》を持ったお客さんがどっと流れてきて、すごく賑やかやった。周旋屋《しゆうせんや》がいるから女の子に不自由せんかったし、いい時代でした」

「女の子たちが〝カゴの鳥〟だとか借金で首が回らないとか言うのは嘘《うそ》で、（女の子の）田舎の家族が金に困ったら、『よっしゃ、金、出したるわ』でしょ。他に誰が女の子の家族まで助けます？　お父さんもお母さんも病気で、扶養家族十一人を抱えてる子もおりました。一家心中よりほかない家を支えた女の子も偉かったし、僕ら親方もみんな親身にやっていましたよ」

と、経営者側の「光」の部分を、土田さんは強調する。

一九五三年（昭和二十八）には飛田新地組合の組合員総数百五十四人（『大阪府下新地組合　組合員名簿』）、一九五五年（昭和三十）には楼百八十七軒、娼妓数千六百二十八人（『全国女性街・ガイド』）と、大所帯への復活を果たしていた。

九州、四国の出身が圧倒的に多く、代表的な店は桃源荘〈前の百番〉、日の本、世界など。桃源荘には国宝の鈴が安置されているといつた、家作りは古びたもので、妓はイタリアンカットの若いのが多い。

遊びが三百五十円、泊り千二百円が相場だが、ほかに丹前《たんぜん》代、風呂《ふろ》代、炭代、扇風機代、おぶ代、なんだかんだと取られるから揚る前にクギをさすこと。わりに蚊の多い里。

廓《くるわ》周辺は青線の密集地で、廓に入る前に摑《つか》まる恐れがあるから、地下鉄の動物園前からハイヤー七十円で廓入りした方が賢明。

まだこのほか、金のない時は宿料八十円なんて安宿がいつぱいあり、四百円も出せば一緒に泊る女もいる。但《ただ》し、病気には責任が持てない。（渡辺寛『全国女性街・

ガイド』一九五五＝昭和三十年、季節風書店）
飛田の泊まり料金千二百円は、当時の白米十四キロ、砂糖七・三キロと同額だ。その半額以下でセックス付きで宿泊できたという青線地域とは一線を画していたのだろう。しかし、その一線が、音を立てて崩れるのは時間の問題だった。
戦前は東西南北の四か所だった外部との通路が、戦後、十二か所に増えた。〝外〟との行き来がしやすくなった飛田に、鑑札を持つべくもない大勢の街娼が、ヒモやポン引き、チンピラらと共になだれこんで来たからだ。

白線のバッコ――飛田新地内に入ってまず異様に感じることは、ポン引きがウヨウヨいることだ。彼らはいままで新地の周辺で客をひいていたが、最近は内部に進入し、女の子をひやかす男たちの胸を取って無理ヤリ引っぱっている。新地に逆比例して、周辺の散しょう（娼）、ポン引は最近ぐっと増えてきた。飛田をぐるりと取り囲むこれら白線地帯は売春婦約七百人、ポン引約三百人がひしめいている。

（中略）

これらのポン引は暴力排除運動、押売り取締り後、テキヤ系統が新しく加わってきており、必ず暴力につながっている。大阪府警機動隊三十名、西成署特別巡ら（邏）隊十五名が日没から午前二時まで特別パトロールして警戒しているが、それでも暴力ザタはヒンピンと起っている。（中略）
ポン引に連れて行かれ、女がなかなか来ないので不足をいったところ、財布をひき抜かれて、たたき出されたという報告も入っている。（『週刊読売』一九五七年五月二十六日号）

飛田の親方たちには「赤線のプライド」があるにはあった。しかし、戦後から昭和三十年代初めにかけて、青線地帯など周辺から飛田に街娼のグループとしてなだれこんできたポン引き、ヤクザ、チンピラらは、殴る、蹴《け》る、恐喝する、金を盗む。悪質な客引きが横行する。客の手を引っ張り、「この店に入れ」と促し、客が難色を示すと、二、三人で袋叩《ふくろだた》きにして、身ぐるみをはぐことも珍らしくなかった。もっとも、そんな無法地帯であることも含めて、戦後の飛田は「大阪随一の赤線」の名をほしいままにしたのだった。

その飛田と飛田周辺には、カフェー（「フェー」にアクセント）も軒を連ねた。カフェーとは、ホステスが客の横にはべり洋酒を供する、キャバレーの原型のような風俗店である。

飛田周辺のカフェーが楽しかった。

東西南北から飛田へ誘導路があり、東は阿倍野筋から旭町《あさひまち》通りを西へ、曲折しながら坂を下っていく。直《す》ぐ左手奥が河童《かっぱ》横丁で、二〇数軒の和風スタンドが犇《ひしめ》き、旭町通りは少し狭いスタンドバーが続く。通りから中が窺《うかが》え、興味深げに覗《のぞ》こうものなら、中から女給が飛び出してきて、

「兄さん寄ってって、安くするわよ」

ぐいっと袖《そで》を引く、その力の強いこと。たちまち鼻下紳士は店内へ引き込まれてしまう。(中略)

西からの道は、南海電鉄萩《はぎ》の茶屋《ちやや》駅から東へ、商店街を真っ直ぐ行くと飛田本通りに突き当たる。その手前南側にカフェーが数十軒あって、遊廓への客を引き止めるように構えていた。規模は小さいが個性があり、ここで足止めをくらうと、とても遊廓へ行けずに沈没してしまうので、この界隈《かいわい》を土地の人は『地獄谷』と呼んでいた。(『大阪春秋　第75号』「なんでカフェーが忘らりょうか」竹島昌威知)

「ハイボールなんかを飲んで、女性と話したり、下手なダンスを踊って、暗黙の契約が成立すると、二階に案内される。そういったカフェーと昔ながらの遊廓形式のところが共存していました。行政は黙認したわけです」（竹島さん）
ヤクザやチンピラが、カフェーと無関係であるはずはなく、なんらかのトラブルが発生すれば、「おんどりゃ〜」と出ていく御仁が常にスタンバイしていたのではないですかと問うと、竹島さんは小さくうなずかれた。
そのころ、飛田の経営者の中に、着流しに丸帯、膝《ひざ》までの羽織という男装で闊歩《かっぽ》する「女次郎長」を名乗る任俠《にんきょう》もいた。この女次郎長が、女人禁制の大峰山《おおみねさん》（奈良県）に登ろうとしたというエピソードが、大峰山麓《さんろく》の洞川《どろがわ》という町に残っていた。お坊さんら三人の男性を連れて登山口に行き、洞川の住民たちに止められた。「大峰山の女人禁制が解かれた折には、一番乗りする」と取り決めし、「その時に返す」と証文を書いて、区長の家に伝わる役小角《えんのおづぬ》の立像を持ち帰ったという。
なお、飛田本通り商店街浪速《なにわ》会は、一九五七年（昭和三十二）四月、大阪府議会議長に「飛田接客婦の数倍の街娼が叛乱《はんらん》し、おそろしい輩《やから》・青空ポン引き団が横行している。飛田の派生的問題を賢察賜りたい」と、陳情書を提出している。

売春防止法

売春防止法が公布されたのは、一九五六年（昭和三十一）五月二十四日。施行は一九五七年（昭和三十二）四月一日だが、刑事処分がともなう「完全施行」は五八年（昭和三十三）四月一日である。

一九四八年（昭和二十三）の第二回国会に、政府が「売春等処罰法案」として提出したのがその第一歩だ。厳格すぎるとして、審議未了、廃案となった後、一九五三年（昭和二十八）から三年にわたって四回、神近《かみちか》市子、市川房枝ら女性議員によって、議員立法として同主旨の法案が国会に提出されたが、四回とも多数決で廃案となる。その間、あまり知られていないが、無所属の羽仁《はに》五郎議員が、「警察権限の強化や人権侵害につながる」と、反対している。売春防止法により、警官が裁判官の令状なしで捜査できるようになるのは、新憲法下の法体系を崩すという見地から、一九五六年（昭和三十一）五月の参議院法務委員会で、「社会的・政治的条件が未整備のまま、法律と警察で売春を防止するのは不可能に等しい」旨《むね》、鋭く発言した。

五度目の法案が第二十四回国会に提出され、ついに可決されたのは一九五六年五月二十一日である。法案成立を拒んできた赤線温存派議員たちが、売春業者から金を受け取っていたことが判明したことに加え、第四回参議院通常選挙を控え、自民党議員たちが女性票の獲得を狙《ねら》って、一転して売春防止法の成立に賛同したことが、その背景にあったという。

じつは私は、売春防止法とは、単に「売春はしても、させてもいけません」「刑事罰を科します」という法律だと思っていたのだが、そうではなかった。

第三条に「何人も、売春をし、又はその相手方となつてはならない」と倫理規定があるものの、公衆の目に触れる方法での売春勧誘などを行わない限り、原則として刑罰の対象に売春婦当人は含まれない。
・売春の斡旋など↓周旋屋、ヤクザ、チンピラなど
・困惑、暴力などにより、売春をさせる行為↓経営者、親族など
・それによる対償の収受など↓経営者、親族など
・売春をさせる目的による、前貸しなどの利益供与↓経営者
・売春をさせることを内容とする契約行為↓経営者
・売春を行う場所の提供など↓経営者、（事情を知っていた場合）家主
・売春をさせる稼業↓経営者
・売春場所や売春業者に資金などを提供する行為↓金融機関

以上が罰せられる法律なのである。

『大阪と売春』によると、売防法制定にあたって最も問題になった点は、やはり「単純売春を罰しない事」だそうだ。第二十二回国会に提出された法案第三条は売春そのものを罰する考え方に立っていたが、一年も経《た》たないうちに処罰規定が撤回された。莫大《ばくだい》な数の売春行為者当人を処罰するためには、莫大な予算が必要となるので、現実的でない。将来改正案を提出することとして、取り急ぎ法そのものを成立させる事が急務との判断だったという。

しかし、その後半世紀以上にわたって、ほとんど改正されていないのはなぜだ。

「世論の起こらない売防法を取り上げても、(選挙の時の)票につながらないから」

売春問題を専門の一つとする弁護士、渡辺和恵さん(大阪弁護士会所属)は、きっぱりそう言った。

名古屋・中村遊廓で戦後まもなくから楼を夫婦で経営してきた稲垣勝子さんは、売防法に直面した時のことを、こう語ってくれた。

「市川なんとかいう女の議員が(中村遊廓に)視察に来て、表通りを歩いただけで、娘を売らないといけない事情のある人の話を一つも聞かないで『人身売買はいかん』と言った。

遊廓を閉じないといけなくなると聞いて、どうやって食べていけばええのと思ったけど、でも、正直やれやれ、夜中に起きなくてよくなる、通しで寝られるようになるとも思った。遊廓をやってた時は、泊まりのお客さんが夜中の二時、三時に『ビール持って来い』『酒持って来い』と言うから、そのたびに起きないといけなくて、寝た心地のしない毎日だったから。

女の子らはシャブシャブ（ヒロポン）を打たないとやっていけない。ひどい子もいた。アザまみれになって、ご飯食わん。目が光っとる。シャブ中。しまいに水でも打つようになって……。そんなんで、もうむちゃくちゃだったから、私、疲れ切ってたんですよ。だから、これで解放されると思いました」

多くの楼は夫婦経営だ。外堀を固めるのは男で、店内を仕切る実労働は女。分かりやすい男女分業だった。そのため、売防法の完全施行を前に、飛田にも名古屋の稲垣さんと同じ思いの女性が少なからずいたろうと思われるが、探しまくっても巡り合うことができなかった。

「心労、過労が激しく、飛田の奥さんらのほとんどは早死にしやんねん。だいたい奥さんが先に逝《い》く。その後、旦那《だんな》さんはだいたい店の女の子と再婚する」

飛田近くの大衆食堂の奥さんと四方山《よもやま》話をしていた時、何気なく聞いた、そんな言葉が私の頭にこびりついている。

売春防止法によって、廃業を余儀なくされる売春婦のために「婦人相談所」の設置も決まり、大阪には、一九五七年（昭和三十二）四月に大阪市立簡易婦人相談所が梅田、中之島、天王寺、港に新設されたほか、府立森の宮病院にあった大阪府婦人相談所が同年八月、天王寺区に新築移転し、拡充された（以後、四天王寺婦人相談所と通称されるようになる）。それらの相談所を経て、「保護」が必要になった女性を送致し、ミシン内職などを指導する「婦人保護施設」の生野学園（生野区＝経営主体は社会福祉法人）と、朝光寮（西成区＝同、救世軍）も設置された。また、その後五九年五月には、堺に「大阪婦人補導院」が誕生する。売春婦が逮捕された場合、懲役の執行を猶予《ゆうよ》され、六か月間入院すると、前科をつけないことになるという更生施設で、全国に三か所（あとは東京と福岡）設置されたうちの一か所で、大阪が全国初だった。

苦肉の策

売防法成立直前の飛田に話を戻す。
売防法が成立した報が入った時、飛田の親方たちは頭をかかえた。
「売防法の成立を阻《はば》むための寄付依頼」が、全国性病予防自治会（赤線業者の全国団体）からきていたのは、つい半年ほど前だ。もちろん飛田の組合も多額を寄付した。全国の同業者から集まった二千三百万円もの大金を、さる代議士らに渡してあるから、よもや売防法が成立することはなかろうということだったのに、なんたることか。

「議員を買収でききんかったんか」

「わしらより、キリスト教のいうこと聞きよったんや、国会が」

「なんで遊廓があかんのかさっぱり分からへん」

売春防止法成立の記事が載った新聞を手に、親方たちは右往左往だったという。

何しろ、親方たちに「搾取」の意識は希薄だ。言ってみれば、セックスの小売業である。「畳屋が畳を、めし屋がめしを、八百屋《やおや》が野菜を売るように、遊廓が女の子を売って何が悪い」であり、むしろ「貧しい女の子とその家族を、わしらが救ってやってきた」という自負心のほうが強い。

「人間、男と女がいる限り、コレはつきもんや。アメリカさんかて、パン助を大目に見とるやないか」

「暴行事件が増えるだけや。法律で『あかん』て言うたかて、必要なもんは必要や」

「どないもこないも辞めんといかんのやったら、補償金をもらわな、どもならん」

そんな会話が飛び交ったのだと、一九七〇年代に組合の幹部らを取材したという華房さんに聞いた。

「女郎屋のオヤジとはいえ、れっきとした大阪商人やから、こと金儲《かねもう》けとなれば、さまざまに知恵を絞り出しよる。飛田の約半分の業者は、どんな事態になってもやめんぞ、と決意を固めた。法律が何やっちゅうねん。政治家かて、赤坂や銀座の芸妓を抱いてるんや。一般市民が女を抱けるところがあって何が悪い。死守したろ、となったわけ。

営業継続に積極派の親方たちが、『待合』の許可を取り、検番制にして女郎さんたちを芸者に仕立てあげて、今までどおりに客をとらせたら問題ないんちゃうかとひらめいたんやて。猶予期間に転業の準備をする努力を始めた。実際にミナミの『待合』に行って、どういうものかを勉強、経営者たるもの売防法とは何たるかを知っていなければと、関大出の弁護士に来てもらってザルの目の部分の研究。いざ警察に踏み込まれた時、女郎さんが『私らのしているのは、売春と違います』と答えられるように毎週勉強会を開いて売防法の丸暗記をさせ、それでもまだ不安で模擬テストまでやった。それから女郎さんには踊りや三味線をにわかに仕込んで、芸者風に仕立てあげようとした」

売防法の完全施行を前に、親方も女の子も大車輪だったようだ。ましてや、「最後の最後、今のうちにようけ儲けとこ」との思いも一致する。東京・吉原では、一九五六年五月から一年四か月の間に、接客婦が百七十三人増えるという現象が起きているから、同じく赤線の〝雄〟飛田には、この期《ご》に及んで他地域から住み替えてきた女性も多かったかもしれない。労使を超えて妙な連帯感が飛田に漂った。

もっとも、「待合」への転業は、飛田の親方たちに限ったことではなかった。待合とは、芸妓との遊興や飲食を目的として利用される貸座敷だから、空間としては遊廓と違わず、「呼称＝娼妓。常駐。蒲団《ふとん》あり」と「呼称＝芸妓。通い。蒲団なし」の違いだけだろう。

大阪府は、売防法完全施行の一か月前の一九五八年二月末日までに、各赤線に廃業するように申し渡し、一九五八年一月、大阪府警は「『モグリ売春』の撲滅を図るため」として、業者が待合、バーなど風俗営業へ転業する場合の枠を、
・風俗営業法に定められた規模に少しでも外れた場合は許可しない。
・今までの従業婦は全員解雇し、業者は新しい商売の計画書を誓約書がわりに提出する。再雇用は原則として認めないが、行き先のない従業婦がやむを得ず店にとどまる時は、売春契約を解除したという誓約書を取り交わし、その写しを警察に出す。
などと具体的に示したのだが、飛田の親方たちはこういった規定をさらりとクリア

し、売春目的の待合への転身を図っていく。

一方、売春継続に消極的だった約半数の親方たちは、下宿屋や旅館への転業を決めるのだが、元売春宿に下宿するのは元売春婦で、旅館は当然つれこみ旅館化する。

飛田以外の大阪の遊廓の動きを見ると、二月一日に港新地（港区）で、三十三業者のうち十業者が、二月十九日に今里新地（生野区）の全業者が「解散式」を行い、二月十四日には松島遊廓が「二月末までと言われている遊廓営業を、せめて三月十五日まで延期させてほしい」と大阪府警に嘆願すると同時に「大衆の旅館街に転業」という方針を打ち出している。遊廓の終息に向けて歩んでいるのだ。「三月ぎりぎりまで営業してやろう。なんとかして法の網をくぐってやろう」とやっきになっていたのは、飛田だけ。他の新地が櫛《くし》の歯が抜けるように転廃業していく中、二月末日がリミットだという大阪府警に抗《あらが》うのを諦《あきら》めたのは、二月の後半になってからである。

二月十三日、飛田新地組合事務所講堂で、四天王寺婦人相談所の主催による「接客婦の転業後の就職についての懇談会」が開かれ、約三百人の女性が出席した。毎日新聞によると、女性側から出た質問は、「更生しても、世間の人たちは温かい気持ちで迎えてくれるだろうか。赤線地帯にいた女だということで冷たい目で見られるのが一番怖い」「五人の兄弟を養うだけの収入がほしい。ほかの職業について、必要な収入が得られない時にはどうしたらよいのか」の類《たぐ》いだった。

他に職業選択の余地などないから、生きるために売春を生業にしてきた女性たちである。失業者が溢《あふ》れている時勢に、廃業や転業は簡単にはできない。先立つものもない。東京では、「私たちの生きる権利を主張し、売防法に反対するために、労働組合を結成しよう」と、「接客婦従業員組合結成準備会」が発足したが、大阪までその気運は届かない。大阪府は「接客婦の転業更生を促進するため、一人五万円ずつを貸し付ける」と発表した。しかし、飛田には、

「五万円借りても、返さなあかんのやったら意味ないわ。親方についていったほうが身のためや」

と、ため息をつく女性のほうがはるかに多かったのだ。個別に更生指導に来た四天王寺婦人相談所の相談員に、「こんな法律を作って私たちを苦しめるのか」「今さら女中とか、そんな仕事はできへん」と声を荒らげる女性も、一人や二人ではなかった。

傍ら、二月二十四日の午前〇時すぎに、飛田本通りで大乱闘が起きた。「十数人のポン引きが手に手に日本刀をふりかざし、四人のポン引きの首、顔、手などを斬《き》り、一人は出血多量で間もなく死亡、残る三人もひん死の重傷を負った。売春防止法完全施行を前に、土壇場《どたんば》に追い込まれたポン引きたちの、命がけの縄張り争いだった」と

翌朝に新聞報道されたが、これは単なる飛田のポン引き同士の縄張り争いではなかった。

それまで飛田を縄張りにしてきたのは、当時西成一円に強大な勢力を持っていた暴力団鬼頭組で、百人以上のポン引きがその傘下《さんか》にいた。組は飛田や飛田周辺の店からみかじめ料を取り、ポン引きは売春婦とぐるになり、時には手荒い方法で客を運び、金をむしり取る構図が、じつは確立されていた。

「縄張りがなんぼのもんじゃい。鬼頭組なんか叩きのめして、わしらが飛田に入り込んだるんじゃ」

と〝戦争〟をふっかけたのが、柳川次郎率いる愚連隊の男八人。柳川は、九州・中津にいた十代の時、在日の同胞が韓国人というだけで日本人の集団暴行を受けることに〝憤激〟し、日本人相手にけんかをするようになった。戦後、神戸に出て、闇市のボスに銃を突きつけて金やモノを強奪。「悪から奪って何が悪い」が言い分だった。強盗容疑で逮捕され、収監された後、いったん九州・中津に戻り、昔のけんか仲間ともども「大阪で一旗あげよう」と上阪。八人はそのころ、国鉄大阪駅のダフ屋から月千円のみかじめ料を取る程度の小粒の愚連隊だったが、野心を飛田に向けた。鬼頭組をやっつけて、飛田を手中に収めようと死闘を繰り広げたのだ。すでに、鬼頭組の麻薬密売所や売春宿を襲うなど、火種はつくっていたが、柳川の配下の若者が鬼頭組に袋だたきにされて拉致《らち》されたのに腹を立て、この日、日本刀、出刃包丁、拳銃《けんじゅう》を武器に蜂起《ほうき》。わずか八人で百余人の鬼頭組を襲う大乱闘の火ぶたを切り、その後三月十七日まで約三週間にわたって乱闘を繰り返し、重軽傷者は十五人にのぼった。

西成最大の暴力団鬼頭組を瓦解《がかい》させ、柳川らが〝勝利〟。柳川次郎は逮捕され、大阪拘置所に収監されるが、九か月で保釈される。その後、柳川組を結成し、組員二千人を数える暴力団にのしあがる。そして、山口組の傘下に入り、全国制覇の先兵となる。彼らは「殺しの軍団」と恐れられ、一躍、その名を轟《とどろ》かせた（後、一九六九年に解散）。

柳川組対鬼頭組の乱闘現場は、黒山の人だかりとなった。見るほうも命がけである。「血みどろの大乱闘を、私たちだけがこの目で見た」と、飛田と周辺の人たちの連帯感を高めやしないか。この事件も、飛田の人たちの不思議な一体感を煽《あお》ることにつながったのではないだろうか。

一斉取締り

そんな中、売防法完全施行直前の飛田で、一斉取締りが行われた。

取締りのトップだったのが、一九五七年（昭和三十二）十月に大阪府警本部の警部補となり「大阪府警本部の風紀捜査担当」を命じられた、当時二十七歳の四方修《しかたおさむ》さんだ。

四方さんは、二〇一〇年、警察OB会の大阪府警友会会長、全国警友会連合会副会長を務め、そして、大阪市中央区でファンド会社を経営していた。

「西成署に捜査本部が置かれ、『エロと売春を取り締まるのがお前の仕事だ』と言われ、面食らいました」

私は、四方さんの名前に見覚えがあったような気がしたのだが、じつは、のち一九八四年、八五年のグリコ・森永事件の時の大阪府警本部長だった。二十代のキャリアが飛田の取締りを仕切ったのだ。

「売防法は、売春行為そのものを無くすことが目的ではなく、その売春宿を管理している管理者による搾取をなくすために制定された法律です。愛知県が、五七年（昭和三十二）の大晦日《おおみそか》をもって全国で初めて（売春地域を）真っ黒にしていたので、それを見本に、大阪府警の面子《メンツ》をかけて、五八年（昭和三十三）三月末までに大阪の売春地域を真っ黒にしなければと。名古屋に商人やお客を装《よそお》って調査に行った上で、私は、売防法の各条文を解説し、文献を調べてお伊勢《いせ》さんの巫女《みこ》から始まったという売春の歴史も書き入れ、読みやすい供用資料『取締の捜査の手引き』を作り、目立つようにピンク色の紙に印刷。検察庁、裁判所に配ったんです。幸いなことに、これに基づいて捜査令状を書いてくれて、私たちはそれを持って飛田に入ることができました」

まず、飛田における管理売春の実態を把握するのが先決だ。四方さんは飛田に日参した。楼に上がる客の顔を覚えておき、出て来たらすかさず近寄り、「今、何をして来ましたか？　誰にいくら払って来ましたか？」と聞き込み、供述を取りたい。そのために、煙草《たばこ》屋やうどん屋の軒先を借りようとすると、

「私ら、遊廓のおかげで商売ができてまんねん。恩を仇《あだ》で返すようなこと、できまへん」

と、軒並み断られる。そこで四方さんが思いついたのが〝変装〟だった。

「一班は夜鳴きそば屋。屋台を借りてきて、チャルメラを吹く稽古《けいこ》をして、そば屋に扮《ふん》しました。二班はバタ屋。汚れた服を着て、ゴミを回収するふりをして、楼の玄関が見える位置にへばりついたんです」

こうして、一時間で出てくる客も長時間の客もいて、管理売春の構造下で女性が一夜平均五、六人の客をとっていると判明した。

そして、一九五八年（昭和三十三）二月二十八日午前五時、二百軒ほどの飛田の楼

の玄関を、順に「ドンドンドンドン……」と叩き、警察官がいっせいに部屋に上がったのだ。警察官の数、およそ百五十人。

「なんやなんやなんや」

驚いた親方に、捜査令状を突きつけ、階段を駆け上がり、戸をこじ開け、女性の部屋に入る。寝ていたお客も女性も大慌《おおあわ》てで蒲団から飛び出る。客が、

「なんもしてまへん」

と言えば、捜査員は蒲団の中に手を突っ込み、

「温《ぬく》いやんか。動かぬ証拠や」

独り寝していた女性に、

「警部さん、ええ男やね。お金いらんから抱いてみたいわ」

と言われた時は腰を抜かしそうになったが、ひるまず保護したという。

「二千人ほどの女性を、確か法円坂（大阪府警の近く）かどこか一か所に集め、旅費を持たせて、一人残らず田舎へ帰らせました。四国や九州が多かったですね。やれやれ、でしたが……」

四方さんたちは、「飛田を真っ黒にする」ことにいったん成功したと言う。

しかし、取り締まらなければならないのは飛田のエリア内だけではなく、無法地帯

化がいっそう激しかった飛田の塀の外もであった。青線、白線地帯で客をとる女性は、その多くが先述のとおり暴力団の搾取下にあった。女性が、暴力団員と契約関係を結び、チンピラもしくはその手下が曳《ひ》いた客を取る。「何かあった時」に守ってもらえる代わりに、売上の少なくて五割、多い場合は七、八割を上納する構造だったという。

「西成署の前に、長靴、番傘を着用し、笛を肩からぶら下げた男が張り付いており、私たちが署から出ていくと、その男がぴたりと後を付けてくるんです」

長靴、番傘という目立つ出《い》で立《た》ちは、ポン引き、チンピラ仲間に一目で知らせるため、笛はメッセージを送るためだった。

「立錐《りっすい》の余地もないように大勢のポン引きがうようよいたのですが、私たちが路地を曲がると、その男が『ピー』と笛を高らかに吹いて合図を送る。すると、クモの子を散らすようにポン引きの男たちが逃げていった」

いたちごっこが続いた。番傘・笛の男を巻くために、阿倍野署に捜査本部を代え、最終的には鬼頭組に捜査令状を突きつけ、多数の青線女性を保護したという。

「売春婦を、搾取と拘束から解放するのだと、私たちはやったわけです。女性を食い物にして、甘い汁を吸っている業者を徹底的にやっつけようと。しかし、結論を言うと、売春婦まで落ちた女性は転業ができなかった。田舎に居場所がなかった。飛田の経営者や暴力団に搾取されても売春をして生きていくほうがよいという、貧困の構造には太刀打ちできなかった……」

四方さんたちが保護し、旅費を持たせて田舎に帰らせた元売春婦たちは、しばらくして、ぽつりぽつりと戻って来たのだった。

二〇〇四年、旭町商店街（二〇〇八年に完全消滅）の風呂《ふろ》屋で会った、昭和三十年代に新開筋商店街の食堂で働いていたという木村ミチさんの言葉が思い起こされる。

「こういうたら何ですが、すぐに分かるんです。あ、あの子はあの店におった子や。この子はあの店におった子やて、私らには分かる。旅行鞄《かばん》を持って、初めは泥棒猫のようにきょろきょろしてる。知り合いを見つけたら、ぱっと笑顔に変わる。私らは、ああ一人増えた、また一人増えた。しゃあないんやろなと思っていました」

四方さんらが朝方に一斉取締りをした二月二十八日、飛田新地組合事務所は午前中、廃業届け、転業届けの提出でごった返した。そして、午後には飛田新地組合事務所で組合解散式と従業員団体「むつみ会」の解散式が行われる。「来賓祝辞が弔辞めいて聞こえた」そうだ。むつみ会の解散式には、朝の取締りを免れたわずかな女性が出席。紅白の饅頭《まんじゅう》や餞別《せんべつ》が配られたが、浮かぬ顔だったという。

その後三月二十八日には、「接客婦を継続雇用し、おでん屋を装って、モグリ売春させた」として、飛田新地内の待合「京屋」の女将《おかみ》（六十九歳）が検挙されている。転廃業を終えたはずの赤線業者の、関西での検挙第一号だった。容疑を認めて「他に収入の道もないので希望して客をとった」と供述したことと、高齢であったことから、大阪府警は留置しなかった。

「アルバイト料亭」へ

一九五八年（昭和三十三）四月一日、売防法が完全施行され、全国で約三万九千軒の売春業者、約十二万人の売春婦が廃業した。公認遊廓から赤線の道をたどった飛田は、表向きにはその一か月前に終焉《しゅうえん》を迎えたわけだが、その日を境に趣きが変わった。三味線が聞こえてきたのである。
「飛田では、元お女郎さんらをにわか芸者に仕込むための練習に拍車がかかった。飛田会館に、踊りや小唄《こうた》のお師匠《つしょ》はんに来てもらって、毎日毎日『ちんとんしゃん』。親方らは必死。別に宿舎をあてがって、一九五八年六月には、いっせいに『待合』に看板を塗り替えたと、取材で聞きました」（華房さん）
一九六〇年（昭和三十五）八月三十一日の飛田の商業者数は二百五で、待合三、料理屋百三十八、カフェー四、旅館十八、下宿十一、飲食店五、その他（住居、間貸、映画館、事務所、トルコ風呂、質屋、医院など）二十八。この「待合三」となるまでに、数多くの待合が飛田に並んだ期間があったのだ。

ところが、それは一瞬だった。

「親方たちのせっかくの苦労も、あっという間に水泡に帰したわけ。『今後、女を買いに行ったら、えらいことになる』『見つかったら、高い代償がついてくる』とお客の認識のほうが高かったんやね。売防法直後は、客が寄り付かず、見事に失敗。『あんたが言い出した』『いや、やり出したのはあんたや』と言い合いはあっても、決定的な仲間分裂を起こすことも、諦めることもないのが、飛田の根性あるところやと思う」（華房さん）

解決策は「三業分離」だった。業者が、待合、カフェー、下宿の三業に分かれ、表面上は売春をしていないポーズをとり、「下宿屋に下宿する女給がカフェーに出勤して働き、客と自ら契約して待合を利用し、業者は貸席料、下宿代名義で遊興代の配分を受ける」という仕組みに移行したのだ。

にわか芸者よりも現実的だ。依然として売春が行われ、売防法完全施行で「女を買えなくなった」と思った客たちのほうも「喉元《のどもと》過ぎれば」の感覚になり、客足がぼちぼち戻り出した。すると今度は、親方たちに不満が生じる。

「ああ。まだるっこしい。これやったら、わしら親方より女の子のほうが偉いみたいやんか」

「なんで、わしらが、女の子の稼ぎから取り分をもらわなあかんねん。女の子に養ってもろてるみたいで、ゲンクソ悪いやんけ」

「そやそや。親方に先に金が入って、その中から、女の子に取り分をやるようにしな。でないと、おかしいやろ」

そんな構造の本質論あり、「もともとの赤線のムードを出して、営業でけへんやろか」という回顧派の意見あり。そして考案されたのが、今に至るアルバイト料亭である。ヒントは、アルサロ（アルバイトサロン）だった。

アルサロは、一九五〇年（昭和二十五）、ミナミの千日前に第一号店「ユメノクニ」が開店したのに端を発して、瞬《また》く間に日本中に広がった、現在のキャバクラに近い酒場。学生や会社員、人妻など、水商売に染まっていない素人《しろうと》がアルバイトでホステスをする形式だ。

「何も知らない素人」の初々《ういうい》しさが受ける。これを飛田に応用するには、と頭をひねった飛田の親方の一人が、「そうや。アルバイト料亭や」とピンときたのだ。前述のカフェーの進化形ともいえる。

海千山千の女の子たちを素人っぽく装わせ、部屋からもセックス色をなるだけ排除する。つまり、布団を敷かずに、座布団を複数枚置く。部屋でビールを飲むうちに、急に〝恋愛感情〟に陥ったということにすれば、「待合やカフェーで出会って、下宿や旅館へ」とまどろっこしい筋道をわざわざ立てなくてすむ。遊廓《ゆうかく》・旧赤線の雰囲気に、素人っぽさを付加。「女の子ありき」ではなく「店ありき」。業者はすべて待合とカフェー両方の営業許可を受けて二業を兼業とすれば完璧《かんぺき》だ。警察には、「最初から売春目当てやなくて、自由恋愛なんやから、文句ないやろ」との〝言い分〟だ。

「チョロいもんやって、みんな思ったわけよ」

親方たちの本音だ。

ところが、「アルバイト料亭」での再スタートは順風満帆であったのかというと、そうとも言えない。アルバイト料亭そのものはそれなりに機能した。しかし、取り巻く旧青線・白線との境目がますますなくなり、広域スラム化が加速度的に進む。暴力団との関係がより濃厚になっていったのだ。

一九六〇年、黒岩重吾《くろいわじゅうご》レポート

そのころ、飛田近くの松田町に黒岩重吾氏（一九二四年〜二〇〇三年）が住んでいた。戦後、旧満州から復員してきた黒岩氏は、株の情報屋などをしていたが、一九五三年（昭和二十八）に急性小児麻痺で三年間入院。その入院中に株が暴落し、帰るべきところがなくなり、一九五七年（昭和三十二）ごろ、釜ケ崎《かまがさき》のドヤ街に移り住んだのだ。街頭でトランプ占いをして糊口《ここう》をしのぎつつ、「飛田ホテル」「飛田残月」など当時の飛田の断面を切りとった短編小説を書いた。

「飛田ホテル」は、二年間の刑期を終えて「飛田ホテル」と呼ばれるアパートに戻った男が主人公。刑期前に一緒に暮らしたアルサロ勤めの女性と「結婚しよう」と思って戻ったのに、もぬけの殻。別の男と姿を消したと聞き、主人公は彼女を探す。しかし、「あんたを好きで、待っていたけど、体が男を欲して……。今度生まれ変わったら、処女であんたの奥さんになりたい」旨《むね》を書いた遺書を残して自殺していたというストーリーだ。

同じアパートに住む売春婦やポン引きらも登場するが、私が最も心をつかまれたのは「あれさえしとったらね、丸太棒《まるたんぼう》抱いてんのと一緒だもの、へっちゃらよ」と豪語する、ふてぶてしい街娼《がいしょう》だ。じつは彼女は主人公を好きで、刑務所に入る前に一度だけ「あれ」をしないで関係し、妊娠。流産していた。

しぶとく、すさまじく、ろくでもない。生活の中に占める愛欲の比重が大きい彼ら彼女らを、ある意味讃《たた》えた小説だと私には思える。
その黒岩氏が、『週刊コウロン』一九六〇年（昭和三十五）四月五日号（中央公論社）に、「無軌道売春の街・大阪『飛田』」というタイトルで、当時の飛田界隈《かいわい》を描写している。

午前一時、阪堺線の飛田駅前の一杯飲み屋は今が盛りだ。よしずで囲ったおでん屋には、必ず二、三人の売春婦、ぽん引の老人、老婆《ろうば》がたむろしている。
そのぽん引の一人に白髪のおっさんがいる。今年五十歳、岡山の名門O中学を出、一時は舞台俳優としてかなり鳴らしたこのぽん引は、現在飛田駅のすぐそばのアパートに住む、二人の売春婦の客引をしている。（彼は暴力売春団には入っていない）
（中略）
「わしはぽん引や、はっきり言う。せやけどわしはな、女のひもやないで、わしは女に客を世話したって、その割前を貰《もら》うだけや、それ以外には、女からびた一文貰えへん、ほんまに善良なぽん引や、そこらあたりの暴力売春団のぽん引みたいに、女に喰わしてもうてんのと違う、一緒にせんといてや」

ポン引きには、女性に客を世話して売上げの割前をもらうだけのフリーランサーの「善良なぽん引」と、そうでない「暴力売春団のぽん引」の二タイプがいたというのだ。このエリアを縄張りにする第一の暴力団が先の大乱闘の末に、鬼頭組から柳川組に移った後、ポン引きの構造が複雑化してきていた。

「暴力売春団のぽん引」とは、柳川組を筆頭とする飛田界隈に巣食う四組の暴力団に属する者。四組の暴力団に売春婦約五十人が属し、その売春婦一人につき「ひも」二人、「しけ張り」二、三人がついていて（ひも、しけ張りの総称がポン引き）、「女一人が三、四人の男を養っている勘定になる」と黒岩氏は続ける。

「ひも」は客を曳いてくるのが役割、「しけ張り」は担当の女を送り込み、その後警察が来ないか、お客が逃げないかと見張るのが役割で、暴力売春団の構造は重層だ。黒岩氏は、その暴力団売春団に近づき、レポートをする。以下に、その要約を記す。

午前一時、飛田の暗い四つ辻《つじ》に、黒っぽい背広を着込んだ二十歳くらいのポン引き、しけ張りがたむろする。

「兄ちゃん、ええ女おりまっせ、田舎から出て来たほやほやや、泊まり八百円、どうだ」

ポン引きの誘いにのってついて行くと、後ろからしけ張りがつけて来る。旧遊廓内を出て、路地の一角に着くと、電柱の影からもう一人の男が出てきて、ポン引きと密談した。

密談が終わると、ポン引きは引き返し、新しく出現した男が案内役となって「御休憩二百円、一泊四百円より」の看板が揚がる旅館へ行く。

部屋に「十八か九か、少女の面影の残っている丸顔の女」がやって来る。

「泊り八百円と、部屋代四百円」

千二百円渡すと、男は女を置いて消えた。黒岩氏は女と話す。

「このごろどや、景気は？」

「ええことあれへん」

「一晩何人ぐらい客取んねん？」

「二人か三人ぐらいや」

「故郷《くに》はどこや？」

「どこでもええがな、兄ちゃんタバコ持ってる？」

ピースを出すと「うち新生しか吸えへんねん、下でもろてくるよってな」

女は部屋から出て行ったきり、戻って来なかった。〝とばし（肉体関係を結ばず金だけ取って、逃げること）〟だった――。

金だけ取られて、十八、九の女性に逃げられるとは「なんとマヌケな」と思うには思うが、客よりグループワークチームのほうが一枚も二枚も上で、彼らの掟《おきて》に則《のっと》ったストーリーが巧みに組まれているということだ。

翻《ひるがえ》ると、女性にとって服を脱ぐこともなく、お金だけが転がり込むのは、天晴《あっぱ》れだ。その天晴れに持ち込むために、ポン引きもしけ張りも必要な人材なのだ。もっと言えばヤクザ組織はバックボーンとして必要。上手なグループワークだと私には思えてきたりするが、黒岩氏は「搾取《さくしゅ》の構造が、赤線時代よりはるかにひどい」と指摘する。

例えば「五百円」なら、ポン引き、組、ひもの取り分を差し引くと、女性の手元に残るのは約七十五円。女性が月一万五千円の生活をするには一晩に六人の客を相手にしなければならないと黒岩氏は書き、「ともあれ、大阪飛田の一角は夕方から朝まで人通りの絶えない『けったいな無法地帯』として、三年目の売春防止法の施行記念日を迎えたのである」と結んでいる。

売防法後の飛田と飛田周辺も、行き場がそこにしかない人たちの坩堝《るつぼ》だった。

西成暴動

一九六一年（昭和三十六）八月一日、飛田に隣接する日雇い労働者の町、釜ヶ崎で暴動が起きた。俗にいう「第一次西成暴動」である。

同日午後九時ごろ、日雇い労働者の柳田さんが、西成署東田町派出所前の道路を横切ろうとしてタクシーにはねられた。

翌八月二日付けの朝日新聞によると、西成署の交通係らがその交通事故現場に到着したのは、一時間以上も後。放り出されたままの柳田さんを調べたが、すでに脈がなく、即死と断定し、死体を派出所前の歩道上に放置したまま現場検証を続けた。

その間、天王寺消防署の救急車の出動を要請したが、到着が遅れたため、遺体を付近の病院に収納したのは、さらに約二十分が経過した後だった。

「なんで早《は》よ病院に連れていかへんのか」

「わしらをバカにしとんのか」

「早よ連れていったら、助かっとったはずや」

黒山の人だかりとなった現場で、日雇い労働者たちが、警官の処置への不満を口にした。

本来、死亡判定は医師以外できず、西成署員が勝手に死亡と判断したのは間違いだと、労働者たちが知っていたかどうかはともかく、警官への怒りが爆発し、暴動に発展した。

労働者たちは「怒り」を暴力で表したのだ。西成警察署を包囲する、パトカーや付近に駐車していた車を横倒しにする、アパートに放火する。翌二日未明まで、二千人余りが暴徒化した。二日夜には、暴動がさらに拡大し、暴徒一万人を数えたというから、これはもう〝戦争〟である。

「西成中がえらいことになりました。私らは、労働者の気持ちが分からんでもない。警察の態度はあかんやろと思いましたが、爆発した怒りは、あらぬほうを向いてくる。怖かった。うちが標的にならんよう表戸をしめて、暗い家の中で、息をこらしてずっとテレビのニュースを見てました。飛田でも、みんなうちみたいな感じやったん違いますか」

と言ったのは、飛田本通り（旧名）の小間物屋の主だ。

これに対し、大阪府警は六千人の警官隊を動員して応戦し、鎮圧にかかった。大阪地裁は騒乱罪の適用を検討し、警察庁は煽動者《せんどうしゃ》根絶に〝長期決戦〟の方針を決めた。三日夜も、引き続き騒ぐ群衆が五千人を数え、血まみれになった労働者たちが次々と連行された。三日間続いた暴動で二十八人が逮捕されたほか、労働者数十人、警察官約百人が負傷した。

この事件は当時の国会や大阪府議会、大阪市議会でも取り上げられ、医療費を自治体が負担するなど、「日雇い労働者の不満」を軽減する対策が実施されたが、その後も暴動は幾度も続いた。

「西成は恐《こわ》いとこや」

「釜ヶ崎は難儀なとこや」

といった風評が立つ。地域のダーティなイメージを是正するため、釜ヶ崎地区の呼称が、大阪市・大阪府・大阪府警によって「あいりん（愛隣）地区」と改められたのは、一九六六年（昭和四十一）五月である。以後、行政やメディアでこの名称が用いられているが、

「愛する隣人ていう意味やろ。なんか、バカにしとると思わん？　ケンカ売っとるんか、いう感じや。カマはカマでええやないか」

二〇〇九年十月、飛田本通りの喫茶店「ココルーム」で隣席した「三十年前に西成に来た」という日雇い労務者の木村さんに、「あいりん」の呼称について話を振ると、そう声を荒らげた。

女性の「保護」

女性らの駆け込み施設の一つが、売春防止法第三十四条に基づき「売春を行うおそれのある女子（要保護女子）の転落未然防止と保護更生」のために設けられた生野学園だった。定員六十人に、売防法後は百人が出入りした。『女たちの戦後史〜大阪からのレポート』（柴田悦子編、創元社）に、

「低賃金と社会福祉・住宅・教育政策の貧困のもと、売春に陥る女性がたえず生み出されている」

と記した谷本上枝さんは、一九五八年（昭和三十三）から三十年以上にわたって生野学園の指導員だった。

「売春婦と呼ばれた人たちが、働いて自活できるようになるまでサポートするのが、私たちの仕事でした。よかれと思って仕事のお世話をしても長続きしない。いつの間にか辞めて、いなくなる。いろんな人がいましたからねぇ」

具体例や当時の仕事ぶりを教えてほしいと、電話で取材を申し込んだが、谷本さんから聞けたのはこういった話だけで、取材は「プライバシーがありますから」とかなわなかった。

坩堝《るつぼ》時代の飛田を少しずつ知りゆくにつけ、私は、「当時、売春婦をしていた方、あなたのお話を教えてください」という気持ちになったが、そうは問屋がおろさない。そこで『婦人保護の二カ年』（大阪府民生部、一九五八年）と『大阪の婦人保護　第2部　ケース事例集』（同、一九六一年）に見つけた、飛田に関係していた四人の売春女性のプロフィールと〝保護〟の過程を引用（要約）したい。

・A子さん（三十一歳）
京都府M市生まれ。実父と十一歳で死別。貧困のため、母はのちの継父と同棲《どうせい》するが、その継父に犯される。高等小学校を一年で中退して、製糸工場の女工勤めなどをし、十九歳で結婚。しかし、すぐに離婚。実家に帰ったが、母と継父に邪魔者扱いされたため、家出。二十一歳で鳥取県のI楼の接客婦になる。その年に上阪して飛田へ。五年八か月の間に、飛田新地内で六か所の楼を鞍替《くらが》えし、その後は、松島、京都・七条、島原、名古屋・中村を転々。二十代の八年間を売春でやり過ごした。

母の勧めで、天理教に入信し、更生の道を歩み出すが、再び「転落」したのは、「多年の売春生活が、肉体に絶ちがたい要求として染《し》み込んでいたため」。新世界の食堂で働くが続かず、街娼となる。検挙されるが、執行猶予《ゆうよ》がつき、婦人相談所の一時保護を経て、婦人保護施設T寮（おそらく朝光寮）に入寮。寮では、熱心に内職をしている。指導員の気がかりは、「性的欲求に負けて、再転落しないか」ということ。
・B子さん（三十六歳）
海軍関係の父親の仕事の都合で、広島県と長崎県で育つ。兄と弟の三人きょうだい。実科女学校卒業後、朝鮮へ。二十歳の時に母親が病死、父の事業不振、長兄の応召が重なり、家庭が困窮化。二十二歳（一九四六年）で、本籍地の兵庫県に引き揚げる。「転落」への道は、父が水商売の女性と再婚したのがきっかけ。ブローカーとなった弟を頼って上阪。生活苦と誘惑からバーやアルサロの女給を振り出しに、飛田新地のA楼の接客婦に。転々と鞍替えし、約三年稼働《かどう》。二十九歳から「自己引き」となる。検挙十回余り。一九五八年七月、大阪婦人補導院に送致される。院内での成績良好につき、二十日早く仮退院を許可されるが、引受人がないため、婦人保護施設に入寮した。

寮では、内職から外勤へと安定したコースをたどるが、一九六〇年「右肺浸潤」で入院のため、退寮。

・C子さん（三十六歳）
六人姉弟の二女。父は大阪市内の寺院の僧侶《そうりょ》。旧制高等女学校中退。新京の関東軍司令本部の経理事務職に。僧籍のTと職場恋愛をするが、離ればなれになり敗戦を迎える。

一九四五年暮れに大阪に戻り、必死でTを探してようやく再会。実家の寺の離れで、内縁の夫婦生活を始める。父が死亡したため、C子夫婦が実家の実質跡取りとなる。ところが、Tの子を妊娠中にTと姉が深い仲になり、ショックで家出。死産する。その後、実家に戻り、Tと姉が正式に婚姻していたことを知る。Tから他の男との再婚をすすめられ、再び家を飛び出す。

西成で出張売春業（管理）を始めた。女性を逃がさないために麻薬を用い始め、自身も麻薬中毒に。麻薬取締法の現行犯で検挙され、実刑となる。

一九五三年、二十九歳で刑期を終えて実家に帰るが、狂躁《きょうそう》状態に。精神病院で「ロボトミー手術」を受けて、四十日後に実家に戻る。しかし、家人がまた再婚話を持ち出したため、家を出る（「ロボトミー手術」とは、前部前頭葉切除手術のことで、人格変化を起こすなど、医学的、人道的な問題が多く指摘され、現在では行われていない）。

古巣の山王町界隈《かいわい》を縄張りに、再び売春管理をする。売防法後は自ら曳き子となって街頭に立つ。一九五九年五月三十日、検挙。不起訴、婦人相談所に一時保護後、生野学園に移送された。

生野学園に入寮後、鋼材会社に勤める。しかし、社長のセクハラに遭い、退職。その後、胃潰瘍《いかいよう》になり、入院・手術。退院後、新興宗教家に話を聞いてもらい、救われつつある。

・D子さん（二十二歳）
愛媛県から、中学卒業後に来阪。西成区の友人宅に下宿したが、幾日も経《た》たないうちに生活費に困り、売春婦として赤線に住み込むようになる。売防法施行後、馴染《なじ》み客だったMさんと同棲したが、Mさんの親に素性を知られて反対され、離別。組織売春に飛び込むが、妊娠中絶後で、思うように稼げず、悲観のあまり自殺を図る。未遂に終わった後、Mさんに「親に結婚を承諾してもらうように努力する」と言われ、婦人相談所を経て婦人保護施設に入寮してきた。

入寮時は、茶髪にきつい化粧、ケバケバしい服装で、ツンとした態度。しかし、指導員が「わが子を諭すように」接していったところ、女工として働くようになった。働き出して十日後、同僚に「売春婦の寮から通っている」と中傷され、失意のうちに退職した。

同じころ、Mさんの母親が来寮し、結婚を承諾。寮生活一か月余りで、結婚のために退寮した。翌年出産し、円満な家庭を築いている。


半世紀以上も前の四例である。

貧困や家庭不和、継父の性的暴力などにより行き場をなくし、売春婦や管理売春業者になる。着飾って微笑《ほほえ》む女性も、はすっぱな口で客から金をだまし取る女性も、重い事情を抱えて飛田に来たのだと、改めて思う。A子さんたちのケースは、今なら「PTSD」や「セックス依存症」など、精神医療的なケアが必要とされるだろうが、そうした認識のなかった当時、辛《つら》い思いをした女性も多かったのではないか、とも。

麻薬に走る。精神に異常をきたす……。いずれも看過されることではない。しかし、これを転記しながら、私は「あなたが悪いのではない。あなたをそうさせる社会が悪いのだ」という気持ちになった。そして、当初は、戦争の傷跡が生々しく残る時代だからこその例だと思ったのだが、のちに飛田の現在を取材するうち、半世紀後の構図が何も変わっていないと思うようになる。そのことは第六章に書く。

「アホほど儲《もう》かった」

飛田新地の内側は、売防法後、どうなったか。親方たちは、しっかり稼げたのか。すったもんだを経て、公然と売春を行うアルバイト料亭の並ぶ町として再生されていったわけである。

六〇年代になっても、旧遊廓内に入れば、店の構えも、曳き子、おねえさんの姿も、合法時代とあまり変わらない。男の「帳場」が、上がり框《かまち》の奥に常駐。客が店先の女性を選んで、店に上り、七、八百円のセット料金を払う。交渉成立。女性が、蒲団《ふとん》代わりに座布団を二枚敷き、そこで「座蒲団売春」が行われた。

「(親方たちは) アホほど儲かったということや」

と、繰り返し言ったのは、第二章に記した「おかめ」のマスター原田さんだ。「アホほど」は、大阪弁で「非常に多く」の意味だが、「バカほど」との違いは、好感度の差。「あほくさ」が「よう言わんわ」と同じ意味に用いられるように、温かく讃えるニュアンスが含まれている。

原田さんの両親が経営していた料亭は、「女の子平均十七人」。高度経済成長期の繁《はん》盛《じょう》が半端《はんぱ》でなかった。大阪は、七〇年万博に向かう好景気の真っただ中。ひっきりなしに来る客は、皆、現金払いだ。売上金をみかん箱や一斗缶に詰め込んだ。すぐに満杯になるから、帳場が体重をかけて足で押したという。取り分は、親方四、女の子五、曳き子一の割合だったが、女の子の「五」は、そこから借金分を引く。

「飛田はどこの家でも、欄間の上とか掛け軸の裏とかに、百万円の束がごろごろしていた。泥棒は怖がって入らへんかった」

原田さんの両親は開業数年で、大阪郊外・枚方《ひらかた》の、森繁久彌《もりしげひさや》の邸宅もあった高級住宅地に「お城みたいな家」を建てた。敷地四百坪、建坪二百坪。庭には池があり、錦《にしき》鯉《ごい》が泳いだ。愛車はキャデラック。「よく気のつくお手伝いさん、きょうちゃん」もいた。

「今の感覚でいうと、純利年六、七億あったと思う」

両親が経営した料亭のことについてこう話す原田さん自身は、子ども時代を枚方のその豪邸に住まい、春夏冬の休みを飛田で過ごしたという。一九六四年（昭和三十九）に高校を卒業してホテルの調理場に就職した。初給料八千円。

「おかん、給料もうた（貰った）で」

と母親に見せ、前年に亡《な》くなった父親の仏壇に手を合わせると、「ちょっと借りていくで」。家からごっそり札を〝失敬〟したという。

「十八、十九で、いつもポケットに三万円くらい入れとった」

大卒初任給二万一千円の年に、十八歳がポケットに三万円である。

「今思うに、悪銭身につかず、よ」

儲けた金で、住まいを飛田の外に求めた親方たちは多い。「本に書かない」約束で、私はほかに四人の経営者の子息から、阿倍野区、住吉区の高級住宅地で育った話も聞いた。それは、市街地の商家が単に郊外に住宅を求めたのと、少し違った。わが子が、飛田の子だという色眼鏡で見られるのを避けたい親心だった。

「儲かったんや。けど、蔑《さげす》まれたんや。亡八《ぼうはち》って知ってるか？」

と言ったのは、そのうちの一人、吉田さんだ。小学校の担任に、「大きな家に住んでる、お前のお父さんは亡八か」と言われたのが、その言葉を耳にした最初で、ニュアンスから蔑まれていると子ども心に感じた。亡八とは、遊廓の主人の蔑称《べっしょう》で、「仁、義、礼、智《ち》、忠、信、孝、悌《てい》の八つの徳目すべてが欠損した者」の意とされ、そのニュアンスは全人格否定だろう。

「アホほどの儲け」は、言うまでもなく、売防法前いや戦前と同じ、前借金を抱えた年季奉公のおねえさんの働きによって生み出されたわけだ。二十歳くらいで飛田に来て、四十歳くらいで年季が明けると曳き子になり、死ぬまで飛田で暮らす、何人ものおねえさんの。

住めば天国、出たら地獄

「いついつやったとははっきり覚えてへん。けど、暴力を追放し、安全に遊べる場所やというPRを、組合でいろいろとやりましたよ」

と言うのは、料理組合の元幹部だ。

売防法施行後も、飛田の内外に、暴力団をバックに据えたケースも含め、ポン引き、しけ張り、街娼がはびこったと前述した。

それらの人たちを全滅させようなどという、元幹部曰《いわ》く「無茶なこと」は考えない。「楽しいことをしている町やというアピールやね。できることからコツコツと、浄化作戦にもっていった」という。

その一つは盆踊り。一九六五年（昭和四十）前後、数年にわたって、大門通りに櫓《やぐら》を設《しつら》え、河内音頭《かわちおんど》の鉄砲光三郎《てっぽうみつさぶろう》を呼んだ。「鉄砲節河内音頭」が大ヒットしていた人気者。「何か、伝手《つて》があったのですか」と問うと、「金や」とひとこと。

「ほかになあ。〇〇〇〇も××××も、高《たつ》い金出して呼んだったし、飛田で応援したったから、売れたようなもんやで。飛田に足向けて寝られへんはずやのに、売れたらええ気なもんで、それっきり来ぃもしよらへん」

〇〇〇〇も×××も、今も不動の人気の演歌歌手である。

盆踊りの日、料亭は「特別料金」で営業したが、おねえさんたちは交代で店を抜け出し、盆踊りの輪に加わった。それを見に来たお客さんもまた、踊りの輪に加わったのだそうだ。

もう一つは、飛田のテーマソング作り。

「昭和四十年ごろやったか、飛田の歌を作ったんよ」

自主制作。テイチクレコードで録音した。

ジャケット写真は、立ち並ぶ料亭のネオンサインがまばゆい大門通りを、車のライトの動線が動く、スローシャッターで撮ったもの。背後に通天閣が聳《そび》え立っているのは合成だ。

タイトルは、ジャケット写真そのままの「花の大門灯りがつけば」と「飛田小唄」。盆踊りでも使えるよう、「飛田小唄」は振りを示すイラスト付きだ。

私は、二〇〇九年秋に「飛田会館の金庫から出てきた」というそのドーナツ盤を組合幹部からもらって、聴いた。レコードプレーヤーのターンテーブルにドーナツ盤を載せ、針を落とすと、抑揚たっぷりの歌が聞こえた。単調なリズムで、標語のような言葉がリフレインした。

花の大門灯りがつけば

友田澄之介 作詩／稲葉実 作編曲
平井治男 唄／斎藤正男とその楽団

花の大門、灯りがつけば
なびく柳に 彼女《あのこ》のえがお
明るい西成 楽しい飛田
君と僕との 新天地 新天地

お茶を飲もうか シネマを見よか
更《ふ》けりゃ青春 ほろ酔いきげん
明るい西成 楽しい飛田
夢の花咲く 新天地 新天地

飛田小唄
友田澄之助《ママ》　作詩／山室敏男　作編曲
小山悦子　唄／斎藤正男とその楽団

ハァー　浪花うれしや　西成ゆけば
むかし恋しい　ネオンが招く
飛田えーとこ　ほんまにそやそや
紅がこぼれる　ちらちらと　ちらちらと

ハァー　あの娘《こ》見たさに　また逢《あ》いたさに
門をくぐれば　やさしいえくぼ
飛田えーとこ　ほんまにそやそや
恋のやなぎも　なよなよと　なよなよと

私は、この歌詞を最初、「売春が〝恋愛〟に置き換えられている。うまい」と思ったが、そりゃそうだ、「飛田は〝素人〟の女性と、一期《いちご》一会《いちえ》の〝恋愛〟をする場所なのだもの」と思い返した。そう言えば、そのころ飛田に通ったEさん（第一章に登場）は、後の奥さんにすら「結婚するまで指一本触れなかった」と言っていた。改めて、飛田は貴重な疑似恋愛の場だったのだと思う。

横道にそれた。私が一番聞きたいのは、飛田が「暴力の町」からどのようにして（少なくとも表面的には）脱却していったのか、はびこるポン引き、しけ張り、街娼を減らしたのかなのだが、それに関して、飛田の人たちの口はかたい。

「府の衛生課か何かが、『お前とこ、何人や』言うて不意に調べに来ますんや。『五人や』て言うたら、『五人分の鑑札見せろ』となる。検査を受けさせてない女の子を使ってたら、鑑札の数と女の子の人数が合わへんから『どういうこっちゃ』となったわけや。昭和二十七、八年ごろに、国税局の一斉調査が入り、その後、飛田の税額が跳ね上がった。

何かコトが起きると、私が警察に呼ばれますわな。指導を受けますわな。『はい、承知しました』と言うて帰ってきて、そのとおりにしますわな。曳き子が道の真ん中まで出て客を引かないとか、明朗会計にするとか、ヤクザと関係を持たないとか。うちがその見本を皆に示して、『お前らも、こういうふうにやれよ』と、やっていったわけです。自分らの金で外灯もつけて明るくして、十年も二十年もかけて、今みたい

な安全な飛田にしましたんや」（元料理組合幹部）

と、その程度しか聞けなかった。

一方、おねえさんたちも営業努力を惜しまなかった。

飛田には、古くは遊廓時代から「花電車」と呼ぶ、女性性器を見せる芸があった。飛田の小さな楼（すなわち安い楼）が客集めをするために考案したのだそうだ。

語源は、イベント時に生花や造花で車両を装飾して走る花電車。客を乗せないで走るものだったため、転じて「見せるだけの風俗芸」を指し、性器に生花や造花を生けて、客に見せたのが始まりだそうだ。飛田ではおねえさん同士が情報交換し、芸はエスカレートした。
・バナナの噛《か》み切り　皮をむいたバナナを陰部にさし込んで、食い切る。
・てるてる坊主《ぼうず》　紙人形をさし込んで、たくみにその人形を踊らせる。
・煙草《たばこ》を吸う　口付き煙草「敷島」を陰部でくわえ、火をつけて、下腹で大きな息をして、吸う。
・卵を飲み込む　食卓の上に座って、鉢の中に入れた卵をすっぽりと飲み込み、しばらく後に、その卵を飛ばす。「にぬき（ゆで卵）になっているかも」と言って、笑いをとる。

ストリップ芸に通じるこういった芸は、飛田のおねえさんたちがやり始めたのが最初だったと言ったのは、料亭に衛生用品を納品する業者だった加藤さんだ。

「中には、(セックスの)途中でできなくなるお客もいるから、その人たちへのサービスでしてあげていたらしい。そのうち、見るだけのために来る客も出てきた。(セックスを)するより楽やし、お客が喜ぶから、芸を主体にするようになった子もいた」

「プロやからねぇ。ピンポン球を(膣《ちつ》に)入れて、パーンと飛ばすとか、コトの最中にお腹《なか》に力を入れて、(男性器を)パーンと抜くとか。なんでそんなことができるねん、というような芸を、飛田の女の子たちはやらかしたんや」

加えて、コンドームを使用しないことが「サービス」だと考えられた。親方たちは、膣の奥に海綿(スポンジ)を入れ、接客毎《ごと》に水で膣内を洗浄すると避妊できるとおねえさんたちに教え、おねえさんたちは従った。

万博景気はとうの昔に終わり、一九八〇年(昭和五十五)に阪神高速松原線が飛田を縦断して設けられ、料亭が半減しても、残る飛田のアルバイト料亭がしぶとく生き続けたのは、飛田の〝中〟の人たちの心の奥底に「何が何でも、この仕事で食べていかな、つぶしが効かん」という切迫感があったからだろうか。

誰が言い出したか、「住めば天国、出たら地獄」という言葉が、飛田にあった。

喫茶店ママの「女の子」雑感

飛田では、どんなおねえさんが働いてきたのか。

飛田の〝中〟に喫茶店が数軒ある。私はそのうちの一軒「みゆき」によく行った。四人がけのデコラ張りのテーブルが四つ並び、冬場は「このほうが暖かいから」とウールの着物を着た老年ママが、おそらくさらに年配の夫と二人で、テレビを見ながら客を待つ店だ。夕方に行くと、石油ストーブの上に載った鍋《なべ》に、夫婦の夜ごはん用の煮物が煮えていたりする。一九六三年（昭和三十八）から営業してきた。

一九七五年（昭和五十）まではすぐ前に「トビタ大映」があったので、店の前の道は飛田の客以外の人たちも往来した。十年ほど前までは料亭に上がる前後の集合場所にするグループ客や、出勤前後に寄るおねえさんたちがお茶を飲みに来たという。今は、そんなお客も「コンビニや缶ジュースの自動販売機に取られてしまい、もうあきませんわ」の状態だと言うが、「飛田の女の子」についてはこんなふうに話してくれた。

「いろんな女の子、うちに来ましたよ。おねえちゃんにとっては、その日の稼ぎが日払いなのが魅力なんやね。『なんとのお、飛田でも行こか』の子は来ないし、処女も来ない。うちに寄ってお茶する子は、目的意識のはっきりしてる子が多かったですね。洋裁のデザインの学校に行きたいからお金貯《た》めるとか。借金返さなあかんからって明石から新幹線で通てた子もいた」

「印象に残っている子？ 北海道出身で、司法試験の勉強してる阪大の大学院生がおりました。ちゃんとした子ですよ。ボーイフレンドは警察官で、そのボーイフレンド公認で飛田へ来てました。女の子の仕事が終わる時間に、ボーイフレンドが迎えに来てましたもんね。交通事故を起こしたとかで、なんかワケありやったんでしょう。北海道の両親に内緒で、示談金を払わなあかんからと。一、二年来てやったかなぁ。最後、『司法試験に受かったから、北海道に帰ります』って挨拶《あいさつ》に来やったんです。『また（この喫茶店に）来ます』って言うから、『ダメ。もうこんなところへ来たら絶対にダメよ。こんなとこを知ってると言うてもダメ。どこから知られるか分からへんから、もし今後どこかで飛田の話が出たら、『知りません』て言わなダメ』言うて、送り出したげた。賢い子やったから、大丈夫やろうけど。きっと、しっかりした弁護士になってやると思いますよ」

「かと思うと、『お金と違うねん』て言う子もおりましたねえ。一人は普通の主婦。主人がアレでけへんねて。で、イライラするから、主人公認で、昼間だけ飛田へ。夕方になったら、すっきりした顔して、うちでコーヒー飲んで帰る。飛田へ来た日は、主人にも優しくできるて言うてやった。もう一人はデパートに勤めてた子。『女ばっかりの職場やからボーイフレンドもでけへん。セックスもでけへんから』ってサバサバ言うてた。デパートの帰りに飛田へ来て、一人か二人とやったら、明日があるから早いうちに帰るの、その子。女に性欲ないて言うのウソですよ」

「ぎりぎりなんよ、みんな。飛田はね。割り切れれば、いいとこやと思いますよ。女の子十人おったら、十の事情がある。箸《はし》の袋入れの内職をしても、借金返されへんでしょ。借金で死ぬこと思ったら、誰とでもセックスくらいできるって。死ぬよりずっといいやないですか」

「みゆき」のママには、特段、取材をさせてほしいと頼んだわけでなく、以上は、コーヒー一杯を飲む時間の世間話の延長だ。ママが話したどの例も、私には重い。「割り切れれば、いいとこや」「死ぬよりずっといい」の二つのフレーズが、核心めいて聞こえ、先述の「住めば天国、出たら地獄」と同じ意味だと思った。飛田のおねえさんたちは、本当に「ぎりぎり」なんだろうか。

第五章 飛田に生きる

「さわったらあかん」の掟《おきて》

私に分かってきたのは「飛田は取材をしてはいけないところ」ということだ。

やってはいけないことを地域ぐるみでやっていることは誰の目にも明らかだが、「それを言っちゃダメ」という無言の圧力が、この町にはある。そんな町の雰囲気に、公共機関まで〝共存〟している。わずか三百メートルほど西に西成署があり、記者クラブもあるのに、マスコミにたまに登場する飛田は、「鯛《たい》よし百番」を切り口に「古き良き花街情緒を残す町」という紹介がほとんどである。

これまで書いてきたことのおさらいになるが、飛田の「料亭」の主な構成人員は、経営者、おねえさん、おばちゃん（曳《ひ》き子）の三者である。料亭の数は百五十八軒（二〇一〇年）。一人で複数軒を持つ人もいるから、経営者は百四十人余り、おねえさんは昼夜合わせて推定四百五十人、おばちゃんは推定二百人。経営者には、土地建物を自己所有している人と、家主（ほとんどが、かつての経営者もしくはその子ども）から借りている人がいて、どちらも飛田新地料理組合に属している。このほか、一九五八年当時の経営者有志が結成した飛田新地協同組合があり、持ち株形式で飛田会館と、隣接する駐車場を保有しているが、その組合員数は往時の約三分の一に減り、現在二十二人。多くが一九五八年当時の経営者の子息で、すでに飛田以外に住み、他の生業についている。料理組合と協同組合に重複して入っている人は数人である。

まとまりがいいのか。結構な大所帯なのに、公式ホームページはおろか、料亭のホームページも一軒たりともない。

料亭の経営者らが昔からよく利用する喫茶店の主は、

「飛田の中のことは、外の者がさわったらあかんのよ」

と言う。いつまで経《た》っても、

「どや、このごろ？」

「ぼちぼちだぁ」

「そらよかった」

と、実のないやりとりを「お愛想《あいそ》程度」にするだけだそうだ。

「わしら、ややこしいことに首つっこみたないし、ややこしいことを知ったところで詮《せん》ないやろ」

飛田のエリア内にある居酒屋「喜一」のママも、「（飛田の）お客さんが多い少ないは、もろに影響受ける」と言うものの、「お客さんが、『どの料亭がいい？』『いくら？』と聞いてきても、『知らん』としか言わへん。本当に知らんから」と言う。

飛田の料亭群には、内部事情に触れない、触れさせないという暗黙の掟があるのだ。

夏まつり

しかし、「外」の者にも開かれている日が、年に二日だけある。「夏まつり」が行われる七月二十四日、二十五日だ。

「天神祭と同じ日に、子ども神輿《みこし》が町中を練り歩くんや。盛り上がるで〜」

と聞き、見に行った。神輿の出発点は、阪神高速の高架下にある飛田連合町会・飛田社会福祉協議会の敷地だ。飛田のどこにこんなに多くの子どもがいたのだと驚くほど、大勢の子どもたちが集まり、襟元に「飛田連合町会」と文字の入った法被《はっぴ》を着た世話係の大人もいて、合計百人はくだらない。

炎天下の午後、練り歩きが始まる。幟《のぼり》を手にした大人たちが先導し、皆で「わっしょい、わっしょい」と声を張り上げ、小ぶりの神輿を載せた台車を曳く。赤ちゃんを抱いたり、よちよち歩きの子の手をひいた若いお母さんもいれば、額に巻いた豆絞りの似合う鯔背《いなせ》な若い男性もいる。台車の上には、小学校高学年の子ども六人が乗り、彼ら彼女らが花形だ。神輿は、各料亭の玄関口で止まり、どんどんどんと太鼓の音色を響かせ、

「〇〇さん、祝いましょう〜、よぉ〜、わっしょいわっしょい、打〜ちましょ、もひとつせっ、た〜んとたんと……」

と、元気のよい声をあげる。すると、営業中の料亭のおねえさんやおばちゃんがにっこり笑って、用意していた祝儀袋《しゅうぎぶくろ》を渡す。景気がよかったころは二、三万円張り込むところもあったが、昨今は三千円から一万円くらいが相場だそうだ。中には、祝儀袋を谷間まるだしの胸元から取り出すおねえさんもいて、見ているこちらがぞくっとする。が、子どもたちにてんで気にする様子はない。

途中、飲み物とスイカが配られる休憩をはさんで、三時間半。子ども神輿は、飛田の各通りをくまなく回り、元の場所に戻って来る。子どもたちに、大型ビニール袋満杯に詰め込んだお菓子がふるまわれ、お開きとなる。

私は、二〇〇一年から〇八年までの間に四回この夏まつりを見に行った。最初の年はまず子どもの人数に面食らった。

「飛田に住んでる子は数えるほどやけど。（料亭などの）従業員の子やら、近所に住ん

でる子やら。飛田ほど奮発してお菓子たくさん出してる町会、他にないんちゃうか。それ目当てに、みんな来てくれる」

と、町会世話係氏。

「普通、お神輿は神様がお旅所へ移動する時に乗るものやん？ このお神輿も氏神さんに拝んでもらったん？」

と聞けば、

「そんなん無理無理。これ、あらへんがな」

と、世話係氏は右手の親指と人差し指で丸を作って、笑った。

「飛田には、七夕も地蔵盆も子どもの祭りがな〜んにもなかったんよ。かわいそうやんか。それで、昭和五十五、六年くらいから、これ始まったらしいよ。そのころは、中に子どもも大勢住んでたからね」

とのことで、神様不在のお神輿だった。

私の住んでいた千里ニュータウンも同じだ。土着のお祭りがないのが「かわいそう」だからと、地区の小学校では、お神輿（ふうのもの）をメインにした秋の学校行事があった。毎年、その日が近づくと保護者が集まって模造紙を丸め、色画用紙を貼《は》り、お神輿を手づくりする習わしで、それを子どもたちが担《かつ》ぎ、校区内を「わっしょいわっしょい」と歩くというものだった。「なんでわざわざ?」と協力的になれない保護者は私だけではなかったし、高学年の子どもたちもしらけていた。つまり、大人も子どもも無邪気でなかった。

それに比べて、飛田の夏まつりはなんて無邪気に熱いんだろうと思ったものだ。私は、飛田の町に歓迎されたい一心で、二回目の見物から三千円のご祝儀を包んで、子どもたちに渡した。私の名前を尋ねてきた子どもたちは、こちらのほうを向いて、

「イノウエさん、祝いましょ〜……」

と太鼓を叩《たた》き、声を上げてくれた。おかげで休憩時に、子どもたちと一緒にスイカを食べながら、少し話すことができた。

「何年生?」

「六年」

「六年生が、いつも中心なん?」

「うん。決まってる」

「かっこいいね。練習とか、した?」

「全然」

「ぶっつけ本番?」

「そうや」

「お祭り、楽しい？」

「うん、楽しい」

初回は、そんな他愛のない会話だけ。前年に撮った写真を「あげる」と持って行った三回目の時、思い切って、

「みんな、料亭のお商売、何屋さんか知ってる？」

と訊《き》いてみた。リーダー格の子が、

「そら知ってるわ」

と答えた。おばはん、しょうもないこと聞くな、と顔に書いてある。気まずい一瞬の後、後ろにいた丸顔の男の子が右手をグーに握り、人差し指と中指の間から親指の先を出して「これやで〜」とおどけて見せ、周りの子たちから「アホ」「ボケ」と頭をこづかれまくった。

繰り返すが、飛田は「ノー・ピクチャー」の町だ。しかし、この夏まつりの二日間だけは、神輿や行列を、背景に町並みを入れて写真を撮ることが許されるのだ。

折りしも、私の所属していた旅行ペンクラブが、大阪府内各地の祝祭行事を紹介する歳時記本『大阪の祭』（東方出版）を編むことになり、その中に私はこの祭りのこと

を綴《つづ》った。上梓《じょうし》した翌二〇〇六年、夏まつりに行くと、ギャラリーが明らかに増えている。同書でこの祭りのことを知った人たちが写真を撮りに来ていたのだ。実際のところ、神輿や行列にピントを合わせるふりをして、背後の町並みを撮りたがっているようだった。飛田の常連だろうと思えた。かなり〝おたく〟っぽい人ばかりだった。『大阪の祭』を手にしている人がいたので、なりゆきで、「この紹介文を書いた者です」と挨拶《あいさつ》すると、「よく書いてくれた。ありがとう」と言われたばかりか、「サインして」とまで言われて、面食らった。

原田さんの本当の経歴

飛田の夏まつりの世話人の一人だったのが原田さんだ。第二章に元料亭の建物の中を見せてくれたこと、第四章に飛田の「アホほど儲《もう》かった」時代を教えてくれたことを書いた、居酒屋「おかめ」の店主で、町会の役員だった。毎年、

「暑うてかなわんわ」

と言いながらも祭りの旗ふり役を買って出て、酒焼けっぽい赤ら顔で汗を拭《ふ》き拭き幟を振って、神輿行列の先頭を率いていた。

居酒屋「おかめ」に何度か行くうち、原田さんは私のことを「りっちゃん」と言う

ようになり、時に「いもうと」とも呼ぶ。調理師を経て、黒門市場と台湾で商売した後、飛田に帰ってきたという経歴は初対面の日に聞き、子どものころ枚方の豪邸と飛田の家を行き来して住んだと聞いたのは先述のとおりだ。

人は多面体だ。経歴を問われ、答える時、軸足をどこに置くかによって、いかようにも話すことができる。自分を正当化するなり、卑下するなり、微妙な創作を他意なく加えがちだ。誰だってそうだ。聞く側との距離が縮まらないうちから、率先して都合の悪いことなど口にしないのも当然だろう。原田さんからも、親しくなるにつれ、「あれ？　前に聞いたのと違う」という事柄をいくつか聞くことになった。

その一つは、子ども時代の話。枚方の豪邸には、お手伝いさん「きょうちゃん」がいて、「よう気のつくええ子やった」と聞いていた。きょうちゃんは当時十六歳。熊本から姉妹で上阪し、姉はすぐに原田さんの両親の店の〝女の子（売春婦）〟になったが、若すぎる彼女は女の子の予備軍として、枚方の家の住み込みのお手伝いさんをしていた、と。ところが、そのきょうちゃんが「ええ子」とばかり言い切れなかったことだ。

原田さんに話を聞くのは、いつも居酒屋「おかめ」で、だった。芋焼酎《いもじょうちゅう》「白波」のお湯割りを、原田さんはぐいぐい飲み、私はほどほどに飲みながら、同じ話を何度も聞くことになる。子ども時代の話を聞くのも、この時すでに何度目かだったと思う。

「飛田の家の中のお風呂《ふろ》に、水道の蛇口からゴムホースがついてたん。何をするものやろと、子ども心に首を傾《かし》げてたんや。なんか怪しいものやとはうすうす思ってた。けど、それがおねえさんのあそこを洗うものとは知らんかったし、店でお客さんとおねえさんが何をやっているとかも、もう一つ分からんままやってんね」

といった話が出た後だった。

「そんなオボコかった僕の童貞を奪ったの誰やと思う？　きょうちゃんやねんで」

と言ったのだ。

「こっちは小学三年生か四年生。半ズボンを穿《は》いたガキやで。僕は、きょうちゃん、きょうちゃんって慕って、よう遊んでもらってたんやけど、枚方の家で誰もおらん時に、お医者さんごっこの延長みたいに服脱がされて、触られて、上に押し乗られたんや」

何をどうされたのか、今ひとつよく分からなかったという少年の日の原田さんは、母親に「変なことをされた」と訴えた。すると、母親がきょうちゃんを「髪の毛をつかんで、ぼこぼこに殴った」。その時のことのほうが、むしろ記憶に残っていると原田さんは言った。その体験が、飛田の「家」で行われている商売と同じだと知ったのは、しばらく後だという。

言うまでもなく、原田さんにとって気の毒な初体験だ。だが、きょうちゃんという十六歳の少女も気の毒に思える。遅かれ早かれ「飛田の女の子」にならなければならない身。〝実験〟したかったのだろうか。きょうちゃんの心と体の葛藤《かっとう》いかばかりだったかと思う。

もう一つは、成人してからの履歴だ。黒門市場でインベーダー（ゲーム）喫茶で成功し、「さらに一旗あげたろ」と台湾へ渡り、カラオケボックスの商売をした……のくだり。「億の金を持って、飛田へ帰ってきた」と聞いたつもりだった私は甘かった。

「りっちゃんなあ。コジキ言うのは惨《みじ》めなもんやど」

ある年末、五、六杯目の白波のお湯割を飲みながら、突然原田さんがそう言ったことがあった。店内のテレビが、釜ヶ崎の三角公園でホームレスの人たちに炊《た》き出しがあったというニュースを伝えた、その後だった。

「ん？　ホームレスの人、結構いはるもんね、こっち側も」

「ちゃうがなちゃうがな。僕や、僕。人間、ええ時と悪い時とあるがな。僕、異国のコジキやったんやど」

ときた。原田さんが、黒門市場で「大儲けしたろと思て」インベーダー喫茶をしたのが一九七八、七九年ごろ。曰《いわ》く、母親の飛田の料亭が「一日六十万くらい売り上げとったころ」だったから、開業資金も運転資金も母親から。「ええところに目をつけたのに、悪い奴《やつ》に騙《だま》された」とのことで、インベーダー喫茶は失敗に終わり、「あんた、いったい家からいくら持ち出したんよ」と立腹する母親に、「イエハライされたんや」と言った。

「イエハライって？」

「勘当や勘当。家を追い出されたんや」

それで、台湾に渡ったのだという。

「なんで台湾やったん？」

「温《ぬく》いところに行ったら食えると思たんよ」

「台湾のどこ？」

「どんどん南の端まで行って、高雄よ高雄」

よく分からない文脈だが、酒の入った相手に詳細を詰めても（たぶん）詮がない。

そのまま聞く。

「高雄に着いたら所持金三万円よ。温いから、ホテルは要らん。公園で平気で寝られる。けど、惨めなもんやで〜。高雄で二、三年、コジキをしとったんよ」

あれっ？　台湾でカラオケボックスしてはったんやなかったの？

「りっちゃん、人の話は終わりまでよう聞けよ。ある日、公園で『日本人？』って声をかけられたんや。長野県の社長。カラオケを輸入できるかと聞かれ、大阪のおかんに問い合わせたら、できるって。8トラの機械を五百万円分送ってもろて、その社長と一緒に高雄で営業よ。次々うまいことといって、大成功。コジキからあっという間に、年間粗利《あらり》一億よ。高雄でベンツ買うて、3LDKのデラックスマンション買うて、成功者よ。めでたしめでたしって思うやろ。ところが人間そううまいことといかんの。ある日、高速（道路）をベンツで走ってた時、事故に遭《お》うたんよ。事故の直前まで覚えてるけど、目の前の景色がスローモーションビデオみたいになって、あと覚えてへん。意識不明、重体。次、気がついたら日本よ。三重大の病院のベッドの上よ」

死んでいてもおかしくないほどの大事故に遭い、「全身ぼろぼろ」になりストレッチャーで帰国したのだと、原田さんは言った。再び無一文になった。病院代にも窮した。「おかんに払ってもろたから、おかんにまた頭が上がらんようになった」。

かくかくしかじか。これが本当なら、ジェットコースターのような人生だ。

「結局、飛田の人間は飛田へ帰ってくる運命やったっちゅうこっちゃ」

傍らで聞いていた奥さんが、「なんぼ聞いてもよう分からんとこありますけど、あらましはそんなんやったみたいですよ」と。原田さんは、若いころ、一度結婚したことがあったそうだが、黒門、台湾の時代は独身。九死に一生を得て、飛田に戻ったしばらく後に、旅行先の北陸の温泉のスナックで、今の奥さんと知り合い、五十歳近くで再婚したのだ。

「大阪の花街やって聞いてたけど、この人と結婚してこっち来て、び〜っくりしました。あり得へんとこへ来てしもたと思いました。〝中〟なんか、よう歩きませんでしたもん」

と奥さん。原田さんの母親はまもなく病気で亡《な》くなった。「料亭を継ぐのがどうしてもイヤやった」という原田さんが、奥さんと一緒に居酒屋「おかめ」を始めたのは一九九七年ごろだ（というのは、最初に聞いていた話と合致する）。

「僕は料亭を継ぐんはどうしてもイヤやってん。けど、おかんのやってきたことを否定してるんとは違うんよ。おかんは偉かった。俺はあかんたれやったっちゅうこっちゃ。ちっちゃい居酒屋のおやじが性におうてるねん……」

「ほんま、お父さんほんまにあかんたれやわ」と、奥さんが小さく笑った。奥さんには前夫との間に子どもがいて、孫もいる。原田さん夫婦に子どもはいないが、「お父さん」「お母さん」と呼び合っていた。

「うちのおかんはゴッドマザーやったやん。何回も言うけど、女の子ら、おかんに会いとうて戻って来るかもしれへんやろ。その時に料亭（の建物）がなくなってしもてたら、女の子らどこへ行ったらええか分からへんやん。かわいそうやん。そやから、僕はなんぼ『アホや』『穀《ごく》つぶしや』言われても、首が回るうちは料亭（の建物）をつぶさへんの。昔のまんま、置いといたんの」

と、この話は何度も聞いても、ブレない。

飛田の取材を始めた最初の年、私は「おかめ」に結構な頻度で通ったが、徐々に間遠になった。二〇〇三年から二〇〇九年までの間は、せいぜい年一、二度だった。たいていは一人で行った。たまに知人を連れていった。

一人で行くと、そんなこんなの原田さんの人生話か、「飛田このごろあかんから、うちもあかんねん」の話。知人を伴って行くと、「情緒あって、どんだけ賑《にぎ》やかやったか」と飛田の黄金時代の話が繰り返された。かつおのたたき、きずし（しめ鯖《さば》）、納豆、タコの酢の物など、ごく普通の居酒屋メニューを、ビールと白波のお湯割をお代わりしながらつまみ、三千五百円ほど。動物園前駅二十三時四十一分発の千里中央行きの最終御堂筋線に間に合うように出て「ごちそうさま。また」と帰る。そんな繰り返しだった。

「ここやり始めてからでも、すっごいお客さんおってんで。ビールコップ一杯飲んだだけで、『釣りはええわ』って一万円置いて行く客。飛田へ繰り出す景気付け。粋《いき》なもんや。このごろはそういう粋な客がおらんようになってしもた……」

そんな話も何度も聞いた。しかし、二〇〇五年ごろから、「おかめ」に二時間いても三時間いても、他のお客と会うことが、ほとんどなくなった。私の行った日がたまたまだと思いたいが、そうでないと伝わるに十分な、湿っぽい空気が店の中に流れていた。

開かずの間

原田さんに関して、もう一つ追記しておきたいことがある。

ある夜、「きれいごとでない話を教えたろか」と、相当酒の入っていた原田さんが言い出した。

「料亭をよう壊さんもう一つの理由があるねん」

「なになに?」

「昔の話やで。あくまで昔の話やで。な。そこんとこ、間違《まちご》うたらあかんで」

「分かった」

「『開かずの間』があるんやんか。分かるか?」

原田さんがゆっくりと話し出したのは、母親がやっていた料亭の建物は、外から見ると二階建てだが、じつは三階に屋根裏部屋があるということ。そこが、病気になった女の子を寝かしていた部屋だと思うということだった。

「なんぼ、りっちゃんにかて、俺の口からよう言わん。な、分かるやろ。分かるやろ。そういうことや」

ということは、その部屋でそのまま亡くなった人もいるということか。病気ばかりでなく、お仕置き部屋としても機能したのだろうか。想像は膨らむが、原田さんは明らかにそれ以上を話したがっていない。書けば簡単だが、そこまで話すまでには、話し始めてからすでに一時間ばかりを要していた。「こんなこと素面《しらふ》で喋《しゃべ》れるかい」と言うかのように、原田さんは白波のお湯割をぐいぐい飲んだ。

「その部屋、見たいか?」

「うん」。奥さんが「やめとき。戸の前に行くだけで冷やっとするんよ。ぞっとするんよ。さわらんほうがええ」と言ったが、好奇心が勝った。

「僕かて中には一回も入ったことないねん。僕が小さい時から、ずうっと閉まったままやったから。ただ、女の子がお盆に載せてご飯を運んでいくのは見たことあるような……気ぃするねんな。僕かて〝恐《こわ》いもの見たさ〟な気持ちや」

居酒屋「おかめ」から元料亭の建物までは、裏の通路で続いている。元料亭の建物の中に入るのは二度目だ。一度目は、原田さんに初対面の日で、かなりおびえながら中に入ったよなと思い出しながら、原田さんの後を建物の中に入った。すでに原田さんへの信頼感は絶対だから、恐くはない……のだが、電気を点《つ》け、二階に上がり、

「ここや」

と、通路の端にある戸の前に立つと、奥さんの言が正しかったことがすぐに分かった。単なる木の引き戸だ。だが、奥から、何がしかの〝気配〟を感じる。戸の奥から、何かしらが漂ってくるような気がしてならないのだ。

「開けるで」

原田さんが引き戸を開けた。かたい。歪《ゆが》んでいる。ぐぐぐっと音を立てて、引き戸が開いた。その中には、暗く、細く、急な階段が続いていた。

「昇る？」

「う、うん」

私は、特に「気」の鋭いほうではない。パワースポットと呼ばれるところに行っても、何かを感じた経験もない。しかし、この時は違った。暗く、細く、急な階段を二、

三段上がると、身の毛がよだった。腕や足、体全体の産毛《うぶげ》が立ったような感覚に襲われた。「となりのトトロ」に出てきた「まっくろくろすけ」に似た、しかしもっと陰湿な黒い物体がいっせいに動いた、ような気がした。と同時に、階段上から冷たい風がするするするっと流れてくるのを、確かに感じたのだ。心臓が口元に上がってきたかのように口ががくがくし、震えが止まらなくなった。

「原田さん、私、無理」

「そやな。僕も……やめとこ……」

二人して踵《きびす》を返し、引き戸を元どおりに閉めた。

「ほら見てみ。やめときって言うたやろ」

「おかめ」に戻った時、血の気が失《う》せた顔をしていたらしい私に、奥さんがそう言った。「あかん、酒や酒」と、白波のボトルに手を伸ばしながら、やはり青くなっている原田さんが、こうも言った。

「あのなぁ。飛田にはうち以外にも、営業してへんのに建物をようつぶさんと置いてるとこ何軒かあるやろ。よう見てみ。三階がある。つまり、そういうこっちゃ」

舐《な》めたらあかん

「西成って、飛田って、怖いところと違うの？」

私が西成の飛田に通っていると言うと、何人かの知人はそんなふうに聞いてきた。

「全然そんなことないよ」

と当初答えていた。日雇い労働者たちが集まる「寄せ場」も目と鼻の先にある飛田周辺は、「給料日」と呼ばれる月末の生活保護支給日から二、三日間が最も賑わうし、昼間から酔っぱらいがふらふらと歩いているところではあるが、何をもって「怖いところ」というのか。色メガネで見るのは、浅はかだと思う。

しかし、飛田や飛田周辺を舐めてはいけないことを、身を以《もっ》て知ることが五度あった。一度目は、第二章に書いた「抱きつきスリ」に遭ったこと（何も取られなかったが）。二度目は、飛田の北西約六百メートル、太子《たいし》町交差点近くの路地を歩いていた時に、「耳かき一杯二万円でええで」と、白い粉の売人であろう男に声をかけられたこと。三度目は路地の立ち飲み店で、突然お客同士が殴り合いの喧嘩《けんか》をするのに遭遇したこと。四度目は、やはり付近の小さな居酒屋で、ビール小瓶一本と枝豆とおからで三千五百円を要求されたこと。そして、五度目は、何度も書いている「おかめ」からの深夜の帰路、「こてんぱんなヤツ」の気配を感じたことだ。

二〇〇八年の十月二十七日だった。遅くから一人で「おかめ」に寄った私は、つい長居してしまった。おかめを出たのは、深夜一時半。終電はとっくに終わり、立ち並ぶ料亭の灯りはことごとく消えた後だ。帰り際《ぎわ》、

「こてんぱんなヤツ、まあおらんとは思うけど、気ぃつけて歩かなあかんで」

と原田さんに注意された。

「こてんぱんなヤツって？」

「こてんぱんにして、身ぐるみはがしよるヤツやん。命までとりよらへんけどな」

「まじですか？」

「まじまじ。やられそうになったら、原田の知り合いやて言うんやで。そいで電話してきいや。すぐに行ったるから」

そんな物騒な話を聞いた後、静まり返った飛田をぬけて、シャッターの閉まった商店街を地下鉄動物園前駅方向へと向かった。

商店街には、微動だにせず寝ているおっちゃんが少々いるだけで、歩いている人はほとんどいなかった。一人だけ、白い小型犬を散歩させているおじいさんがいて、「こんばんは」と挨拶した。そのおじいさんと犬が脇道《わきみち》に消えた、その後だった。

突然、背後に人の気配を感じたのだ。不吉な予感がした。これはもう直感だ。一瞬、金縛りにあったように、体が堅くなった。いけない、固まったら終わりだ。先を急ご

うと、こちらが急ぎ足になったら、後ろの足音も急ぎ足になった。ぞくっとして、心臓がバクバクした。駆け出したら、後ろも駆け足になった。

追いかけられているのだ、やばい、と思った。その時、左手に新装開店したラーメン屋の灯りが見え、とっさに、

「ただいまぁ」

と大きな声を出して飛び込んだ。このラーメン屋の者だと演技したつもりだった。地元の人間を狙《ねら》いはしないはず。背後の何者かに、こてんぱんにする相手を間違ってるよと示したつもりだった。

ガラス戸を強い勢いで締めて飛び込んできて、へなへなと倒れ込んだ私に、ラーメン屋の主は最初きょとんとしたが、何もかもお見通しなのか。不要なことは口にしない。すぐに平然と、

「しょうゆ？　味噌《みそ》？」

と訊いてきた。

私は「しょうゆ」と答え、助かったと思った。その間、怪しい人物が通り過ぎて行っているであろう店の外を、振り向くことはできなかった。

その後、運ばれてきた温かいラーメンを、手前の席に座っている曳き子らしいおば

さん二人が「アミ、やらしい。二階でもろたチップを隠しよった」「マナかてやで。うちら分からんと思てるんやろか。根性汚い」などと話すのを小耳に挟みながら少しすすり、しばらくしてからその店を出て、足早に動物園前駅のところまで歩いた。車やタクシーが行き交う動物園前駅前の広い道路に出て、心底ほっとした。

そういうことがあって、私は、飛田とその周辺は甘く見てはいけないエリアだと密《ひそ》かに肝に銘じることになったのだが、そんな心持ちになったことを恥じる局面にも際した。

古びたアパートで

もう少し飛田周辺を書く。

二〇〇九年の一月、友人が「飛田で店をやっているという人と、知り合った」という情報をもたらし、その人に連絡をとってくれた。

「私で分かる範囲でよかったら、飛田のこと教えたげますよ」

と取材に応じてくれることになり、いそいそと、その人が指定した喫茶店に出向いた日のことだ。待てども待てどもその人は現われず。携帯電話にかけても、留守電になるばかりで、ようやく携帯がつながったのは、約束の時間の一時間半後だった。し

かも、

「あっ。そういえばそんな約束したかなぁ。ころっと忘れてたわ。パチンコ行ってた」

と、けろっと言われた。いくらこちらからのお願いの約束だといっても、一時間半待たせて「ごめん」のひと言もない。

「二万円すってしもた。今日は忙しいから、また今度にして」

であった。そのころ、取材に来て成果のないことが続いていた。細かい話だが、家から飛田までの地下鉄代は片道三百七十円だから、今日も往復の地下鉄代とお茶代で千三百円ほどと、半日をまったく無にしたと滅入《めい》った。飛田の〝中〟に行く元気がなくなり、しかし周辺をひと回りだけして帰ろうと歩いていた、その時だった。

阿倍野区との境界に近い路地の先に大型アパートを見つけ、目が釘付《くぎづ》けになった。よく言えば古き良き時代の風情《ふぜい》のある、有り体に言えばボロボロの木造二階建て。幅が三十メートル以上もありそう。疲れ切っている建物だと思った。手摺《てすり》のついた物干台も、窓ガラスも木枠。割れた窓ガラスに貼られたガムテープが物悲しい。玄関前右手に、井戸と、学校の水飲み場のようなコンクリートの共同炊事場跡がある。表玄関にドアや戸はなく、むき出しの土間に、自転車が三台停まっていた。

私は、初めて飛田新地内に足を踏み入れた時と同じく、これはまるで映画のセットだと思った。少なくとも、私が一九六〇年くらいに物心がついてから見た集合住宅の中で最も古びていた。正直に言うと「最下層」の三文字が頭に浮かんだ。まじまじと眺めていたら、

「何か?」

と、自転車で路地に戻ってきた小太りの女性に睨《にら》まれた。ズボンにサロンエプロン。その上からジャンパーを羽織るという、このあたりの中高年女性の冬の典型スタイルだ。私は「怒られた」と思い、小さくなった。

「いえ、古そうで。木の枠かっこいいなと思って見せてもらってました。すみませんすみません……」

とひたすら謝ったのだが、その後、

「昭和八年なんやて。まじで映画も撮りにきはってんで。うちの中、見したろか」

という展開になろうとは。

「ほんま、古いやろ」

と言う女性について階段を上がって二階へ行くと、広い通路をはさんで、右左に五室ずつ、木の引き戸の入口があり、石造りの共同洗面所があった。蛇口は、X型では

なくI型である。人の気配がない。

「二階、住んでるの、うっとこだけになってもた」

通路に三段ボックスや段ボール箱、洋服を掛けたポールがてんこもりに出ている。

通された居室は四畳半で、電気カーペット。調味料やみかん、皿やボールペン、広告チラシなどがぎっしりのローテーブルと、テレビ、仏壇。隅には蒲団《ふとん》が二つ折りにされている。真新しそうな大きな冷蔵庫もあり、「勉強は楽しい」「わかるは楽しい」と書いた紙が貼られていた。

「どこから来はったの？」

と聞かれ、「豊中です」と答えたあたりから、女性の言葉遣いが丁寧になったような気がする。

「そうですか、おたく、古いアパート、お好きですか」

「ええ。町の中を散歩するのが好きで、大阪中あちこち歩いてるんですけど、こんなに雰囲気のあるアパート見たの初めてです。ステキです」

半分本当で、半分ウソだ。

「前は大勢住んでたんですけど、皆さん出ていかはりましたわ。今年、取り壊しが決まってますし」

「え？　取り壊されるんですか」

「そう。秋に」

女性をよくよく見たら、私とさして変わらない年齢かと思えなくもない。やがて、

「よかったら、これ食べてってください。熱々のうちに」

と、買ってきたばかりの透明パッケージに入ったお好み焼きを差し出された。

「ここの、わりかしイケますのよ。お好み屋やってたウチが言うんやから間違いない」

「お好み焼き屋さん、やってはったんですか」

「そうそう。お好み屋。でもあきませんねん。ここらの人、もうええ加減にしてやと思うほど、踏み倒し多いよって。店やればやるほど赤字で」

といった話の途中に、ジャージー姿の色黒の男性が、歯ブラシと歯磨きチューブを手に部屋に入ってきた。えっ？　この四畳半に二人住まいだったのか。

「すいません、お邪魔してます」と頭を下げる、見ず知らずの私に、男性は「お客さんかいな。どうぞどうぞ」と座蒲団をすすめてくれる。警戒する気には全然ならなかった。

「こいつのお好み屋。そら赤字になるで。あこほど気前よう具入れる店、知らんわ」

「そのほうがおいしいねんもん」

「牡蠣《かき》なんか、ほれ、山盛り入れてたやろ。高いのに」

「一パック分、まるまる入れてた」

「計算せんと」

「細かいこと嫌いや。ウチかて、もったいな、とは思うん。けど、手ぇがどうしても入れてしまうねん（笑）」

「それどころか、一銭も入れん客に金貸してたやろ」

「ウチかて一国一城の主《あるじ》や。店主たるもの、千円や二千円貸してと言われて、ありませんねんて言われへんやん。そのお金でどこどこへ働きに行って、稼いできて返すって言うんやもん」

「返してもろたこと、あるんか」

「ない（笑）」

私は、お好み焼きを食べながら、漫才のような二人の会話を笑いながら聞いた後、「じつは」と自分の素性を明かした。

「へ～。フリーライターさんなん。記事を書いて、本屋へ売りに行くんか。そら大変な仕事や。飛田を書きたいって。そら、ええこっちゃ」と男性。「滅多に行かんからな。今までに二回しか上がったことない。わしら、もうそっちのほうはもう……。それに、ここに住んでても、あっちのほうへは行かんわな」

「二回上がった」に私は反応したが、「若い時に、親方に連れてもろて、えらいとこやと思たけど、忘れてしもた」くらいの、遠い話でしかなかった。

「こっち来たら、いつでもうちに寄ってや」

こんなにもオープンなご夫婦と、いきなりお近づきになったのだ。しかも、去り際に女性がこう言った。

「ウチ、今、おばちゃんやで」

飛田の曳き子のおばちゃんをしているというのだ。その時、すぐにも食らいつきたい気持ちを抑え、「うわ、そうなん。飛田のこと、また教えてくださいね」に留めたのは、先の取材約束の失敗によって「急《せ》いてはコトをし損じる」と懲《こ》りたからだ。

田口さんというこのご夫婦は、創価学会員だった。大きな仏壇を持っていたが、火事で焼けてしまった。「この年から、もうローンよう組まんから」と、小型の仏壇を部屋に置いていたのだった。後日訪ねると「今から集いに行くから、井上さんもおいで」と誘われ、ついて行った。

集いの会場は、界隈《かいわい》では大きめのお宅。三和土《たたき》を上がると、八畳ほどの茶の間があり、そこに茶髪の青年から八十歳以上とおぼしき女性まで十七人がずらりと座っていた。二月だった。「学会歌」の合唱から始まり、

「南無妙法蓮華経《なむみようほうれんげきよう》……」

のお題目が唱和された後、世話役が「一月二日、池田先生の八十一歳の誕生日に、晴れて入会された方を紹介します」と、前方にちょこんと座っていた、肉体労働者であろう日に焼けた七十年配の男性を紹介した。その男性は、

「いい人間になりたいです。今最悪ですから」

と皆に言って、ぺこりと頭を下げた。

続いて、「一人ひと言ずつ近況報告を」となり、端に座った人から「朝夕、お題目を唱えています」「仏壇に向かうと気持ちが落ち着きます」などと報告したが、先ほどぺこりと頭を下げた七十年配の男性に順番が回ると、その人は、

「集いに来さしてもらうんは、まだ二回目で……こんなふうに喋ったこと学校の時から一回もないから……かなわんのやけど」

と小声で言った後、もごもごとこんなふうに続けたのだ。

「オレは今までむかっとすることがあったら、特に酒飲んでたら、すぐに手ぇが出てたけど……このごろは心の中で……まずお題目を唱えるようになった。唱え終わった

ら、むかっとする気持ちがおさまってて……手ぇがでえへんようになりました」

世話役が、「それはいいことです。頭が爆発しそうになったら、お題目、ひとり言やと思て言うてください。一二〇％、頭の切り替えやっていくようにしてください」と応じ、皆がその男性に拍手をした。田口さん夫婦も大きな拍手をした。男性は「うれし恥ずかし」といった面持ちになった。

飛田の周辺に住む人たち、である。

夫婦の履歴

田口さん夫婦が住む、そのアパートは家賃一万三千円だった。他に住んでいたのは、小型犬をつれた「元博打《ばくち》うち」だという年配の男性と、黒いジャンパーを着た若い男の二人だけだった。

元博打うち氏は、いつもニコニコしていた。若い男は、すれ違う時、いつも世の中に不満があるような顔をしていた。

今どき、こんなアパートに住むのは、どんな事情のある人だろう――と、申しわけないが思った。知り合ってからひと月も経《た》たないうちに、新聞とテレビで「山王２丁目の『第１、第２豊島荘』付近から出火、木造２階建てアパート１棟約６６０平方メートル《メートル》のうち約500平方米《メートル》が焼け、2人の遺体が見つかった」というニュースが流れた。

まさかと思って火災翌日に駆けつけたところ、全焼したのはお二人のアパートと目と鼻の先の、古さにかけては似たりよったりのアパートだったと分かった。類焼しなかったのが不思議なくらいの距離だった。

「福祉住宅やろ」

「かわいそうに」

焦《こ》げた臭《にお》いが充満していた現場には、そう言って、手を合わせ、花を手向ける人たちがずいぶんいた。その日、田口さん宅は留守だったが、後日、

「怖かったで。ほんまに怖かったで。火の粉がぼんぼん飛んできよった……」

と火災当日の話をしてくれた後、こう訊《き》いてきた。

「あんな。このへんは火事が多いねん。なんでか知ってるか？」

お年寄りが多いから？

「ちゃう。酒と石油ストーブや」

はぁ？

「ここいらの一人住まいのおっさんは寂しい。やることないから酒飲みよる。どれだけ飲むかていうと『酔うまで』や。毎日、酔っ払って、分からんようになるまで飲ん

で、石油ストーブをつけたまま寝よる。そやから火事が多いんや」

私の周りにも酒飲みは多いし、べろんべろんになるまで飲むのも珍しくない。私自身もそうだ。楽しいことがあったと言っては飲み、辛《つら》いことがあったと言っては飲み、暮らしている。だが、「ここいらのおっさん」の飲みっぷりは、そういうレベルとまったく違う。毎日がやけ酒なのだ。「酔う」ために飲んでいるのだ。しかも、暖はエアコンでもファンヒーターでもなく石油ストーブでとるのだ。しょせん私なんかの物差しでは計り知れない暮らしぶりが「ここいら」にはあるのだ……。

やがて、私は田口さん夫婦に取材をさせてもらった。以下、お二人が語ってくれた履歴である。

「さっちゃんと呼んで」と言う、一九五〇年生まれの奥さんから。

「ずっと飛田。九か月で公園に捨てられてた、もらい子。お父ちゃんは学校の先生、お母ちゃんは朝鮮人で、家で濁酒《どぶろく》とおかず作ってた。お姉ちゃん、生まれてすぐに死んで、それから子どももなかって、五十過ぎてからウチもらわれたと言ってた。このへん、そこの公園にへビがおったほど草ぼうぼうで、遊ぶとこ不自由せんかった。信用金庫のとこから向こう(飛田)へ行ったらあかん言われてました。

お母ちゃん、偉い人やったと思う。土間に穴掘って、ドラム缶で濁酒を造って、三十円で売る。ここいらには同じような家、いっぱいあったけど、うちのお母ちゃんが一番働き者やった。仕入れに鶴橋《つるはし》まで行って、電車賃使《つこ》たらもったいないて言うて、頭や肩にいろんなもん載せて、歩いて帰って来てた姿覚えてる。おかずは土手《どて》（牛すじ肉の味噌煮込み）とか煮物とか作って、一皿百円。いろんな人が買いに来てましたよ。ウチかて手伝《てつど》うた。まあいうたら、箱入り娘よ」

さっちゃんは、「西成いうたら、悪いイメージあるかもしれへんけど、この辺りは『西成の芦屋《あしや》』や」とも言った。

「大きなって、梅田からバスに乗ってキタのほうの会社に勤めに行ってました。友だちとお腹《なか》抱えて笑ってたい年ごろやのに、結婚早《はよ》うて、十六で。喫茶店で知り合った相手が、つきあい出してすぐに、いきなりお母さんとお姉さんをうちに連れてきて、鶴橋へ結婚の衣装を買いに行くたら言うて。

結婚したら子どもできて。子どもできたら、相手は出て行ってしもた。で、私はこっちに帰って来たんやけど、そのころ、易学に凝ってたお父ちゃん、えらい心配して『ふんじゃらほんじゃら』言うて針一本を水の上に立てる占いやって、私のこと占ってくれた。親やねえ。それに、私が死なんとちゃんと家に帰って来るか心配して、毎日家の前に立ってたって」

お父ちゃんがそんなにも自分を心配してくれたとさっちゃんは涙を流し、「ウチも親になって、子を思う親の気持ちが分かるようになった」と言った。さっちゃんの子どもは、もう三十代だ。三人いる。二人は、結婚して高校生の子がいて、近くに住んでいる。もう一人は二十代で難病を発症。やはり近くに住むその子のアパートに、さっちゃんは毎日自転車で食事を届けていた。

「いろんな仕事しましたで～。生命保険も互助会もやったし、居酒屋の調理補助も洗い場も、スパワールドにも勤めた。指曲がるまで、へとへとになるまで働いて、このままやったら死んでまう思て、お好み屋を始めたんは三十八の時やったか。景気よかった最初のころはよかったけど、ほんまにここらの人は悪い。ツケで食べるようになって、しまいに三千円、五千円、貸してくれやろ。アホらしなって、途中、二年と十一か月、店閉めてパチンコ行ってました。そのほうがマシや。儲《もう》かるもん。パパと一緒になったんは、お好みやってた時」

これまでのパート、アルバイト先は、すべて自転車圏内。張り紙を見て応募した。お好み焼き屋時代も「ほんまにしんどかった」という。

「ほんで、近所の友だちが口利《き》いてくれて、おばちゃんやるようになったん。おばちゃんの仕事もきついけど、お好みよりずっとマシ」

その「おばちゃんの仕事」については、こう話してくれた。

「昔は『今日入ったばっかりの子やで。素人《しろうと》やで』言うたら、（お客が）上がってくれたけど、今日び、それではあかんの。値引き合戦やから。今日びの客、平気で値切る。恥じらいもない。冷やかし多いし。『どこどこの店、いくらやったで』て言う客には『ごめんね〜。よそはよそ、うちはうち。おにいさん、こんなかわいい子の前でそんなん言うたら失礼でしょ』て、やんわり言うんやけど、難しいですよ。

あとは、女の子の腕にかかってる。上目遣いも微笑《ほほえ》みも、やりすぎても、やらなさすぎてもあかん。その加減を分かってる子に、客がつく。かしこい子は、今日は若い客が多いなと思ったらコスプレに着替え、年寄りが多いなと思ったらミニに着替える。ただじいっと座ってるだけでは、今日びあかんからね。

べろべろに酔った客来た時は『おにいさん、そんだけ飲んではったら、ちょっとムリや思いますわ。こんな若い子やから。ごめんなさいね』って断ってあげるのも、おばちゃんの仕事。変な客とったら、女の子、かわいそうやから。おばちゃんは女の子の気持ち分かってな、できん。目立ってもあかんし、目立たんでもあかん。清潔で地味な服着て、安心できる店やと（客に）思わせたげるのがコツやね。週に四日。しんどいですよ」

横で聞いていたパパこと田口さんが、「このごろ冷やかし、多いんやろ」と聞くと、

「ほんまにもう、冷やかしばっかしやで。昨日は、飲み物の値段を表に出しとけって、いちゃもんつけてくる客もおった」とさっちゃん。すると、田口さんは、

「二万円です言われたら、『よっしゃ』言うて三万円払うのが、男の気甲斐性《きがいしょう》ってもんやのにな」

と言った。

次は「今年六十二になる」という田口さんの来歴である。

「生まれは玉造《たまつくり》。親戚《しんせき》、今もあるけど、俺ら行ったら嫌がられるだけやから、行かん。自由気ままに生きてきたから。中学出てからヤクザしとったん。自分の意志とは違う運命の流れっちゅうのがあるやろ。それや。二十歳そこそこで実刑くらって刑務所行く奴《やつ》もおるし、同じことやっててもパクられへん、運のいい奴もおる。俺は運のよかったほうやな。

十八で結婚して、二十歳で子どもできてから、堅気になった。お袋の妹の旦那《だんな》のきょうだいが、大きいインクメーカー機械の設計の仕事をしとった伝手《つて》で、設備屋になった。下水処理場とかの工事現場に、新しい機械とか持っていく仕事や。三十五年く

らい前やろ。景気よかった。大卒の月給が七、八万の時に、俺一日五千円もろとったもんな。

つまりは雑役や。溶接できるわけでも機械直せるわけでもない。技術ないから、言葉づかいが大事やねん。『どこ直すんでございますか』って、くそ丁寧にとは言わんけど、『おお。どこ直すんや』ではあかん。『お世話になってます』も言えなあかん。俺はそれできたから。人間誰でもラクしたいやん。トラック（工事現場の）側《そば》に停めたいやん。けど、それは（停める位置の順番を）抜いたらあかんの。そういうこと、分かっとらんと。

堅気になったのに、ヨメはんが子どもつれて出て行きよった。二十いくつん時や。寝屋川に住んでた。一人でおっても面白《おもろ》ないから、酒飲むわな。金なくなるわな。しゃあないから、寺田町（天王寺区）の先輩に『金貸せ』言いに行った。そしたら『西成（へ働きに）行け。西成行ったら、現金でくれるで』て。

そんで、三十年ちょい前に西成デビューよ。あっちのドヤ、こっちのドヤと渡り住んだんや。トビやって日給換算四、五千円くらいやから、三万の家賃のとこへ住んだらええと思うやろ。それが、その三万がないんや。毎日飲むから。毎月金なくなって、親方に前借りするやろ。十五万借りてたら、次の月の三十万の給料、十五引かれて十五万になる。けど、その十五万入ったら、気が大きなってミナミやキタへ行って一晩で使《つこ》てしまうやろ。足らんやろ。また十五万借りるわな。その繰り返しや。アホやなわ。ドヤにおる奴、みんなアホや。俺は何年かで部屋借りたけどな。

西成のバブルがはじけたんは、平成七年か八年や。その後もあかんあかん言いながら、まだよかってんけど、ユニバーサル（スタジオ）できた平成十三年から、仕事ほんまになくなった。

俺、四十二の時、事故に遭《お》うたん。滋賀県でサナトリウムの仕事してた時、高いところから落ちた。両足折って、でも奇跡的に助かって、堺の病院に入院した。〝ステンレス〟の棒を足の中に入れる手術して。『左足は治るけど、右足は骨が砕けとるから、後遺症残ります』言われた時は、喧嘩で怖い時と全然違う怖さやったで。けど、友だちがええ病院を紹介してくれて、そっちで手術したら治ったわ。

労災やから、一日二万三千円、土日雨関係なしに、一か月分まるっぽくれるん。これはスゴい思たわ。入院中、友達が誘いに来て、ギブスのまま龍神《りゅうじん》（堺の風俗街）へ女買いに行ったこともあったで。

そん次、二年くらい前に腹切ったんや。肝臓が腐ってきて、大腸と小腸にも腫瘍《しゅよう》できて取らなあかんと言われて。そんなんで、もう働かれへんから、今は生活保護もろてる。

今のヨメはんと一緒になったん？　二十年くらい前かな。ヨメはん、お好み屋をやっとった時。（ヨメはんの）息子とパチンコ屋で知り合《お》うて、『おかんの店、一回来てや』言うことになって、それからや」

これだけ聞くのに、数回対面した。先述のアパートを再訪したし、夏に夫婦が引っ越した先の二階建ての家にもお邪魔した。お孫さんが来ると、「今インタビュー受けてるねん」と得意そうでもあった。いつも、これ食べて、あれ食べてとビスケットやポテトチップスをたっぷり出してくれ、手土産を持っていくと「うちには気ぃつかわんといて言うたやろ」となかなか受け取ってくれなかった。お二人の親切心から、話があちこちに飛ぶ。その飛び幅が、私がこの二十余年間に取材した誰よりも大きかったように思う。

いつも話を聞きながら、私の頭の中には、よく耳にする〝流行語〟が浮かんでは消えた。ワーキングプア、ちょっと違う。勝ち組・負け組、遠い世界だ。自己責任、これも違う。すべり台社会、転げ落ちたのではないし。格差社会、そりゃそうだけど……。

欲と二人連れ

〝中〟の人とも知り合えた。旧知の西梅田の居酒屋のママが、「そういえば（仕入れに行く）天満《てんま》市場で知り合った人に、飛田の経営者がいる」と紹介してくれた、梅田さんという六十代の女性だ。九十いくつのお母さんともども「料亭」をやっている、と。私は飛び上がった。そういう人に会いたかったのだ。

「母のほうが詳しいから」

と梅田さんに電話で言われ、まず、お母さんのマツノさんに、二〇〇九年一月の日曜日に会った。約束した喫茶店に、十分遅れでその人は自転車で現われた。さすがに、さっそうと、とはいかない。歩くのとさして変わらぬスピードでやって来た。お顔立ちは、聖路加国際病院の日野原重明さんを女性にしたような感じだった。この時すでに九十二歳。化粧は、薄くない。仕立てのよいベージュの半コートを脱ぐと、エンジ色のセーター。お年より、はるかに若く見える。耳も遠くない。

昔の飛田の話を聞きたいんですが、と切り出すと、「覚えてません」と、ぴしゃり。それじゃあ、個人的な生い立ちを教えてもらってもいいですか。飛田の昔話を書く参考にさせてもらいたいので、と頼むと「私の人生は、ドラマにでも映画にでもなりますよ」とにこりともせずにおっしゃった。

「お生まれは大阪ですか?」

「ミナミ」

東西南北の各区生まれの年配者は「もともとの大阪人」というプライドが高い。「大阪の真ん中やないですか」と持ち上げたつもりが、まったく空気を読めていなかった。

「三歳でブラジルへ渡った……」

父親がコーヒー園経営を夢見て、一家でブラジルに移民した。大阪で食べていける一家が、当時ブラジルに移民するわけがない。年中「日本の六月くらい」に暖かくてだだっ広く、「隣の家まで遠い」リオデジャネイロの荒野が「もの心ついた最初の記憶」だという。弟も妹も現地で生まれた。しかし、開墾は困難を極め、やがて一家はサンパウロに出てじゃが芋作りに転じた。

「私も朝から晩まで手伝いました」

小学校は現地で?　と、またアホな質問をしてしまう。

「行かしてもらえんかった」

父親は過労で肝臓をやられ、現地で亡《な》くなったという。

母、弟妹と共に十一歳で帰国し、浪速区塩草に住む。皮革の町・芦原橋にも近い、家内工場の密集地だった。母が鉄工所をやっていた男性と再婚。父違いの弟たちが生まれ、いきおい「六人姉弟の長女」になる。わずか十一、二歳で、自分の食い扶持《ぶち》を自分で求めなければならなくなった。

「サイトウ先生という市議会議員の家にお手伝いに行き、夜学に通わせてもらったんよ。十一歳で小学一年生」

マツノさんの顔が、初めて少しだけほころんだ。

しかし、夜学に行く生活は、二、三年で終止符が打たれた。不幸は続く。継父が亡くなったからだ。亡継父の鉄工所が親戚の手に渡りそうになり、「弟たちのために」と十四歳の梅田さんが継いだのだ。

「どっち見ても年上の男ばっかりの世界」で、十人ほどの旋盤工を率い、自転車で営業に駆け巡ったという。主に「バンド（ベルト）の留め金」を作っていたそうだ。自身も旋盤を回し、油まみれになった。

「他人が一時間に四百するところを、五百がんばるとか、努力したのよ。苦労を苦労と思わんかった。強かったね」

やがて、得意先が「この人を家に入れたら、あんたんとこの鉄工所がもっと大きくなる」と紹介してくれた「ある大きな工場の工場長」と結婚した。ところが、相手に結婚前から好きな人がいたと後に判明した。

「母親も親戚もそれを知っていたのに、騙《だま》されて結婚させられたようなもの」

戦争中は、その夫が召集されて旧満州へ。マツノさんも海を渡ったが、終戦前に子どもをつれて帰国。滋賀県に疎開《そかい》した。戦後引き揚げてきた夫は、滋賀県で鍛冶屋《かじや》を始めた。しかし、「目を離した隙《すき》に」女と逃げた。

「ジェーン台風の年（一九五〇年）に、子どもをつれて大阪へ出てきたの。津守（西成区）に住んで、昼間はパン屋、夜はお好み焼き屋をやって、食べていったんよ」

落ち着くと、本町（中央区）でレースを付けたシュミーズの製造を手がけた。出来上がったシュミーズを、「女の人がたくさんいるところで売ろう」と飛田へやって来たのが、この町との関わりの始まりだという。

「昭和三十年くらいでしたか。飛田は、黒山の人だかりやったからね。シュミーズは瞬《また》く間に売れた……」

飛田の阿倍野区側の入口近くで、カウンター数席のスタンドを始めた。飛田の女の子をつれて来る客や、近所の「会社の客」らで繁盛《はんじょう》した……。

そこまで、順序立てて話してくれたマツノさんだが、

「紹介してくれる人があって、飛田の店を買《こ》うたのは、昭和三十四年くらいやったか」

と言ったきり、口が重くなった。

「どうでした？　繁盛したんでしょう？」

「そらまあ。最初のうちは女の子を紹介してくれる人もおったし。女の子はしょっちゅう変わるけど、おった」

「そうなんですか。女の子を、大金出して買うんですよね？」

「前借金の子は昔の話。今は、ふつうに……」

「ふつうって？」

「………」

しばらく間を置いてから、「日本生命もやってましたよ、長いこと」

「保険のセールスというのも、えらい仕事なんでしょう？」

「………」

返事がない。私は、どの道、口が重いのなら、え〜い、思い切って聞くだけ聞いてやれと、こう切り出した。

「女の人が女の子を使うって、抵抗ありませんでしたか？」と。すると、一呼吸もふた呼吸も置いてこんな答え。

「仕事は仕事やから割り切って。食べていくために……」

もう一つ、質問。

「この仕事してよかったなと思うのは、どんな時ですか?」

売上が多かった時、通帳を見た時などという返事を期待したが、そんな甘いものではなかった。長く返事がなく、ずいぶんしてから、かみくだくような口調でこう返した。

「この商売してよかったと思ったことは、これまで一回もなかったね」

その後、「どの時代が一番よかったですか?」「今、どんな女の子?」「どうやって見つけるんですか」「何人体制で?」……などと聞こうとも、返事はない。箝口令《かんこうれい》が敷かれているのかと思うほどだった。

人生のあらすじが聞けただけでもよかったとするか。初見の私によく口を開いてくれたほうだと思い、お礼を言って、私は伝票を取り、レジのところに行って、真っ青になった。バッグに財布が入っていない。あろうことか財布を忘れて来ていたのだ。

みっともないったらない。その旨《むね》を言うと、その人は「はいはいいいですよ」と、笑いながら二人分のお茶代を払ってくれ、そして「気の毒に。お腹、空《す》くんちゃいますか。うどんご馳走《ちそう》するわ」と、うどん屋につれてゆき、「なんでも好きなもの注文してや」と言ってくれた。

私は、ほとんど非就学だという人に会うのは、二人目だった。一人は、数年前に取材した在日の年配女性で、「電車に乗っても字が読めんから、『次は鶴橋』という車内放送を聞き逃したら最後、降りられへんから、いつも緊張していた」と聞いたことを思い出す。この人も、不自由を余儀なくされながら、読み書き算盤《そろばん》を実地で学習してきたのだろうと頭が下がる。うどん屋では、そのあたりのことも聞きたかったが、口をつぐまれ、毎月名古屋まで若返りの注射を打ちに行っているという話は教えてくれたが、先の話以上は聞き出せなかった。

マツノさんから「ここにいる」と電話連絡を受けて、うどん屋に来てくれた娘の梅田さんは、松原智恵子似の知的さが漂う美人だった。一九三九年生まれというから、古稀《こき》に手が届こうかという年齢だ。だが、容貌からは松原智恵子世代に見えた。

「えっ？　次は私にインタビュー？　母の人生に比べたら、私なんかちょろいもんですよ。外で働いたこと一回もないし。十九、二十歳のころ、母がスタンドしてたでしょ。今でいうスナックみたいなもの。ともかく母は厳格やったんです。悪い虫がつかんようにと、スケート場にもデパートにもついて来るの。お茶もお花もひととおりさせられて。お花は未生流《みしょうりゅう》。師範（免許）持ってます」

快活に話し始めてくれた、人生のあらすじはこうだ。

一九六一年（昭和三十六）、二十二歳で、住み込み七人のいる帝塚山《てづかやま》（住吉区）の運送屋に嫁ぐ。「女将《おかみ》さん」になるが、勧誘にきた「ニッセイのおばちゃん」に頼み込まれて日本生命の外交員にもなる。保険の営業は自分には合わなかったので、一年で辞めた。辞めるために、誰かを紹介しなければならず、母を紹介した。母は外交員に向いていたようで、八十歳まで「ニッセイのおばちゃん」を続けたのだ、と。

一九六三年に娘が生まれたが、その後離婚。新地（北区）でクラブをやり、天満（同）で温浴エステをやった。南船場（中央区）で女の子を二人雇ってスナックをやった時代が長かった。「飛田へ帰る」とはみじんも思っていなかったが、五年前に大腸がんを患《わずら》って手術をした。スナックを続けられなくなり、母親の元へUターン。以来、母親がやっていた二軒のうち一軒を、自分名義にしてやっている。もっとも二年前に乳がんも発症。乳房を一つ取り除く手術をした。

がんにならなかったら、飛田に戻って来なかったということだ。原田さんもそうだったように、飛田の親方の子が飛田に戻ってくるのは、「やむにやまれず」「食いあぐねて」なのだ。

「十年前は女の子と一緒に箸《はし》つっつくのも嫌やったんやけどね……。くたびれてきてから、欲と二人連れや」

「え？　欲と二人連れ？　名言や」と思わず言った私に、

「そうや、こんな仕事、欲と二人連れでなかったらできん」と笑った。

「すごく儲かるんでしょう？」

「いいや。うっとこは（客単価）一万五千円。女の子に五割、おばちゃんに一割払うから、経営者四割」

どんな女の子が多いですか？

「陰湿な子はいないねぇ。割り切ってる子ばかり。今いる十時から四時の昼の子は、子どもを保育園に預けてて、親に『ＯＬしてる』て言うてるから、夜と土日は無理。夜の子は四時から十二時で、四人いる。彼氏とトラブると、警察にチクられるから、『彼氏と仲ようしときや』と言うてる。女の子には『（お客に）やさしいしたげや』と言うくらいで、私はがみがみ言わへんの」

と、お母さんよりは口を開いてくれた。うどん屋でのこのインタビューは、梅田さんにかかってきた携帯電話で、何度も中断された。その電話が誰からなのか、私はまだ分かっていなかった。

不動産屋にて

梅田さんは、もともと母親名義だった料亭二軒のうち一軒を自分名義に変えたと言ったが、飛田に新規参入はできるのか知りたい。新開筋商店街に不動産屋は二軒ある。そのうち、張り紙のあるほうの店を覗《のぞ》いた。
「6畳トイレ付き3万4000円」「2DK5万5000円」などという張り紙に並んで、一軒の「料亭」の案内が貼《は》り出されていた。表に貼り出されているということは、オープンな情報なのだ。
「山王3丁目
山吹町
客室3
保証金2000万
家賃200万」
ノートにメモをとっていると、
「やめとき」
と後ろから声がかかった。

少しだけ顔見知りになっていたスキンヘッドのおじさんだった。このおじさんは、昼夜通し営業しているカラオケスナックの経営者で、自分の店の前でいつも客引きをしている。ものは試しにと客になったことが一度だけあったが、カウンターの中で沖縄出身だという、相当年配の前歯のない女性が、これが最大のもてなしだと言わんばかりにエッチな言葉を連発する様子が痛くて、以降、行っていない。

「店やりたいんかいな」

「う、うん」

「金、持ってんの?」

「う、うん。もうすぐ親の遺産が転がり込んでくるから……」

と、咄嗟《とっさ》の思いつきにしてはもっともらしそうなことを、私は言う。

「なんぼ?」

「ほどほどに」

「水商売したことあるんかいな」

「いや、初めて」

「したいんかいな?」

「うん」

「やめとき。儲からへんて」

「なんで？」

「素人がやる商売ちゃう。女の子集められへん」

スキンヘッド氏は、不動産屋の店内に入り、店主に「なあ、素人が料亭するのは絶対無理やんな」と言う。店主は「無理無理」というふうに、右手を振った。

「料理組合が女の子を紹介してくれへんのですか？　それに、斡旋屋《あっせんや》は？」

「そんなん聞いたことない。みんな、自前で女の子調達せなあかんから、苦労する」

「自前でって、皆さんどうやって調達してはるんです？」

「それはいろいろでしょう。裏には裏があるってことですよ。私は知りません」

表記の額以外に、料理組合への加入料五十万円と、地域でお揃《そろ》いの街灯代、暖簾《のれん》代、看板代などの実費、行政書士への依頼料が必要だとも教えてくれた。

張り紙に書かれた山吹町は飛田きっての賑《にぎ》わいのある「青春通り」だが、それにしても三室の料亭が、保証金二千万円、家賃二百万円とはべらぼうに高いではないか。一室あたり月に約七十万円、月二十五日稼働《かどう》とすると一日約三万円が家賃用にかかる。平均客単価二万円で、親方の取り分が一万円とすると、諸経費を考慮すると四人でトントン。五万円儲けるためには一日に客九人、十万円儲けるためには十四人が必要ということになる。ならば、部屋はフル回転だ。青春通りで店を張れば、そんなにも集客できるのだろうか。

もっとも、後に知り合った四室の料亭の経営者は、自分の店は「敷金九百万円、家賃四十七万円」、メインの通りの店は、敷金八百～一千万、家賃四、五十万が相場だと言った。「空き物件は、オープンにすることなく、密《ひそ》かに順番待ちをしている人たちに回される。不動産屋がオープンにしているのは、何か理由があって借り手がつかない物件」だとも、「女の子がうまい具合に見つかっても、続く子は一握り。朝昼夜なく面倒を見て、店の時間以外もしょっちゅう電話連絡をとり合わなあかんし、お金さえあったらできる商売と違う」とも聞いた。梅田さんにインタビュー中、何度もかかってきていた電話は、女の子たちからだったのだ。

料亭の変化は、少なくない。

「続けたくても続けられなくなったから、（経営をやめて）店を人に貸している」という人にも出会った。酔っ払った客が、六万円を払って店を出た後、ガソリンの一斗缶を持って戻って来て、玄関先のじゅうたんに撒《ま》いた。「女の子が何か失礼なことをしたんですか。すんません。申しわけありません」と平身低頭して謝って、六万円を返そうとしたら、客はその六万円にライターで火を点《つ》けた。瞬く間に火が広がった。

「警察に十回以上呼ばれて。警察は犯人から事細かに聞いて、調書、供述書をとるから、売春行為があったとバレる。警察とはツーカーの仲だからなんとかなったけど、検察が通らん。私、臭い飯を食べるの嫌だから、潔く《いさぎよ》『だったら、廃業届けを出します』と言いました」

この人は、店の焼失した部分を一千五百万円をかけて修復し、不動産屋を介して、店子《たなこ》が見つかったと言った。

初めてのヤクザ取材

飛田を取材していて、どうにも分からなかったのは、暴力団との関係だ。第四章に記したように、赤線時代の飛田は、周辺の青線、白線を含め、ヤクザなしには成り立っていない。しかし、飛田の人たちに聞いても「一掃した」だの「もうそういう時代でない」だのといった言葉を聞くばかり。料理組合の規約には、役員の資格として「暴力団に関連し、もしくはその関係者でない者」とわざわざ明記されているのに対して、組合員の資格にはそういった記述がないのも妙だが、幹部たちも「暴力団とはまったく関係していない」と強調する。飛田を歩いていて、私の目には、特段にヤクザの存在を感じることもなかった。

しかし、売春地域に暴力団がからんでいないはずがないというのが、〝一般常識〟だろう。私は思い切って、「飛田にも関係してるはず」と噂《うわさ》に聞く暴力団の組長に、中小企業の会長である知人、北村さんを介して取材を申し込んだ。

「古き良き遊廓《ゆうかく》情緒が残る飛田を書き残したい。共存共栄で、組の方々の貢献あってこそ、色街が成り立っていたと拝察します。どんな仕組みだったか、具体例を交えて教えていただけませんか」

と依頼したのだ。もちろん一筋縄ではいかなかったが、なんとか応じてくれたのが、ある指定暴力団の傘下《さんか》団体の組長だ。北村さんとその秘書の女性も同席してくれ、指定された私鉄沿線の寿司《すし》屋《や》の二階で対面することになった。予《あらかじ》め電話で「言うとくけど、うちは直接飛田に関わってないで」と釘《くぎ》をさされたが、何らかの手がかりを聞けたらと、心を奮い立たせて出かけた。

組長は野球帽を目深《まぶか》にかぶり、ラフな服装で現われた。中肉中背。端整な面立ちだ。

「取材て何じゃいと思たけど、北村さんにはうちの息子がお世話になったから断られへんがな。ただし、僕の名前を出したら絶対にあかんで」

開口一番そう言って笑い、ビールで乾杯するとすぐに、「ほんで何が知りたい？　手配師の仕組みかいな」と話は早かった。テーブルに並んだ刺し身に箸もつけず、質問をはさませない勢いで豪快に話し始めてくれた。

「僕は昭和四十五年くらいに、人伝てに飛田の女将さんと知り合いになって、飛田へ出入りはしたわ。九州や沖縄から出て来る女の子、あのころは多かったからなぁ。（飛田には）博打場もあったし」

ヤクザの組長も、「僕」というのだと妙なところで感心する。

「杉良太郎にボケてて（公演の）券を買い占めてた（飛田の）ママもおった。博打場で、その券をちらりと見せよる（笑）。僕ら『オメコの汁で買うたんやな』て言うてた」

いきなりエッチな三文字言葉が出てきてぎょっとする。しかも大声で。

「今でこそバンスてきれいな言葉使うけど、要は前借《ぜんしゃく》だぁ。前借で縛るんや」

「飛田だけと違う。松島にも堺の龍神にもアルバイト料亭あったやろ。どこも女の子でも親方、四分六だぁ。きれいごと言うてるけど、水商売は銀座や北新地の女の子でも飛田の女の子でも一緒。一歩足突っ込んだら抜けられへんようになる。一方は体を売って出られへんし、飲み屋は衣装代やお客のツケや何かを吹っかけられて出られへんようになる」

「ていうか、おたくらが抜けられへんようにするるん違うんですか」と北村さんの秘書の女性が、鋭いひと言を発したので、私はハラハラする。もし急に組長が怒り出した

らどうしようと脅《おび》えたのだが、

「ははぁ。そうきたか」

と、組長は大物が見せる余裕の笑顔を見せた。やれやれ。

「我々からしたら、（売春関係は）あんまり好きなジャンルやないんや。なんでか言うたら、オメコの汁で飯食いやがって、（飛田の経営者は）みんな金持ちだぁ。女の子さえ縛っといたら、金入ってくる商売だぁ」

と言ってから、

「う〜ん。これはあくまで昭和四十年代の一般論やで。（下《した》っ端《ぱ》に）『大阪駅へ行ってチャボって来い』言うわけだ。チャボるというのは、スカウトすることや。あのころ大阪駅に行ったら、いかにも田舎から出てきましたっちゅう女の子がなんぼでもおったんや。『泊まるとこあるん？』『仕事あるん？』言うてスカウトするんや。サンビャクダイゲンや」

「サンビャクダイゲン？」

「（大阪府知事の）橋下《はしもと》はサンビャクダイゲンや、ちゅうふうに使うんや。漢字？ そんなもん知らんがな。あっちについたり、こっちについたり、口が回る奴《やつ》のことや。弁護士に言うたら怒りよるで。僕らふつうに使う、『お前、サンビャクダイゲンやのお』て」

北村さんの秘書の女性が、携帯電話の画面を操作し、「あった。ちゃんとした四文字熟語ですわ」と言った。三百代言。「もと、資格を持たない代言人を軽蔑《けいべつ》して呼んだ言い方。相手を言いくるめてしまうこと。『三百』は三百文の略で、価値が低いことのたとえ。『代言』は代言人の略で、昔は弁護士のことをこう呼んだ」のだそうだ。

「ほんで、大阪駅で女の子をスカウトできたら、わしらが飛田とかの女将に『ええ女おるけど三万円でええわ』て電話するんや。あ、八百円でエッチできたころの三万円やで。そいで、白タクの運ちゃんとはグルやんか。『この車に乗してもらい。ちゃんと泊まれるとこへつれってくれるから、安心して乗り』言うて、三万円で話ついた料亭へ直行や。悪いやっちゃ（笑）」

「三万もろて、わしが二万円。二人（スカウトを担当した下っ端と、白タクの運転手）が一万円を分けるわけだぁ。そいで、女の子に一日仕事さして、女将に一万か二万、金を借りさしてから、『何時に待ってるで』言うて、店に空のボストンバッグ残したまま、足抜けさせるんや。女将にしたら、ボストンバッグ置いてるから、逃げるとは思わへんわな」

「女将から、『女の子おらんようになった』言うて、慌《あわ》てて電話かかってきたら、『えらいこっちゃ。探しますわ～』言うて、ずるずる引っ張って、『今度は間違いのない子ですわ』と、次の子つれて行って、また三万円。一日で足抜けさせた女の子には『今度は間違いのない店や』言うて、また違う店につれて行って、また三万円。女の子に取り分？　そんなもん、やるかいな。悪いやっちゃ（笑）」

「ひど～。ほんまに悪いやっちゃ」と北村さんの秘書の女性。

「何回も言うけど一般論やで。昭和五十年代、六十年代からはもうそういう時代やなくなったってことや。まあ、今かて（女の子を騙す方法は）変わらへんのと違うか。今は大阪駅行ったかて、一目で家出してきましたと分かる女の子もうおらへん。田舎の子も都会の子も均質化されてもたから。その代わりに今は黒服（風俗店などのスタッフ）。黒服は女騙すのが仕事やねんから」

「そういうふうにチャボってサンビャクダイゲンするのは、組織としてですか？」と、私はやっと質問をはさめた。

「昔はな。今はちゃうで。ヤクザも昔は博打うち、的屋《てきや》、愚連隊やったんが、今は近代的になって土地転がしかヤミ金やろ。女の子の斡旋は（組単位と違い）フリーランスや。（所属している組に）上納金を払うために、下っ端がやりよるんや。横のつながり？　それは〝別荘〟で知り合うわな」

「昔、飛田に強かったのは、Y組ですか？」

「違う。あそこは殺しの集団」

「そしたら、S組？」

「いやいや。他にもある」

「今の飛田には、暴力団の人が経営してる店もありますか？」

「あっても分からへんのと違う？　一般の個人にやらせてるから。僕の口から言えるのは、全部でこんだけや」

そこまで一気に話して、組長はやっと刺し身に箸をつけた。ビールはあまりお好きじゃないようで、二口くらいしか進んでいない。

料亭の親方とどうやって知り合うのか、飛田の博打場はどんなふうであったか、女の子への良心の呵責《かしやく》は、警察につかまったことは……など、先に聞いた話の疑問をいろいろ口に出してみるが、「いやまぁまぁ」とその後組長はとりあってくれない。言えること、言えないことがはっきり線引きされているのだ。ずっと黙って聞いていた北村さんが、

「ところで、〇〇さんはあっちも行ってはりましたんですか」

と訊《き》いた。

「そらそうだぁ。三十六、七、八、九、四十、四十一年は留守してました」とにやりとする組長である。

「私、どうしても分からないのが、ヤクザの人って、指詰めるでしょ。あれ、なんでですの？」

北村さんの秘書の女性が、唐突に聞く。

「僕かて聞きたいわ（笑）。金返されへん時とか上納金の代わりにとか、勝手に詰めて持ってきよんねん。ホルマリン漬けにして応接間に飾ってる親分もいてるらしいけど、うちは嫁はんが気持ち悪いて言うから、裏庭に埋める。うちの裏庭掘り返してみ。指ごろごろ出てきよんで」

組長がわっはっはと笑ったあと、私は訊いた。

「あと一つだけ教えてください。黒服さんは女の子を騙すのが仕事やて言わはったやないですか。そしたら、今飛田にいる女の子は、みんなホストクラブ経由で来てるていうことですか」と。

「ちゃうちゃう。おねえちゃん認識不足や。スポーツ新聞やら夕刊紙やら見てみ。なんぼでも求人載ってるがな。あれ見て、素人も飛び込んでくるわな」

「飛田の人たちは、一切広告を出してないって言ってはりましたけど」

「そらそう言うがな。新聞よう見てみ」

「見てみます。そうやったんですか」

「そらそうやがな。女と男がいる限り、金儲けできる仕組みになっとるがな。ははは」

「違法行為ですやん。警察につかまらへんのですか」

「法律には裏も表もあるということや。組に顧問弁護士もついてるし。ただ、一番怖いのは女の子がつかまって、警察に『誰に紹介されてん』て調べられた時や。芋づる式に名前があがってくる」

料亭もスカウトした人もつかまるていうことですか？

「そうや。けど、裏には裏の世界があるのは、我々の世界も政治の世界も企業も一緒よ。手入れする時は、警察が事前に業者側に連絡を入れよるん」

「え？　まじ？　まさか、警察が業者側と相談して、どの店を手入れするか決めるってことですか」と聞いたが、それには組長は答えてくれなかった。

その後、やっと握りに手をつけ始めた組長は、少し自分の話も聞かせてくれた。

貧しかった。中学を出て、工場勤めをした。わずかな給料をもらって「紅《あか》い灯青い灯の盛り場」に出た夜、袖《そで》すりあった兄ちゃんが、気前よく「鉄砲（フグ）」をご馳走してくれた。人に奢《おご》ってもらうのも、フグを食べるのも、生まれて初めてだった。

「こんなに美味《おい》しいものを食べられるんやったら」と、その兄ちゃんについて行き、ちんぴらからヤクザの道に入ったのだと。「（途中で）辞めれるもんやったら、辞めたかったけど、この業界つぶしがきかへんわ」と笑った。今は、土地転がしと「トイチ」のヤミ金をしているとのことだった。

「高校時分、やんちゃしとった僕らかて、ヤクザになるかならへんか紙一重やったと思う。そんな奴、いっぱいおったと思う。僕がヤクザにならへんかったのは、家が寺やったからやと思う。そうでなかったら、そら分からん」

北村さんがそんなふうに言ったことも、印象に残った。

組事務所を訪ねる

ヤクザ関係では、もう一人、取材がかなった。

飛田の約三百メートル北方、北門通りに面して、A組の事務所がある。『平成21年警察白書』の「暴力団情勢」によると、A組は一九九三年に指定暴力団に指定された、構成員数約百六十人の暴力団。事務所ビルは、デザイナーズマンションのような設計の、白亜の二階建てで、駐車場にはピカピカに磨かれた黒のロールスロイスが停まっている。そのA組が、飛田に関係しているのではという噂を聞いていた。

事前に取材申し込みをしたかったが、電話番号が判明せず、いきなり訪ねた。冬の日の午後二時ごろだった。

玄関のブザーを押すと、即座に、四メートルほどの道路向かいの建物の二階の窓が開き、

「おんどれ～」

「………」

と怒声が上がった。角刈り、ジャージーのいかついあんちゃん二人が、窓から体を斜めに突き出し、私に何か明らかに怒っているのだ。向かい側に、A組傘下の組事務所があることを、失念していた。大声は理屈なく怖い。私はドキドキと心臓が小刻みに震えたが、同時に、安物のドラマみたいだなぁとも思え、「落ち着け落ち着け」と自分に言い聞かせ、怒声の主たちに「こんにちは」と頭を下げた。

ちょうどその時、A組の建物の中から一人の若者が出てきた。やはり角刈り、ジャージーだ。入口ドアを半開きにして顔を出した彼が、怒声の主たちに「もういい」というように手で合図すると、怒声はぴたっと止《や》んだ。

「なに？」

「電話番号が分からなかったので、直接来てすみません。私、ライターの井上と申しまして、飛田の歴史を本に書いている者なんですが、飛田の人たちに、今の繁栄があるのはA組さんのおかげやと聞きまして、ちょっとそういうことを取材させてもらえたらと伺いました」

私は、若者の顔を正面からとくと見て、名刺を渡した。彼はうちの二十歳の息子よりも若そうだと見てとると、怖さは少し軽減した。

「今、上の者が留守なんで」

「何時ごろ来たら会えますか?」

「夕方。六時ごろ」

「分かりました。六時ごろに出直します」

その日、六時まで何をしたか。すでに顔見知りになっていた飛田周辺の飲食店や洋品店などの主たちに「A組にコネないですか?」と訊《たず》ね回ったのだが、結果は虚《むな》しかった。冬の日の午後六時はもう暗い。暗さは、怖さを増幅させる。六時すぎに、再びA組のブザーを鳴らした。やはり、道路向かいの二階の窓がピシャッと開いたが、怒声はなかった。やれやれ。しかし、玄関口に出て来た、お昼の若者が、

「上の者が無理やて言うてます」

と言う。少しだけでもと食い下がったが、あっという間にドアが閉められ、若者は消えた。

その後、私は「A組組長様」宛《あて》に取材依頼の手紙を綿々と綴《つづ》り、事務所の郵便受けに入れたら、二週間ほどして「A組の者です」という人から電話がかかってきて、取材がかなったのだ。

「ご期待に添えるかどうか分かりませんが、豊中に住んではるんやったら、こっちの事務所へお越し下さい」と、豊中市内の組に来るように丁寧に案内され、関係がよく分からないまま、ともかく生まれて初めて組事務所というところに足を踏み入れたのだ。

その人の事務所は、高速道路の高架沿いにあった。車で行ったのだが、若い男二人が表に出ていて、他の車を動かして「こちらへどうぞ」と高架下の路上に駐車スペースを空けてくれた。

これが、ヤクザ氏に会う初めてだったらもっと緊張したろうが、前述の組長に会った後だったので、さほどでもなかった。受付カウンターのある事務所は、ごくふつうの中小企業の事務所という雰囲気で、細長いスペースに、二、三台の事務机とパソコンが並んでいた。パソコンのデスクトップにはヤフー。私と同じだ。棚に、有田焼の大皿。最奥に置かれた応接セットに通され、銀行員のようなごくふつうの濃紺のスーツを着た、私と同世代かと思われる紳士が、「どうもどうも」と現われた。

名刺交換する。改めて取材の意図を告げると、「飛田の皆さんがどういうふうに言ったのか分かりませんが、A組がお役に立ったというのは、炊《た》き出しというか振る舞いのことですかね」とおっしゃる。何度も書くが、紳士的だ。

「炊き出し? 振る舞い? ちょっとその前に、A組さんとの関係を聞いていいですか」

「朝、A組に行ってて、今日はさっき帰ってきたとこですわ。うちはA組の盃《さかずき》をね」

「暖簾分けのようなものですか」

「二次団体です。で、飛田ですね。(A組と飛田は地理的に)近いですが、飛田の皆さんは、我々とは一線を画してご商売なさっていますよ。ぶっちゃけ料理組合さんが力を持ってるから、ヤクザは入られへん。昔は借金の形に売られてきた子が多かったけど、バブルの前後から自発的に来てる子が半分以上やし。(女の子に)金を貸すと、料理組合が立て替えて返してきて、(女の子らに)ヤミ金や高利貸しと接触させないような仕組みになってるようですよ」

「そうやったんですか。ショバ代とか取らないんですか」

「無理無理。昔は料亭回って十万くらいの松を買わしてた時代もあったみたいですけど、今はあり得へんですね」

「じゃあ、ヤクザの人、飛田に出入りしないんです？」

「う～ん。西成は今でこそ労務者の方のイメージが大きいですけど、三十年くらい前はヤクザのメッカで、西成だけで七十何軒の組があったんです。今はもう、数えるほどになりましたけど。A組は、飛田本通りの角々で一斗缶で焚《た》き火してたんですね。我々が飛田のお役に立ったというのは、そういう焚き火とか振る舞いとかのことを言うてはるんでしょう」

こういうことだった。

焚き火は、一九八五年ごろから。冬場に毎日、飛田本通りの辻《つじ》などで行った。夕方から、若い組員たちが一斗缶に木片を入れ、燃やす。それは、近隣の人たちに暖を提供するものであり、いちげんのちんぴらをエリアに入れないこと、つまり、睨《にら》みを利《き》かせて（飛田に行く客を含め）道ゆく人たちをひったくりから守ることにつながった。ただし、低い軒下で火の粉があがる。ぼやも起きた。消防署から指導が入り、十年ほどで中止になった。

振る舞いは一九七五年から。組同士が歳暮に酒樽《さかだる》やビールケースを交換する風習が、以前からあった。それが余る。「アンコ（日雇い労働者）に飲ましてやれよ」という親分の計らいで、大晦日《おおみそか》に、釜ケ崎の三角公園で振る舞い酒が始まった。二、三年後から場所をA組の駐車場に移し、酒だけでなくカップ麵《めん》や豪華弁当も配った。ホームレスの人たちの長蛇の列が、大晦日の夕方から、明けて元旦《がんたん》の朝四時ごろまで続いた。「若い衆は、年末年始ふらふらになった（笑）」。毎年一千万円ほどの「奉仕」。一九九〇年まで十五年続けて、止めた。

焚き火は飛田付近の防犯の役目を果たしたろうし、振る舞いも間接的に飛田もその恩恵を受けたろう。〝善行〟だ。だが、その軍資金の出どころは果たして、と考えると、複雑な善行だと思いながら聞いた。

「ヤクザはね、ある程度地域と共存共栄の道をゆくことが大事なんですわ」

丁寧な言葉遣い。優しそうな顔立ち。温厚な話しぶり。お茶を持って来てくれた若い衆を「すまんな」と労《いたわ》り、お茶の飲み方も上品だ。この人がなんでヤクザなんだろう。話の合間に何度もそう思ったし、ヤクザ業界に無知な私に、一般的に暴力団は「博打《ばくち》、建設、ヤミ金」のいずれかを収入源としているとか、暴対法以降、企業に入っていったとか、具体例を交えて教授してくれるのも、塾の先生のように親切だった。

「こちらの得意分野は？」と問うと、「建設関係」と。ビルやマンションが建つ際に、ゼネコンなどから依頼される〝近隣対策〟で、食べているのだという。

「ヤクザの三大御法度《ごはっと》、知ってますか？」

「知りません」

「窃盗《せっとう》、強盗、豆泥棒。外れたこと、すんなって（笑）」

「豆泥棒って？」

「他人の女を寝取ることやがな（笑）」

そんなことまで教えてくれる。

最後に「飛田の女の子の斡旋は、誰がやっているんでしょう？」と問うてみた。

不景気で、下っ端が勝手にやっているのではないかと、先の組長と、まったく同じ回答だった。さらに、先の組長の言の確認のつもりで、

「女の子は、黒服経由とスポーツ新聞経由で来る子が多いと聞いたんですが、そんな感じですか？」

と訊いた時、この人はもう一つの大きな情報をくれた。

「いやいや。もう一つ、パチンコ金融ですね。あのへんのパチンコ屋には、一日中遊んでる女の子がいっぱいいる。こいつ、ええ加減すりよったな、すっからかんになりよったなていうのを見計らって、さっと女の子の顔の前に一万円札三枚をちらつかせ

るんですね。(利子は)トイチ。あっという間に百万、二百万になって、返されへんようになる……」

「出資法は確か年利二十何%だったのでは?」

「ヤクザにはそんなん関係ないんですわ。ちゃんとしたヤミ金はそんな小口の金を扱わへんけど、小口金融専門にやってるとこも多いですからね」

たかがパチンコ、されどパチンコ。私だって、あと三万円あったら取り戻せると思ったら、魔が差すかもしれない。

十年前、飛田本通りのパチンコ店から軍艦マーチが流れてきたのを聞いて、なんだこの町は私と同じパチンコ好きも住んでいる、ふつうの町なんだと思ったことを思い出す。なんと認識が甘かったんだろう。私たちのイメージするパチンコと、暮らしを変える借金地獄の入口のパチンコには大きな隔たりがあるんだ……。そういえば、おばちゃんのさっちゃんはお好み焼き屋を閉じて二年十一か月パチンコで暮らしていたと言っていたし、取材の約束をすっぽかされた女性経営者も「パチンコで忙しい」と言っていた。他にも、飛田関連で会った人たちの口からも、やたらパチンコの話が出てきていた。

夕方になった。若い衆が「中華の出前をとりますが、ねえさんも一緒にどうですか。

アニキ相手にゆっくりしていってください」とメニューを差し出してくれた。心が揺れたが、断ったのは、先の組長に「ヤクザから、紙パックの牛乳とか封をしているもの以外のものをもらっても、絶対に手をつけるな。中に何が入ってるか分からんから」と忠告されていたからだ。この事務所に限って、そんなはずがなかっただろうにと、あとあと後悔した。

求人

組長が「見てみ」と言ったスポーツ紙、夕刊紙を片っ端から買った。セミヌードの女性の写真が必ず載っている。読者は、言うまでもなく男性だ。求人広告に、「女性への接客」「女性への性接客」「女性客に逆性感」などの記載が多いことに驚きながら見ていくと、「コンパニオン募集」「ホステス募集」は山のように出ている。

男性読者の新聞に、なぜ女性の求人募集なのか。

「女性ターゲットの夕刊紙、スポーツ紙はないから（笑）。風俗の女の子の相手は風俗の男。女の子は、彼氏の買った新聞を見るし、それに、彼女の仕事先を男が探しているケースも珍しくない」

と、それらの広告を担当する広告代理店の関係者に聞き、なるほどと思ったが、

「飛田」の文字は……ない。

D紙の「大国町　コンパニオン急募」に、「未経験者歓迎、完全日払　日給2・5万円可　詳細面談」とある。大国町は飛田から近い。予行演習のつもりで、まずここに電話してみる。

「求人広告見たんですが」

「はいはい、募集してますよ。いくつ？」

中年男性の声だった。

「四十代なんですけど、無理でしょうか」

「要はどんだけ努力できるかやから、年はそう気にせんでええですよ。三十、四十代のお客さん中心やから、若く見えるように努力したらいい」

「あんまり自信ないな、四十八なんです」

「うちで一番上は四十六の子、よう頑張ってるよ」

「飛田とは違うんですか」

「いいえ。無店舗型のホテルヘルス。本番はしないようにお願いしています。けど、この業界厳しいですよ。うちで一日確実に三万稼げる子は三人しかおらん。そのつもりで来てください」

「何回もすいません。飛田と違うんですよね？」

「違います。飛田に行きたいのやったら、うちで練習してから行ったらいい」

派遣コンパニオンで〝練習〟して、飛田へ？　横のつながりがあるのか。

「そういう人もいはります？」

「そら、おるよ。うちで頑張ったら、紹介もできる」

「どれくらい頑張ったら？」

「それは、何とも言えない。あなたの頑張りによる」

はぐらかされ、不発に終わった。

二軒目は、「料亭」「コンパニオン募」との記載のところへ。電話番号が「０１２０」なので、どの地域につながるのか分からなかったのだが、飛田である可能性はあると思ったら、本当に飛田だった。

「求人、見たんですが」

「募集、してますよ。うちは料亭やけど、意味分かりますか？」

中年女性の優しい声だった。

「分かります。体一本でいけるとこですね」

「体一本（笑）。まあ、そういうことになるかな」

「九条ですか飛田ですか」

「飛田です」

「あの〜。座るとこですね」

「そう。あなた座ったことありますか？」

「いいえ。初めてです」

「他の風俗の経験は？」

「ありますあります。派遣やってました」とウソが口をついて出る。

「それやったらいいんやけど、うちは素人《しろうと》をとらへんことにしてるの」

「なんでです？」

「なんでもいいでしょう。あなたはいくつ？」

「三十八です。ダメですか」

「若く見える？」

「ええ。若く見えます」

「じゃあ、写メ送ってきて」

「はい、あとで。若く見える自信はあります。どのくらい儲《もう》けられますか？」

「あなた、バンスあるの？」

「いえ、ないです。でも、軍資金がない。枚方に住んでるので、引っ越していかないといけないでしょう?」

「このへんワンルームで四万五千円。車持ってるんやったら、駐車場は二万五千円。最初の保証金は出してあげるから、月々の家賃から自分で払ったらいいわ」

「そんなに払えるくらい、稼げますか?」

「この間辞めた子、四十二歳から六年来て、五時から十二時まで毎日座って、一日平均十四万五千円あげてた」

「そのうち取り分は?」

「うちは(客単価)二十分一万円。うち、四千五百円が女の子やから、十四万五千円あげたら六万五千円持って帰る」

「現金で?」

「そう、日払い」

「他に、お店に払わなあかんのはないんですか」

「ないよ。ビールもおつまみも店持ち。ようやる女の子は、常連さんの好きな銘柄を自分で買ってもってきてたけど、六万あったら十分買えるわね」

「洋服は?」

「あなた、サイズは？」

「九号です」

「身長、体重は？」

「百六十二センチ、五十三キロです」

「やったら、ジャスト九号やね。貸したげられるわ。そうそう、あと、ピルとティッシュとゴムはあなた持ち」

「ゴムつけていいんですね？」

「うちは女の子まかせやけど。ただ、その年齢やったら、お客さんはゴムなしを期待してるから、自分でよう考えてください」

「ゴムなしは、やっぱりちょっと怖いような気がしますが」

「ピルであっちのほうは大丈夫でしょ。エイズも、うちのお客さんはそんな変な人いないから、大丈夫よ」

「大丈夫」って、そんなバカな、と思うが、「そうなんですか」と返す。

「そらそうよ。十二年間、一度もそういうことなかったから、大丈夫。警察もずっと無事故だから。じゃあ、ともかく面接に来てみる？」

「はい。何か持っていくものありますか？」

「本籍地の分かるものを何か持ってきて。番地まで書いてあるタイプやったら、免許証でもいいよ。組合に届出をしないといけないから」

「はい、分かりました。日を調整して、もう一回電話します」

このママは、「あなたみたいに本気な子を待ってた」と言った。六年勤めた子が辞め、今いる三人は週に二日だけのアルバイトなので、「柱になる子が欲しかったから」と。

ヤクザの組長の言うとおり、夕刊紙、スポーツ紙でも密かな募集がかけられていた。六紙繰ってみて、「料亭」とだけ記した店がほかに三軒、「コンパニオン募集」の記載で市内局番が飛田エリアの番号だと睨んだ店が二軒見つかった。それら五軒に電話をしたところ、やはり飛田の料亭だったのだ。対応は、この店と似たり寄ったりだった。

パチンコ屋にも行った。飛田の至近のパチンコ屋は、動物園前二番街に二軒ある。午後四時、そのうちの一軒に入ると、独特の雰囲気の人たちがパチンコとスロットの台に向かっている。若いお客はおらず、つまり外で一杯酒を飲んでいるタイプのおっちゃんや、曳《ひ》き子のようなおばちゃんばかりが目につく。私はジーパンにユニクロのコート。黒いウォーキングシューズ着用だが、それでもちょっと浮いていたかもしれない。

目立つように鏡の横の台に座り、軍資金五千円をつぎ込んだ。その台はプチフィーバーを繰り返し、三十分近く遊ばせてくれた。ようやく玉がなくなり、やれやれである。

台の前で、空の財布を取り出していると、後ろからそっと万札が差し出される……を期待したが、そうはいかなかった。誰も近寄っては来なかった。ただし、通路から、二、三人の黒いジャンパーの四十男がこちらを見ている視線は確かに感じた。

そのうちの一人は、私がトイレに行って出て来るのを、商品交換所の前で待っていた。私が商店街に出て、動物園前駅に向かって歩くと、後ろからついてきたようだ。途中の八百屋《やおや》で一山三百円のみかんを買っていると、

「わしも買お」

と殊更《ことさら》に言って隣でみかんを買い、そして私の顔を覗《のぞ》き込んで、「前にも会《お》うたかな」と言い、「飲みに行こか」と誘ってきた。

この男が、トイチのヤミ金なのかそうでないのかは分からない。

「いや、いいですわ」

「どこまで帰るの？」

「豊中」

思わず本当のことを言ってしまったら、その男は含み笑いをして、離れて行った。

そのことを、商店街の喫茶店のママに話したら、「アホやな井上さん。パチンコヤミ金に会いたかったら、そこらのパチンコ屋やのおて、萩之茶屋《はぎのちやや》か花園町のパチンコ屋へ行かなあかんわ」と言われた。

「もっとも、ヤミ金はプロやで。ま、井上さんがどう頑張っても相手にされへんと思うで。分かるんよ。しかも、注ぎ込んだん五千円だけやって？　しょぼすぎ。話にならへん。無駄な抵抗はよせ、やな」と笑われもした。

第六章
飛田で働く人たち

事務所再訪と、消えた「おかめ」

二〇〇九年十月、私はようやくこの本の原稿を書き始め、そして、最後にもうひとふんばりと飛田に通い始めた。

料理組合に顔を出す。

「なんや今ごろ。とっくに本できてると思ってたのに、まだかいな。やる気あるんか」

と幹部たちは立腹ぎみだったが、「近年変わったことは?」の問いには、

「何も変わらん。目立たんように、粛々と営業を継続してるだけやから、特にない。年々歳々お客が減ってることと、安全な町対策を強化していることとくらいや」

との返答だった。「お客が減っているのは、今はやりの草食系男子というのが増えているからですかねぇ」と言うと、

「何言うてんね。あんなん新しい言葉をつくって売りたい奴《やつ》が勝手に言うとるだけの

言葉やろ。あほらし。チンチンついたったら、機能は誰も一緒やわ。男に、必ずはけ口が要るのは今も昔も同じ。やろ？」

と、相変わらず意気軒昂《けんこう》だ。

「目立たないように」とは、どの店も広告を出さないことや、公式ホームページを開かないこと。「安全対策」とは、不法駐車をなくすために共同の駐車場を完備したことや、盆正月に「詰め所」を設置し、夜回りをしていること、大門通りに公衆便所を設置したことなどだ。そんなことを、久しぶりに顔を見せた私に教えてくれた。

飛田会館の玄関先や受付には、襟元に「飛田新地料理組合」と白抜き文字の入った上着を羽織った男女の専従スタッフが、平日の九時から五時まで詰めている。午後二時から四時までが、飛田会館にある事務局に、幹部たちが揃《そろ》う時間だ。幹部たちは午後二時に参集すると、事務机が並ぶ昔の役所のような部屋で、お茶を飲み、テレビを見、新聞を読み、雑談をし、そして廊下でゴルフの素振りの練習をして二時間を過ごすのだ。その間、市会議員、府会議員、警察官、消防署員たちが「ご挨拶《あいさつ》に」とやって来て、出前のコーヒーを飲み、「ほんなら、また」と帰っていく。

彼らと私の距離は、この時以降も微妙だった。続けて四度事務所を訪ねたが、以前は見かけなかった、若い黒服の男たちが複数いるのを見かけた時、「ホストクラブさ

んとの関係が深まってますか」と探りを入れても、

「（井上さんは、自分たちにとって）いい本を書いてくれるのは分かっている。でも、うっかり（あなたに飛田の実情を）喋《しゃべ》って、手入れされたらどうしようもない。（飛田の）宣伝はしたいが、『もしも』ということがあるから」

とかわされ、「昔はすごかった」的なあたりさわりのない話から、「テレビ見た？」といった話に流れる。

「テレビ見た？」というのは、夕方のニュース中に放映された十五分間の特集のことでDVDをくれた。その番組は、「遊廓《ゆうかく》の艶《あで》やかさ　今もなお……岐路に立つ街・飛田新地」と題し、差別の歴史に詳しい桃山学院大学名誉教授・沖浦和光《おきうらかずてる》さんの「義理と人情に塗り固まった町」という言葉から始まり、「不況に打ち勝とう」と〝もがく〟様子を取材したという主旨のものだった。「この町をすさんだ町にしたくない」と地域ぐるみで町を掃除する様子や、女将《おかみ》さんたちの合唱団らしき風景（掃除は知っていたが、合唱団らしきものはほんとかなと思った）などのほか、経営者の一人が、二十代の娘と、女の子がどんな服を着て店先に座るといいか、という話をする光景が映されていた。

娘「女の子にショールは、高いんちゃう？」

父（経営者）「高い？　ツンとして見えるということか？」

娘「高嶺《たかね》の花……きれいになりすぎる」

父「なるほど、そやな」

そして、「この町をどう思いますか」というアナウンサーの問いに、「ずっと（遊廓の伝統が）残っているのは飛田だけやし、いい意味ですごいなと思います。お父さんを尊敬しています」と、娘が答える。

最後に再び沖浦さんが登場し、「遊廓には重みがあった。江戸初期に上がれたのは、上級武士と僧侶《そうりょ》だけ。一般にはなかなか上がれなかった。（飛田には）遊女の聖性が垣《かい》間《ま》見《み》える……」と語る。

沖浦さんのコメントは、おそらく遊廓全般について多く語ったうちの、わずかな部分を抽出したのだろう。いやはや。私は、この番組を見て「開いた口がふさがらない」と思ったくせに、幹部たちに「どやった？」と訊《き》かれると、

「いい番組でしたね」

と、しゃあしゃあとよくも言えたものだと自分でも思う。〝拒絶されない関係〟を維持するために、そういうこともありだと思っていたのだ。もっとも、「やっぱり飛田っていい町やし」のようなことを言った時、「おべんちゃらに聞こえる」と返され

たから、幹部たちはある程度お見通しの上、私に接していてくれていたのだと思う。

再訪二日目、雑談している中で、幹部の一人が、

「飛田には、資本主義の原理が働いていたということを、僕は言いたいんですよ」

と言った。「どういう意味ですか？」

「今も昔もおそらく同じなんですよ。上に上がる子とカスみたいな子はぜんぜん別物なん。昔で言うたら大名でもなかなか上がれんくらいの売れっ子は店の看板やから、店は大事にする。賢い旦那《だんな》さんは、『今日も一日よろしゅうお願いします』と看板の女の子に頭を下げる。女の子、気ぃええから頑張る。反対に『今日はお腹《なか》が痛いから休みます』とか『こき使われてました』とか言う女の子はカスや。そんなん言うてるから、上がっていけん。儲《もう》かりもせん。旦那さんに大事にされん。ずうっとカス」

私は、「はいはいはい……」と思いながら、そんな話に耳を傾けたことを覚えている。

それと、もう一つ。壁面に飾られている往時の飛田の写真を再度見るため、応接室に入った時、驚いたことがあった。

壁面に「感謝状」なるものがいくつも掲げられている。西成警察署長と西成交通安全協会会長が「一致団結組織をあげて交通安全のために尽された」、大阪府知事が

「常に府税の納税に協力して本府財政の確立に寄与せられました」、大阪市消防局長と大阪市公衆集会所防火研究連合会長が「法令をよく守られ消防用設備の充実と火災予防を図り部会の強化発展につくされました」……。

飛田新地料理組合が、公的機関から「感謝」されてきたというのも妙だが、何より驚いたのは、マントルピースの上に飾られた写真である。料理組合の組合長と茶髪の弁護士が二人でにっこり笑顔で写っている一枚が、そこにあったのだ。

「あれ？　これ橋下知事。『行列のできる法律相談所』に出ていたころの橋下知事ですよね？」

「そうや。組合の顧問弁護士。一回、講演に来てもろた時に写したやつやな」と幹部。

耳を疑った。

「えっ？　ほんまに？」と訊き返しても、

「そうや。だいぶん前やから、ふたりとも若いわ」

と得意然としているのだった。

事務室の壁面に、組合長をはじめとする幹部の名札が並んでいる場所がある。その末尾に、「橋下事務所」と書いた札が確かにかかっているのも、見てしまった。

その翌日、十月十六日だった。久しぶりに居酒屋「おかめ」を覗《のぞ》こうとした。最後のひとふんばり、飛田通いの夜の拠点にさせていただこう、と。

ところが、目的地の手前まで来て愕然《がくぜん》とした。「うっそ〜」と思わず声を上げた。おかめが忽然《こつぜん》と姿を消し、更地になっていたのだ。

店も、店の裏側から続く居宅——そう、原田さんと初対面の夜、上がらせてもらった、二階に賭場《とば》として使われた大広間もあったあの居宅——も何もかも、更地と化していたのだ。

なんで？

いずれこうなるのも時間の問題だと思ってはいた。お客がほとんどいず、商売が成り立っていないのが誰の目にも明らかだったから。しかし「僕の目の黒いうちは」と原田さんは何度も言っていたじゃないか。

最後に来たのはいつだったか。そうだ、夏の暑い盛りだ。

午後七時ごろに寄ったら、ママだけいた。原田さんはちょっと出ていて、もうすぐ帰って来るとのことだった。ビールをたぶん一杯だけ飲み、刺身か何かたぶん一品だけつまみ、小一時間で私は店を出た。

台風がどうの、暑さがどうの、世間話しかママと交わしていない。あの時、もう店をたたむことが決まっていたのだろうか。二か月前だもの、決まっていたと見るほうが自然だ。そりゃ、たまに来るライターだかなんだかの私なんかに、報告の義務はないよな。しかし、ショックだ。年賀状の交換はしていたし。

「おかめさん、いつ閉じはったんですか」

近所の料亭で、訊《たず》ねまくった。

「先月急にな。あたしらもびっくりしましたわ」

「土地売って、田舎へ行くたら聞いたけど」

「どこ行かはったか知らん。聞いてへん。急やったし」

そんな答えがせいぜいだった。みんな、引っ越し先については「田舎」としか聞いてないという。

原田さんは飛田生まれだから、田舎なんかないはずなのに、と思ってはっとした。奥さんの出身が北陸の温泉地のはずだと。

翌日、組合に行って、すぐさま原田さんの引っ越し先を訊いたが、幹部たちは、

「個人情報やから教えるわけにいかん……」

と言った後、

「いや、知らんのや僕らも。協同組合の権利、全部売って出ていったから、もう飛田と関係ないんやろ」

歯切れが悪い。私は「飛田と関係ないって、原田さんとこ元々親方やったでしょ。町会の役員もしてはったやないですか」と畳みかけた。すると、

「後足で砂をかけるようにして（飛田を）出ていきよったていうことや」

苦虫をかみつぶしたような顔で言う。

「どういうことですか」

「あんたに言うてもしゃあないけど、（おかめの跡地に）マンション建つんやろ、あそこ。売ってしまいよったから」

私に分かったのは、原田さんが飛田を出ていくにあたって、組合と何らかのトラブルがあったのだろうということだけだ。何が、どう「後足で砂」なのか、さっぱり分からない。幹部は、

「とにかくな。組合はもう一切あいつとは関係ないんや」

と繰り返したが、やがて「連絡先は、吉元さんが知ってるはずやわ」と教えてくれた。今から思えば、「そんなこと言うたかて」としつこい私を帰らせるために言っただけだったのかもしれない。

忽然と姿を消した原田さんを、私は何としてでも見つけ出そうと思った。

料亭の面接

原田さんの連絡先を知っているはずの料亭「吉元」は、飛田の南側のエリアにあった。初めて訪ねた日、玄関先には紫色のチャイナドレスを着た「ひょっとして六十代?」と思える、楚々《そそ》とした細身のおねえさんが座蒲団《ざぶとん》の上に正座し、さらにはるか年長の曳《ひ》き子のおばさんが横手の椅子《いす》に座っていた。「ほんとに二人とも高齢だ」とびっくりした。玄関先で「マスターかママ、いはります?」と訊いてみる。

「私、おかめさんによく行ってたんですけど、お金借りっ放しやから、どうしても返したくて、引っ越し先を知りたくて。吉元さんが連絡先を知ってはるって組合で聞いてきたんです……」

ない頭をしぼって考えてきたストーリーを告げると、おねえさんのほうがひゅっと後ろを振り返って、

「ママ、ママ。お客さん」

と呼んでくれ、「なんやいなぁ」という顔つきで、ママが奥の部屋から出てきた。六十代半ばと思われる美人だ。茶色く染めた髪の毛がふんわり、色白の顔に似合っている。玄関先の端のほうで、再び同じストーリーを告げる。

「ああ。おかめのマスターね。田舎へ帰る言うて……。連絡先の住所を書いた紙、そやそや、持って挨拶に来はったわ。あれいつやったかな。夏や」

書くと大阪弁だが、イントネーションに訛《なま》りがあった。

「ううん。ええ人やったね〜。急やったから、びっくりしたわ」

と、原田さんにも好意的なようだ。

「そら、お金を借りてるんやったら返さなあかんわ。心がけええな……。ちょっと待ってや」

連絡先を書いた紙を取りに行ってくれたが、しばらくして戻ってきて、

「テレビの上に置いといたんやけど、どこかに行ってしまったみたい。主人が持って行ったんかもしれへんし、探しとくね」

と、おっとりとおっしゃる。「主人」がいるのだと、私は頭の中にメモをとる。

「出てきたら、どこに電話したらいいの？」

私は真に受けた。名刺を置いて「どうかよろしくお願いします」と頼んだ。

三週間ほどして、紙が見つかったと電話があった。住所と電話が書いてある、この紙ごとあげるから、取りにおいでと言われて、飛んで行った。ところが、

「おかしいな。この前は確かにあったのに、またどっか行ってしまったみたい。ごめ

んね」

ふつうなら、さすがに「おかしい」と思うはずだが、このママは小細工するタイプではなさそう、気長に待とうと思えたのは、物腰がやわらかかったからだ。それに、対面した時、目を逸《そ》らさずに話してくれたからだと思う。

さらに二週間後、待ちに待った電話がかかった。ところが、第一声は、

「あなた、いくつ？」

だった。

「え？　なんでまた。五十四ですけど何か？」

「フリーターって書いてあるけど、仕事探してる？」

渡した名刺の、私の肩書きフリーライターをフリーターと読み違えているのだ。いえ、フリーターと違って、フリーライターというのは……と説明すると、

「なんや。あなたでもいいと思ったのに」

とは、ずいぶんだ。訊けば、原田さんの住所を書いた紙はまだ出てこない、と。

「それよりか、今日の用事は」と一方的だ。

「そういう仕事をしてるんやったら顔広いね。誰かいないかな、うちへ来てくれる子。紹介してくれたら、相応のお礼するし、悪いようにはせえへん」

今いる子のうちの一人が辞めそうで、急遽《きゅうきょ》女の子を探しているのだと言う。

「どんな子がいいんですか？」

聞き返してみた。

「年は四十くらいまで。けど、お金貯《た》めようと、真面目《まじめ》で向上心のある子やったら、ちょっとくらい上でもいいよ」

「条件とかは？」

「面談の上、優遇。悪いようにはせんよ」

とんだ展開になってきた。私は、これは「面接」をリアルに見られるチャンス到来だ、現役の料亭に上がり込めるチャンス到来だと思い、

「すぐに心当たりはないけど、探しときます。連絡しますわ」

と言って電話を切った。

それからというもの、年若い友人たちに「私がついてゆくから、囮《おとり》で面接を受けてみてくれない？」と頼みまくった。が、皆にことごとく断られた。そりゃあそうだ。しかし、

「面接を受けたら最後、断れんようにならへんの？」

「後ろからヤクザが出てきて、一回客取るまで帰さへんってなったらどうしてくれ

る」

と言いつつも、「しゃあない。協力したろ」という一人が見つかった。

四十八歳のタカヤマ。会社員。経理事務が長い。若いころに北新地でアルバイトをしていたこともあり、昔から世故に長《た》けている。子どもの保育園時代に保護者同士として知り合って以来の友人だ。

面接に行ったのは二〇〇九年の十二月だった。

タカヤマは、当日の昼間に「やっぱりコワい。やめとく」と電話をしてきたが、「万が一お客とやらなければならないことになれば、私が代わりにやる」と約束し、必死で頼むと、おじけづきながらも来てくれた。

飛田に足を踏み入れるのが初めてだったタカヤマは、エリアに入ると、

「え！　わっ！　うっ！　まじ！」

と、言葉にならない言葉を連発した。

「びっくりした？」

「井上のことやから、どうせオーバーに言ってると思てたんやんか。けど、ほんまやんか。きれいな子ばっかりやんか。うっ、まじや〜、ショック」

金曜夜八時のかきいれ時に歩く、地元でないのが明らかな女二人づれは嫌がられる。

まして、背が高く、宝塚の男役のような出《い》で立《た》ちで、きょろきょろするタカヤマは目立つ。私たちが前を通ると、料亭のおねえさんたちが、次々と、うちわで顔を隠した。

「見せもんちゃうで」

という言葉も飛んできた。

「蠟《ろう》人形みたいや」

とタカヤマ。

ようやく「吉元」の前にたどりつき、ママに電話をする。「裏口に来て」と言われ、細い路地を入ると、勝手口があった。ドアを開けて目に飛び込んできたのは、靴、スリッパ、箒《ほうき》、ちりとり、鞄《かばん》、クリーニング上がりの洋服、段ボール箱。「こっちへ」と案内されたのは、おねえさんが座っている上がり框《かまち》の裏側の四畳半だった。テレビと炬燵《こたつ》と飾り棚。その上に、新聞、雑誌、広告ちらしなどのペーパー類が置かれている。

「このテレビの上から、原田さんの住所の紙が、どっかに雲隠れしているんですね」

と平静を装《よそお》って笑い、タカヤマと二人でママの向かい側に正座する。

「いいよ、そんな緊張せんかて。足崩してよ。ジュースでいい？」

とママはにこやかだ。

「あくまでお互いの条件が合ったらということで」と、ここにきて、私はまずエクスキューズする。そして、身元が割れないように「吉田」という名にしようとタカヤマと約束していたのに、すぐに、

「こちらがタカヤマさんです」

と言ってしまう。

「タカヤマさん、どこに住んではるの？」

「淀川区の塚本です」

場の空気に呑《の》まれたのか、タカヤマも本当のことを答えている。

「駅はどこ？」

「ＪＲの塚本。大阪駅から淀川渡って一つ目の駅です」

「それやったら、十二時前に終わったら帰れるね」と不意打ちが飛んできた。

「いや、次の日ふつうに朝から仕事やから、十一時には出たいですけど」とタカヤマ。

黒のセーターに、革のジャケット。ショートカット。細身のジーパンを穿《は》いたタカヤマの上から下まで値踏みするように見た後、

「四十八歳にしちゃ若く見える。大丈夫大丈夫」とママ。質問が始まった。

「週に何日くらい来たいていうの、ある？」

「いや、こういう仕事初めてやから、条件とか聞いてからと思って」

「そやね。で、今、何してるの？」

「ＯＬです。ふつうに九時から五時まで会社行って、あと、夜は月曜から木曜までコールセンターのアルバイトに行ってるんですけど」

これはウソではない。タカヤマは、そうやって健気《けなげ》に働いて一人息子を大学まで卒業させたシングルマザーである。

「何かと物入りやから、コールセンターよりもこっちのほうが実入りがいいのやったらと思って」とタカヤマ。「息子さん、大学院に行かせてはるから、授業料、相当まだ要るんよね」と私からウソの補足。

「大学？　えらいねんね。子どものためていう子は、うちも何人もおったよ。目的はあったほうがいいわ。水商売の経験は？」

「むか～し、新地でバイトしてましたけど。二十代のころ」

「料亭の経験は？」

「料亭って、ええっとこういうところのことです？」

「そう」

「ありません」

「スミ入れてへんね？」

「スミ？」

「タトゥ」

「そんなんありませんわ」

「（週に）何日来れる？　同じ働くんやったら肝据えてかからな。タカヤマさん、なんぼ欲しいの？」

「なんぼって、月に？」

「なんでやのん。日払いよ。今の仕事いくらもらってるの？」

「会社は月給やから、それなりにもらってますよ。コールセンターのバイトは時給千六百円ですけど」

「そしたら、次の日曜日でも試しに一回座ってみたらええ」とママは性急だった。話がかみあっていない。しかも「試しに一回」とはびっくりだが、面接に来た女の子たちはママのペースに巻き込まれていくのか。私は、「そやからママ、お互いの条件が合ったら、いうことですやんか」と、十分前に言ったのと同じ言葉をはさむ。

その後、タカヤマは頼もしかった。

「ママ。私のほうから質問していいですか。自分が務まるかどうか、知りたいから」

と、ぐいと自分のペースに持っていってくれたのだ。私に代わって取材をしてくれるような感じ。

「座ったら、いくらになるんですか?」

「(お客の支払の)半分やから」

「つまりいくらですか?」

「うちは(一回)一万円で、あと消費税分千円もらってる。十五分で。女の子はその半分、五千円。(お客に)もっとおりたいなと思わせて延長にもっていったら、もっとなるよ」

「もしその日坊主《ぼうず》(お客ゼロ)やったら、保証とかあるんです?」

「そんなんあらへん。接客してなんぼ」

「交通費とか衣装代とかは?」

「自前やよ。心配せんでも、新しい子にはすぐに(お客が)つくよ」

「新しい子いうたかて、この年ですよ。若い子やったらまだしも……」

「そんなん関係あらへんねん。新しい子は新しい子。〝ビギナーズラッキー〟いうのがあるねん。ゲンええねん。お客はチップはずむし」

「どんな営業努力したらいいんですか?」

「化粧とかにっこりするとか優しくするとか。怖い顔してたらあかんわな。疲れてたら顔に出る、女優と同じやね」

「私、ふだんパンツなんですけど」

「そりゃあ、スカートやな。あなた、きれいなワンピースでも着たらもっときれいになるよ」

「週に何回以上でないとあかんとか決まってるんですか」

「決まってないけど、週三日でもええよ。生半《なまはん》（生半可）ではあかん。できたら専業してほしいね」

「あの～、聞きにくいこと聞きますけど、あれ、つけるんですよね？」

「それはあかんわ。稼ごうと思ったら、つけたらあかんわ」

「え～？　そんなアホな。病気心配ですやん」

「大丈夫大丈夫。ちゃんと一回ずつ洗ったら大丈夫。洗うのあるし」

タカヤマと私は思わず顔を見合わせた。

「ビデ？」

「いや、ちょっと違うけど」

「どんなんやろ。部屋にはベッドとかあるんですか？」

「そんなんないよ。見る?」

となって、赤いカーペットを敷いた階段を二階へ案内された。私もついていく。広めの廊下をはさんで、右手に四畳半が二室、左手に一室。部屋は畳の上にベージュ色のカーペットが敷き詰められ、敷き布団が置かれていた。敷き布団の上に、畳んだタオルケット。あとは、蒲団なしの炬燵と丸形のクッション。床にエアコンのリモコンが転がっていた。窓には、ビロード地のピンクのカーテン。テレビはない。壁の桟に、おねえさんの着替えだろうか、針金のハンガーにワンピースが三着かかっているだけの、シンプルな部屋だった。

「一人一室なんですか?」

「そう。でも一室だけ、昼の子と夜の子が一緒に使ってる」

「ふ〜ん」

私は原田さんに、昔の部屋を見せてもらっているのでそう驚かないが、タカヤマは当然ながら料亭に上がるのがまったく初めてだから、目を白黒させ、

「もう、ほんまにびっくりするわ」

と声に出し、「隣同士の部屋に同時にお客が詰まることもあるの? そんなら、声が聞こえまくりやない」と、率直に口に出してママに訊いている。

「ま、そういうことは滅多にないわね」とママ。

その直後、階下からお呼びがかかったママは、「好きなだけ見ててええよ」と優しい笑顔を向けながら、私たちより一足先に一階に戻った。「まじ、すごいな」とタカヤマは私に言う。

「風呂《ふろ》なし、トイレ共同やんか。落ちついてでけへんやん。ふつうにホテルに行って、やりたいと思わへんのかな。ここいらに来る客は」

「こういうのが好きな人かておるんちゃう?」と私。

「あのママは何者やねん。昔、客とってはった人と違うか？　ぴんときてん」

「どこで?」

「直感や」

こそこそと話す。

「一万円の消費税が、なんで千円やねん」

「どんな計算や」

廊下にトイレがあったので、ドアを開けて、タカヤマと思わず顔を見合わせた。はっきり言って、ぎょっとした。

段のある和式トイレ。床がタイルの、ひと昔もふた昔も前のタイプだ。タンクが頭上にあり、紐《ひも》を引いて水を流す。そこまでは百歩譲るとしても、手洗いの蛇口からホースが延びていたのだ。半透明の薄緑色のホース。これが、ママの言っていた「洗うの」なのだ。ビデ代わりなのだ。消毒液も置いてある。〝接客〟が終わるたび、このホースの先を膣《ちつ》に突っ込み、水で洗うのだ。

「共同で、同じホースを使うっていうこと?」

「そうちゃう? あすこの消毒液につけて」

「しかし、なんぼ洗ても、たとえばイノウエが使ったぬくもりが残ってるホースをあたしが使うこともあり、ってことやんか〜」

二人して「げ〜」と声をあげて絶句してしまった。

階下に降りると、出前のミックスジュースが運ばれてきていた。

「どう? いつから来れそう?」とママ。

「正直いうと、衣装代とか交通費とか考えたら、時給千六百円のコールセンターのほうがいいの違うかと思えてきたんですけど」

タカヤマが真面目に答えてくれる。

「そんなことないよ。千六百円やったら三時間働いて四千八百円か。(うちでなら)時間にしたら十五分、一人接客するだけで、その額になるよ。タカヤマさん、賢くならなあかんで。試しに今度の日曜でも一回、気軽に座ってみたらいいわ」

「どきっ。いきなりやなあ。ちょっと考えさして。コールセンターのバイトを辞めなあかんし。ちょっと考えて連絡させてもらいますわ。でさ、ママ、ちょっと聞いてもいい？　訛りあらはるやん。どこの人？」

「分かる？　島根。もうこっちきて二十年になるけどね」

「まじ？　私も松江」とタカヤマ。

それは奇遇やねえ、とママの顔がほころび、海辺の町の出身だとか、タカヤマが自分の父親は松江郊外の老人ホームに入っているとか、そんな話をひとしきり。その後、タカヤマが、「私、この仕事やっぱり抵抗あるけど、ママの下やったら働きたいような気がするな」とか何とか言い出し、ママをめいっぱい持ち上げ、プライバシーを聞き出そうとしてくれた。

「ママ、いくつ？　きれいな肌してる」

「いやいや、もうあと一年で七十よ。もう髪も薄くなってきたし、年は隠されへんわ」

「いや、ぜんぜん若く見える。七十なんて信じられへん。けど、ママ大阪来て二十年って、私のほうが古いやないの。私は十八で来てるからもう三十年やし。ママ、よう五十になってから来たなあ」

「まあいろいろあって」

「飛田長いんです?」

「最初、この近くに来て、それから青春通りのほうでやってたけど、なんか縁があったんやろねぇ。またこっちに戻ってきて……。今は、主人の体がだいぶん悪いから、介護しながら（店を）続けてるの。しんどいよ」

〈五十近くで上阪し、飛田へ流れて来た。おねえさんをやっていて、親方に見初《みそ》められ、後妻に入った。あるいは第二夫人になった。青春通りの料亭を夫婦で切り盛りしたが、夫が病気になり、この場所に戻って来て、今は一人で細々とやっている〉

そういう意味ではないかと、あとでタカヤマと一致した。あくまで想像だが。

「今、座ってはる人、かなりベテラン?」

「見てのとおりやよ。長いつきあいで、一所懸命働きます、って頼むから、もうちょっとおらしてあげよと思てるんやけど、ほら、今日もぜんぜんお客つかへんでしょ」

「不景気?」

「それもあるやろけど……」

と言っている間に、裏口から革ジャンを着た若い女の子が入ってきた。「八時半からの子」だという。時計を見たら、もうすぐ九時だ。

「何時やと思てるのよ。遅れるんやったら電話くらいしてくるのが常識でしょ。何回言うたら分かるの」と、ママはいきなりガミガミと怒る。

女の子は、「ごめん」と肩をすくめて、「着替えてきます」と二階へ上がって行った。

「ルーズなん、今の子。平気で一時間二時間遅れてくる。水商売かてふつうの勤め人と一緒やのに、当たり前の常識がないから困る。なんぼ言うたかて腕にタトゥ入れるし」と、ママがこぼした。

潮時だ。出よう、とタカヤマと目配せする。

「ママ、タカヤマさん、考えるって言うてるから、返事ちょっと待ったげてね」

最後にママは「なるべく早く返事ちょうだいね。日曜でも、遊びに来るつもりで気楽にちょっと座ってみたらええから、待ってるよ」と重ねて言った。滞在時間四十五分。外へ出たら、二人ともへなへなと倒れ込みそうになった。

その後、新世界に出て、二人でビールを飲み、串《くし》カツを食べた。

タカヤマは「あのママのこと、好きになった」と真顔で言う。「五十歳で島根から大阪へ来たのは、よほどのことやったに違いない。きつかったやろなぁ」と繰り返す。「顔立ちのきれいな人やと、ずっと顔を見ていた」とも。タカヤマは毎年、年末に車で帰省する。その時にママを乗せてあげて、一緒に島根へ帰りたくなったと、普段は快活に喋るタカヤマが、この日は訥々《とつとつ》とそう話した。

西成警察、大阪府警

飛田を、警察はどう見ているのだろう。素朴な疑問だ。

手入れは、たまにあると聞く。

華房良輔さんから「七〇年ごろは、飛田の組合と尼崎《あまがさき》の神崎《かんざき》新地の組合が連携し、西成警察を神崎新地に、尼崎警察を飛田新地に招待していた」と聞いていた。最初に取材した組長から「手入れすることを、警察が業者側に事前に知らせている」と聞いたのも、先述のとおりだ。いずれも衝撃の言だが、裏をとることができない。

西成警察署へ行った。飛田の大門からわずか三百メートルほどのところに位置している。

窓口で、「売春が行われていることが明らかな飛田をなぜ取り締まらないのか知りたくて来たんですが」と言う。

「どなたですか?」

「市民です」

「なぜそのようなことを聞くのですか？」

「とても不思議だからです」

少しお待ち下さいと言われ、十分以上待たされた後、窓口署員の上役が出てきた。

「飛田新地のお店はちゃんと営業届けを出して、営業されていますが何か？」

「二階で売春が行われていますよね？」

「それは我々のほうでは分かりません」

「明らかじゃないですか」

「ですから、ちゃんと届け出て、営業されています」

「その営業の内容が売春じゃないですか」

むっとした表情になったその警察官は、「おたく、どなたなんですか？」と訊く。

私は名刺を出し、「飛田を取材しているんですが、こんなに近いところに警察があるのに、警察が放置しているのが不思議でならないんです」と。

「取材なら大阪府警の広報課を通してもらわないと、ここではお答えできません」

取材以前に、一市民として知りたいのだと食い下がると、「それなら生活安全課へ」と言われ、そちらに行った。

三十代と五十代とおぼしき警察官がいた生活安全課では、比較的親切な対応がなされた。

「西成はいろんな事件を抱えていますから、実際問題、被害者からの通報がないと我々は動けない。我々だって、料亭の二階で何が行われているかは、察しがつくが、だからといって踏み込めない。自分が飛田の料亭に上がって、こんなことがあったと誰が通報してきますか。手入れにつながるのは、シャブとかの別件で逮捕した容疑者が、事情聴取の時に、いついつ飛田で働いていましたということを供述した時」

とのことだった。

「今日も、一件、曾根崎《そねざき》署が料亭の経営者を逮捕したと新聞に載ってましたやろ」

とも言われた。鼻息荒く警察に行ったのに、その記事を見落としていたとはみっともない。西成警察を出てすぐにコンビニで朝日新聞を買うと、「A」という店の経営者の女性が逮捕されたという記事が載っていた。

「A」は、青春通りにある料亭だ。見に行くと、玄関が閉まっていたが、両隣、向かい側など近辺の料亭はいつもどおり、ふつうに営業している。組合に行き、「手入れがあったんですね。事前に連絡なかったんですか」と幹部に聞いたが、「そんなんあるかいな」と言う。そりゃそうだ。

「私らに言わしたら『警察は何言うてんの～』って感じやね。一軒だけ逮捕して、アホちゃうん。百何軒、全部管理売春やのにね。今回逮捕されはった人は知らん人やけど、一回目は執行猶予《ゆうよ》ついて、すぐに帰れるよ。二回目からは（留置場に）行かんとあかんけど。懲《こ》りへんで～。手入れ一回入ると、ゲン悪いからて、だいたい名前変えて営業しはるわ」

こう言ったのは、商店街の喫茶店のママだ。なるほど、そういう仕組みなのだと、今さらながら少し分かった気になった。

その後、私は正面切って、大阪府警に取材を申し込んだ。ファックスで質問項目を送るように言われ、以下の文書を送った。
1　飛田地区（大阪市西成区山王三丁目）で、大正七年（飛田遊廓《ゆうかく》開設年）から現在に至るまでに起きた主な事件と、そのあらましを教えてください。
なお、ヤフーニュースには、以下の最近の事件が掲載されています。
●2004年5月26日／神戸市内の少女3人を売春目的で売買したとして、兵庫県警少年課と生田署は26日、児童買春禁止法違反（買春目的人身売買）の疑いで、大阪市内のホストクラブK経営者（28）と、大阪市西成区の飲食店M経営者（39）

を逮捕した。一九九九年の同法施行以降、人身売買での逮捕は全国初。また同日までに、児童福祉法違反容疑などで、仲介役の男とホスト計3人を逮捕した。
●2005年1月27日／大阪府警西成署などは27日、大阪市西成区の歓楽街・飛田（とびた）新地に売春目的で女性を紹介したなどとして、元暴力団員で無職、O被告（47）＝福岡市、大阪地裁で公判中＝や同新地の肉料理店G経営、T被告（46）＝西成区、同＝ら7人を職業安定法違反（有害業務の紹介）などの容疑で逮捕したと発表した。
●2010年1月20日／戦前の遊郭の雰囲気を残す大阪市西成区の飛田新地で、料理店を装い売春営業をしたとして、大阪府警曾根崎署は20日までに、売春防止法違反の疑いで料理店A経営、R容疑者（47）＝大阪市天王寺区＝ら2人を逮捕、送検した。逮捕、送検容疑は、客と売春するよう従業員の女性（42）と契約した上で今月18日、店に呼び込んだ男性客（42）にこの女性を紹介した疑い。曾根崎署によると、R容疑者は平成20年に開店。「月約150万円の売り上げがあった」と容疑を認めている。捜査関係者によると、別の事件で逮捕した店の関係者が、R容疑者らの売春営業について供述。家宅捜索したところ、売春中の女性と男性客を発見したため立件した。

2　飛田地区は、現在、150軒以上の店が、「料亭」として「警察に届け出」をして、営業していると聞きます。許可の基準を教えてください。
3　飛田地区は、現在も、約150軒の「料亭」で、公然と売春が行われていると思われます。警察が手入れを行わないのはなぜか、教えてください。
数日後、大阪府警保安課次長と名乗る人から、「電話で回答します」とかかってきた。聞きに伺いますと言ったが、「電話で」と押し切られた。

「一番。一つ目と二つ目の事件は、書類がないので、事実確認のしようがありません。三つ目の事件は、別の事件で曾根崎署でつかまえた女性に、『どこで働いていたのか』と経過を聞くと、『飛田新地で働いていた』と言ったので、参考人調書を取った。（働いていた）店を把握して、ガサ入れし、捜査に入った。売春行為の現場を押さえたわけですよ。

現行犯逮捕したのは、当日『おにいちゃん、ええ子おりまっせ』と客引きした曳き子と、当日（料亭に）上がっていたお客。売春する目的で契約したということで。

それで、経営者に『ちょっと事情を聞かしてぇな』と任意同行を求め、店から名簿、タイムカード、客の履歴や契約事実を確認できる書類などを押収《おうしゅう》し、（裁判官に）逮捕状を請求したわけです。

そして、経営者を四十八時間留置します。地方検察庁に送致し、地方検察庁の検事の請求で地方裁判所が勾留状《こうりゅうじょう》を出す。十日間の勾留と延長を経て、起訴され公判になる。

この経営者は、二月五日に起訴されて、保釈金を積んで二月八日に留置場を出ています。いま公判中で、身柄の拘束はありません。曳き子も、四十八時間で保釈金五万円で釈放されています。

二番。許可申請書には、氏名、住所、営業所の名称、所在地、種別、管理者の住所、氏名と設備構造を書く欄があります。設備構造は、九・五平米以上とか、入口から屏《びょう》風《ぶ》などで内部の見通しを塞《ふさ》いでいないとか、施錠《せじょう》していないとか。それを（警察官）複数で確認に行き、許可します。

三番。飛田には『鯛《たい》よし百番』もあるし、会話だけの店もあります。全部が全部、売春をやっているのかって言うたら、笑われますよ。料亭には、従業員の住所、氏名、生年月日を明記した名簿を置いておくことが義務づけられているので、（警察が）立ち入り、改善指示をすることもあります。

我々は、歓楽街対策として、風俗案内所やファッションヘルスに軸足を置いています。そっちのほうが告発もあるし、悪質やから。そのため、飛田にまで手が回らないというのが、実際のところ。病気を移されたとか、ぼったくられたとか、飛田からは苦情が出ませんから」

すらすらすらとそう答え、そそくさと電話が切られそうになったので、最後に、

「女の子は逮捕されないのですよね？」

と訊《き》いた。

「そう。今の法律では、女の子は保護対象やからね。お金には困っているんでしょうけど、あの、飛田に座ってにたっと笑っている女の子たちが保護対象だというのは、よほど搾取《さくしゅ》されていない限り、個人的にはおかしいと思いますよ。阿倍野区側の土手のところから、僕らが刑事丸出しで座って見ていても、どこも店を閉めない。僕らがどこに行くか、あっちから見てる。根性あります」

私は、電話を切った後、風俗営業法を確認した。

第一章の総則、第二条「用語の意義」二号に、「待合、料理店、カフエーその他設備を設けて客の接待をして客に遊興又は飲食をさせる営業」とあった。ふ〜ん？　こ

れですか。「接待飲食等営業」という区分に入るらしい。第三条に、「風俗営業を営もうとする者は、風俗営業の種別に応じて、営業所ごとに、当該営業所の所在地を管轄《かんかつ》する都道府県公安委員会の許可を受けなければならない」。なるほど、「警察への届け出」とはこのことなんだ――。

読み進むと、第四条に「次の各号のいずれかに該当するときは、許可をしてはならない」とあって、第二号に「次に掲げる罪を犯して一年未満の懲役若しくは罰金の刑に処せられ、その執行を終わり、又は執行を受けることがなくなつた日から起算して五年を経過しない者」刑法第百七十四条、第百七十五条……といくつもの法律が並んだ先に「売春防止法第二章」と書かれていた。それではと「売春防止法第二章」のページをめくると、章題は「刑事処分」。処分対象に、勧誘等、周旋等、困惑等による売春、対償の収受等、前貸等、売春をさせる契約など、飛田取材のキーワードが並んでいる――。逆に言えば、売防法違反でつかまっても、六年後にはまた開店できるということだろうか。わけが分からない。

ビラを配る

私は、飛田で働くおねえさんに、話を聞きたかった。むろん組合に直球も投げたし、ほかの親方たちにも、曳き子のおばちゃんにも紹介してほしいと頼みまくり、なんとかアポがとれたことが四回あった。しかし、二回は直前キャンセル、あとの二回は約束の場所に結局女性は現われず、つまりすっぽかされた。

飛田取材を始めた年、「おかめ」で、仕事帰りのおねえさんたちと袖《そで》すり合うチャンスがあったのに、あのころの私はまだおねえさんに「取材させてほしい」と切り出す勇気がなかった。そんなことを言うと、いきなり後ろからややこしい男が出てきて、殴られるかもしれないと本気で思っていたのだ。

それから十年が経《た》って、確かに分かったのは、拒否はされても殴られはしないだろうということだけとは、お粗末な話である。

かろうじて、一人だけ、喫茶店で子どもと一緒にいたおねえさんに偶然会え、「ダメ夫と離婚して、飛田にＵターンしてきた」「美容学校に行くお金を貯めたい」といった話を聞けたことは、第二章に書いた。その後、「おかめ」が、仕事が終わった後のおねえさんたちの社交場でなくなったばかりか、「おかめ」そのものが閉店してしまったのだから、どうしようもない。

背水の陣で、二〇一〇年二月に私はビラを作った。

〈飛田のおねえさん、経営者、おばちゃんのみなさまへ　『あなたの人生』を聞かせ

ていただけませんか〉

と大きな文字で、その下に、

「――『飛田物語』を書くため取材しています。匿名《とくめい》でもOKです。何日、何時でもOKです。お電話お待ちしています」

と小さな文字で書き、「フリーライター」と冠につけて名前と携帯番号を書き、A5の紙四百枚にコピーしたのだ。夜、営業中の店を回り、「よろしくお願いします」と一軒につき三、四枚ずつ、おばちゃんやおねえさんに配った。

「はいはい」

と、ただ受け取って、ビラをその辺に置くだけの人が三分の一、

「なんじゃい、これ」

と読むなり、まるめて捨てる人が三分の一。残る三分の一は、

「アホちゃうか」

と、くすくす笑う人たちだった。

途中、六十年配の男が「僕にもちょうだい」と寄ってきたので、一枚渡すと、「この書き方じゃダメだな。『すみませんが』とか『申し訳ありませんが』とかって頭に書かなきゃダメだ。それに、インタビューに応じたら、謝礼をいくら渡すのかも書い

とかなきゃダメだ」と注意してくれた。

「あ、そうですね。いいこと教えてもらいました。でも、謝礼は払えないんですけど」

とか何とか返事すると、

「それでは無理だろう。タイムイズマネーって言葉を知らないの？　ダメだね。で、君は僕にもインタビューしたくないの？」

とからんできた。

「インタビューさせてくれるんですか？」

「答えてあげるよ。無料でいい」

大門近くの寿司屋《すしや》に入って、ビールを飲みながら聞いた。

「僕は、飛田の情緒が好きで、二十年前から来ている」

情緒が好きって、どういうふうな？

「女の子がね、やさしいのよ。いい子ばっかり。昔は『キスさせて』って言ったら、『上の口はダメ。下の口だけ』と言われて、別料金だったけど、このごろ無料でさせてくれる」

男は低い笑い声を立てた。「それが情緒なんです？」と言うと、

「そうだよ。それが情緒というもの」

と真顔である。

「あは。僕はキスがしたくて来るんだ」

と言うから、高いキスですね、と返すと、これ以上いやらしい顔はないという顔で笑って、私に向かってキスをするポーズをした。気持ち悪い。

静岡の出身で、長く神戸に住んでいるという。二十年ほど前、ある有名企業の重役の運転手をしていた時、重役が天王寺の料亭で食事している間、待つために、付近を走っていて「飛田新地」の看板を見てエリア内を走ってみたのが最初だった。びっくりしたが、試しに料亭に上がったが最後、女の子の「やさしさ」に「びびび」ときて、年に二回ずつ来るようになった。今はタクシーに乗っている。前回と同じ女の子がまだその店にいる確率は「一勝三敗」の確率。「敗」の場合は、「その時のフィーリング」で別の店に上がる。

「十三年前にワイフを亡《な》くしたから、咎《とが》められることをやっているわけではない。こういうところは必要。今日はこれからあっち（年増通り）のほうに行く。どう？　あなたの取材の役に立った？」

はあ、まあ、ありがとうございましたと伝票を取ろうとしたら、

「お金は余っている。僕が誘ったから、僕が払う」

と支払ってくれ、「あなたも、僕にもう一度会いたくなったら、電話してきていいよ。次はホテルに行こう」と、レジで借りたボールペンで、ショップカードの裏に携帯番号を書いて渡された。

そんな一幕もあった。

ビラを配った夜、電話を待ったが、一本もかかってこなかった。

翌日、「組合の了解を取っておかなかったのはまずかったのではないか」とはたと気づき、ビラを持って、料理組合に行き、「昨日から、こんなのを配らせてもらっています」と幹部に申し出た。怒られるかと思ったが、何のことはない。

「ふ〜ん、あんたも頑張るな」

と言われたばかりか、「まあ、そんなんで電話してくる人はおらんと思うけど、あすこの金網にも貼《は》ったらええわ」と、阪神高速高架下の金網にもビラを貼るように計らってくれた。わけがわからないが、ありがたい。

組合幹部が言うように、電話はその後もなかなかかかってこなかったが、三日後の深夜四時、一本の着信があった。寝ていたので、電話を取るのが遅れたら、切れてしまった。コールバックするにも、番号非通知の着信だったから、かけようがない。もしやと期待してしばらく待ったが、再度の着信はなかった。

二十九歳の女の子

まったくの徒労に終わりそうだと諦《あきら》めかけたころだったから、それから一週間以上経っていたと思う。深夜一時すぎに、電話が鳴った。

「チラシ見たんですけど」

「あ。電話ありがとうございます。この前一回電話くれはった人です?」

「はあ〜? (電話を)かけるの初めてやけど。誰なん? あんた。変わったチラシ」

私は飛田を取材していることを詳しく説明し、参考にするために、おねえさんたちがなぜ飛田で働いているのか、どんな経歴なのかを知りたいと伝えた。

「ウチでいいん?」

「もちろんです。会えますか?」

「それは無理」

「そしたら、電話で聞かせてもらってもいいです? 電話代かかるから、かけ直しましょうか」

「いらんわ」

そんなやり取りの後、意外にも彼女はわりに快活に喋《しゃべ》り出した。酒を飲んでいるふうではなかった。

「ウチな。人間はついてるか、ついてへんか、どっちかやと思うねん。ウチはたぶんついてへん星に生まれたんやな。そやから（飛田へ来るように）運命が決まってたんやと思うねん……」

どういうことです？　生い立ちから教えてほしいと言うと、「いらんわ。プライバシーはいらん」とは言ったものの、三人姉弟の次女、十六で子どもができて、高校を中退したのだと教えてくれた。「早《は》よ家を出たかったし、学校もつまらんかったから、ちょうどよかった」。

四つ上で飲食関係だった相手と同居し、十七歳で子どもが生まれた。最初のうち、「ままごとのような家庭」が誇らしかった。だが、相手は二年ほどでアパートに帰らなくなった。

「どうせ女ができたんやろ。そういう男やったから。同級生が高校を卒業するころ、ウチはもうバツイチ」

軽く笑ってから、ふん、と鼻を鳴らした。

最初、喫茶店で働いたが、「子どもと二人、暮らしていけへんやん」。次はスナック。

子どもは、母親に預かってもらった。しかし、「おかんに男ができて、おかんが子どもほったらかすようになった」から、ほどなく昼の仕事に戻った。「けど、いくらにもならへんやん」。

子どもを施設に入れるのだけは嫌やった……という彼女は、「うっとこは、お父ちゃんがとんでもない奴《やつ》やったから、おかんが育ててくれたけど無理で、小学校の時、三年間明石の施設に入ってたん。子どもの三年間って長いで～。寂しいで～。うちの子、そんな目に遭わしたないから、ウチ、ごっつ頑張ったんや。けど、無理やん」「しゃあなし行った」のが、ホテトルだ。抵抗はあったが、「他に食べていく方法ないやん」。子どもを無認可保育所に預け、「ほとんど無遅刻無欠勤で働いたん、まじ」。しかし、二年半の間に、怖い目に二度遭った。一度は「首を絞められて、窒息しそうになった」こと。もう一度は「睡眠薬飲まされて、気づいたら、めちゃめちゃされとった」こと。

「もう（ホテトルを）やめよと思うん、分かるやろ？ そんで、友だちが『飛田来たら、そんな心配全然ないで』て教えてくれたん。いうたら極楽やで。

今？ 子どもは小学校六年生。夜？ 一人で家においてるよ。うちの子、ウチに似んと、しっかりしてるから」

偉いなあ〜。と思わず言った私に、

「ほんまにウチの人生ついてへんねんで。彼氏できても続いたことない。みんなすぐに女つくって逃げていっきょんねん」

なんでなん。声、すごくかわいいのに、と言ってみたら、

「声だけちゃうで」

と、けらけらと彼女は笑った。

「お客さんとは、ややこしいことになったらあかんて（親方に）言われてんやけど、お客さん以外と知り合うことないから、彼氏はいっつもお客さんやねん」

かっこいいお客さんもいる？

「いるいる……。若《わ》っかい子もおるし、まともなんもおる。まともなんに『（あなただけ）特別』て言うて演技して、携帯教えたら一発や」

親方には内緒に？

「当たり前やん。二十人に三人は電話して来て、デートする」

お客さんに「昼間何してるの？」って聞かれるんちゃう？

「昼間はOLやと答えるの、決まってる（笑）」

飛田の仕事、きつくない？

「きつくないよ。らくちんらくちん。五分か六分、目つむってたら、終わりやん」

目をつむってたら？

「そやで。素人《しろうと》くさく演技するの、ウチの手やねん」

十七で産んだ子が小学六年、十二歳ということは、彼女は二十九歳だ。

「それって、あの～、マグロってこと？」

「はは。ちょっとちゃう。マグロで売れるのは二十二まで。目はつむるけど、やることはやる。やることさっさとやって、早く終わらしたほうが賢いやんか。しゃあけど、こんなん聞いて、どうすんの？」

こういう人に電話でインタビューしましたって書きたいの。いい？

「どこの誰か分からんようにやったらええけど、しょうもな。ウチのしょうもない話、どないもならへんで。あ、子どもが男の子か女の子か分からんようにして。約束やで」

あと、出身地や今の住まい地、両親のこと、飛田に来て何年になるか、親方の名前、店の位置、店での細かな仕事ぶりも絶対に書くなと念を押された。

「ウチな。さそり座やねん」と彼女。

「あら。私と一緒」と私。

「そうなん？　さそり座って、情熱的なくせして、冷めたら終わり、みたいなとこあるんよ」

「うう～ん、そうかもしれへんね」

「それからさ。さそり座は女優に向いてるねんて。そういうとこを、生まれながらに持ってるんやて」

とりとめない話に流れ、最初に「ついてない星に生まれた」と言ったのに、今度は「女優に向いているのか」と思いながら聞いていると、途中で電話が切れた。充電切れだったような切れ方で、その後はかかってこなかった。

四十分ほど話して、私が感じたのは、「彼女はただただ誰かと話したがっていた」ということだった。誰でもよかった。たまたま「自分（たち）に興味を持っている」と示す内容のビラを見たタイミング。ただそれだけだ。

十二時半ごろに2Kのアパートへ帰る。小学六年の子どもが眠い目をこすりながら起きて待っている。「ウチが帰ったら安心して眠る」のだそうだ。だから、まっすぐ帰る。子どもが寝た後、退屈だ。夕食は店で出前で済ませている。「することがない」。退屈しのぎに、誰かと話したかったのだ。

私が電話の主に聞きたかったのは、飛田に来るまでのライフヒストリーと、飛田での〝お仕事実感〟だったが、インタビューのペースをつかめないまま、点々の話を聞くだけで終わった。伝わってきたのは、「寂しい」という感触。「希望がない」という絶望感。しかし、子どもは「基本かわいい」と繰り返した。

「一人でちゃんと育ててるの、偉いと思う」

と言った時、

「あのね。（飛田では）ウチらはふつうなん。ふたり親のところはないの」

とも言った。本当に、聞けた話は点々だった。


元〝お嬢〟


二人目と三人目からは、その二日後、同じ夜にかかってきた。

二人目は、午後十時ごろ。

「もしもし、チラシを見たんですが」

利発そうな声だ。

「女の子やってるんですが、これ、話をしたら、いくらもらえますか」

「謝礼ってことですか？」

「そう」

「申しわけないんですが、謝礼の用意はないんですけど」

「え〜？　まじ〜？　あかんわ、間に合わへん」

「間に合わへん？」

「今日、生理やから店に出られへんのよ。やのに、明日返済日なんよ、もうっ」

電話はすぐにブチッと切れた。彼女は、明日多重債務者になるのだろうか……いや、それよりも、短く交わした中で、ひっかかるのは「生理やから店に出られへん」という言葉だ。「生理くらい、脱脂綿詰めたらなんてことない」と、おばちゃんたちから聞いていたから、店に出られないほど多い出血とは、子宮筋腫《きんしゅ》ができているのではないだろうか。気にかかったが、どうすることもできない。

三人目は午前一時半ごろ。一人目がかけてきたのと同じく、仕事が終わって、家に帰ってひと息という時間だ。

「もしもし。あ、井上さんていうんですか？　変なチラシの人」

少しのやりとりをした後、「私の人生、ドラマでも映画でもなりますよ」と言う。経営者のマツノさんが言ったのと同じ台詞《せりふ》だ。挑発されているようだった。

「あの〜、先に言うとかないといけないと思うんですけど、無料で聞かしてほしいと思ってるんですけど」と私。

「ふ〜ん。ドラマとか映画になってから、出世払いいうことやね」

「出世払いできたらいいんですけど、ふつうなかなか……」

と応《こた》えると、「まあええわ」と彼女は話し出した。

「神戸女学院を出て、OLしてたんですよ」

神戸女学院だなんて、すごいじゃないですか。と言ったものの、「(大阪から) 神戸に通ってた」とか「JRに乗ると、女学院時代を思い出す」とかという受け応えに、神戸女学院は西宮で、阪急沿線なのに、「ちょっとおかしい」とは思った。「子どものころピアノとクラシックバレエを習っていた〝お嬢〟やった」とも彼女は自分から殊《こと》更《さら》に言った。

「損保会社にいたんですよ。事故を起こしたお客さんからの電話を受ける内勤。電話で頭ごなしにお客さんに怒られるのが仕事。ストレスたまりますよ」

まる四年で退職したのは、そのストレス発散のために、先輩につれていってもらい、のちに頻繁になったホストクラブ通いのため。二回目から、「学生時代の彼氏とかぶるところがあった」という「リューヘイ」を指名。会社のストレスを、「僕も〝怒られてなんぼ〟の営業をしてたから、よく分かります」と聞いてくれたのが、気に入った大きな理由だと言った。

「相手はホストだと分かっていても、徐々にはまっていくから難儀なんです。私、別にウブいほうやないのに、アホみたいでしょ。外でデートして、その次に（店に）行くと『シャンパン入れていいですか？』がどれだけ多なったか。ほんまアホでしょ」

タクシー帰りも増え、毎月の給料では払い切れなくなり、カードのボーナス払いに。通い出してから二回目のボーナス時に、引き落とし額がボーナス額を超えた。「目が覚めた」「新しい私に生まれ変わろう」と思った。

その方法が、「一人暮らしを始めること」「プチ整形をすること」で、その費用七十万円はカードでキャッシングして工面したとは、愚かすぎないか。一人暮らしになってから、夜はレストランでアルバイトをした。が、にっちもさっちもいかず、損保会社は辞めたという。

同じころ、頼みの「リューヘイ」は店を辞め、携帯電話もつながらなくなった。複数のカードの「ボーナス払い額」合計が、軽く二百万円を超え、十万、三十万と借りたその他のキャッシング合計も二百万を超えた時、「リューヘイの友だち」の紹介で、「全部肩代わりしてあげる」という人が現われた。飛田の親方だった。

「消費生活センターとか法律事務所に相談しなかったんですか？　自己破産とか……」

と私が言った時点で、電話がブチッと切れた。

私は地雷を踏んだのだ。こういう場合、まともな質問をはさんではいけなかったのだ。「そうやったの」「大変やったね」と聞くに留めておかなければならなかったのだ。

大筋は、以上だ。口止めされたから、実家の場所、会社の場所、ホストクラブの場所、一人暮らしの場所等は書かないが、そういった地理的なことに始まり、カードのボーナス払いの限度額、「リューヘイ」の輪郭、それに神戸女学院出身だということも含め、彼女の話には首をかしげたくなる部分がいくつもあった。

しかし、今思うに、話のいくぶんかは本当だった、と。

彼女は虚言を含めることによって、曰《いわ》く「ドラマにでも映画にでもなる人生」という〝ドレス〟を着たかったのではないか。私はそこのところをもっと配慮して、せっかく電話をかけてきてくれた彼女の話を聞くべきだった。

彼氏は「借金まみれ」

さらに、もう一人、夕刻に電話をかけてきたエリさんとは、天王寺のシティホテルの喫茶ルームで、「今日は生休」という火曜日の午後に対面することができた。

くるりとカールした長髪で、背も高い。細身のジーンズに、ラメ入りのグレーの薄手のセーターが似合う。長いつけまつげに、濃いアイライン。「店では二十八歳」だそうだ。美形だが、落ち着きがなく、額に落ちてくる長い前髪に、しょっちゅう手を伸ばす。「親きょうだいは九州にいる。わけありで、この仕事をしている」と言った。

その、わけありの、わけを教えてほしいんですが、と言うと、

「それはムリ」

だった。理由は「親方に迷惑かけたくないから」。

しかし、ぽつりぽつりと話してくれた内容を総合すると、ショップに勤めていた時、合コンで知り合った彼氏とつきあい始めた。鉄道会社に勤めていると聞いていたが、嘘《うそ》だった。一緒に暮らし始めると、その彼氏が「とんでもない借金まみれな奴」であると分かった。（飛田で働いて）返済を助けている。一年以上になる。今、店は三軒目、と。

〈仕事は仕事。この人（お客）は、何を欲しているか。優しさなのか、高揚感なのか、優越感なのか。優先順位を考えながら仕事をする〉

〈プライベートでは正常位が好きだけど、仕事ではアクロバットみたいなのを要求されることが多い。しんどいが、そういう場合はチップももらうので、頑張る〉

〈ピルを飲んでいるし、ゴムも使うから危険はない。現金で日銭が入るのがいい。少

ない日で二万円、多い日だとその倍以上を、持って帰れる。今の親方はとてもいい人〉

書いていいと言ってくれたことは以上と、もう一つ。「子どもいないんですよね?」と聞いた時に、「いないけど、いるよ」と言って、グッチの財布から取り出して写真を見せてくれたフィリピン人の十歳の女の子のこと。「六人姉弟の長女なんやて」。半年前から、毎月三千円をNGOに寄付し、里親になっているのだと言った。私は、正直びっくりした。

「えらいなぁ」

と言うと、「一つくらいまともなことせんと。このことを人に言ったの、初めて。追究せんといて」と照れるように笑って、すぐに写真をひっこめた。

その後、彼女は何度もカプチーノのカップを持ち上げたりテーブルに置いたりしたかと思うと、携帯のストラップをさわりまくり、

「三十分インタビューでいいのやったら、何人か紹介しましょか。いくら出せます?」

と訊いてきた。

「いくらって、いくらほど?」

「二万とか三万とか」

即答できない、ちょっと財布と相談させてほしいと答えたら、「明後日《あさって》電話するので。じゃあ」と、にっと笑って席を立った。席を立った後、柑橘《かんきつ》系の香水の匂《にお》いが残った。

彼女は、本当に翌々日に電話をしてきた。申しわけないが、謝礼は渡せないと言うと、「はいはいっ。分かりましたっ」。電話はすぐに切れた。「番号非通知」の電話なので、かけ返せなかった。


その他に、「〇〇という店がひどいことしてる」「〇〇公園に人が埋まっている」という密告があったが、それについては書くに足らないと思う。つまり、四百枚のビラから、四人の反応があったわけだ。百分の一。

話半分に聞くにしても、「好きでこの仕事をやっている」は、あり得ない。男に騙《だま》され、捨てられ、お金のために飛田に来た。親きょうだいの貧困のために売られて来た公娼《こうしょう》時代と、変わらないではないか。かろうじての違いは、少しは他の世界で仕事をしてから飛田に来ていることだろうか。神戸女学院出身だという彼女を除き、三人が三人とも、親の十分な保護を受けて育っていない。これまでの生活史の中で、経済的な苦労をしない時がなかった。見本にすべき暮らしぶりを知らないまま易《やす》きに流れ、今に至っているだけだ。結果、自分の墓穴を掘り続ける。

私は、四人と話して、高校教員の友人が「進学の意味は、自分と自分のいる環境をロジカルにとらえられるようになれること（と指導している）」と言っていたことが頭をよぎった。彼女たちの中卒率、高校中退率はあまりにも高い。

まゆ美ママ

飛田の料亭の女性経営者、まゆ美ママという人をネット上で見つけ、会うことができた。「男前な女であるために」というタイトルで、飛田で店を張っている様子を、二〇〇六年十月から二〇一〇年一月までブログに書いていた人だ。一九八〇年代半ばに飛田の料亭を買い、最盛期は「名義貸し」を含め三軒を経営していたらしい。

彼女のブログは強烈だった。

「十年間に十三億六千万円（純利益）を儲《もう》けて、その金額を手中に収めることができたのか、お話ししていきますね（記載ママ）」というもので、読み始めると止まらない。作り話でないと思えた。しかも、九〇年代半ばに店を閉めたが、最近再び飛田に戻った現役の経営者だと読み取れた。

文章も上手《うま》い。あまりにも上手いので、一部を書き写させてもらう。例えば、「ヤクザ青年とユカ」と題する一文はこうだ。

〈年の瀬を迎える時、組合の寄り合いで顔見知りになった、大門に古くから店を構えているオカアサンから連絡があり、店を閉めてから覗《のぞ》きに行くと、ソファーに女の子が一人座らされて、その周りをオカアサン、オトウサン、呼子のおばちゃん、年増のおねえさんが囲んでいる。時間は夜中の1時をまわっていました。

岡山から、ヤクザ者に連れてこられたのだが、信太山《しのだやま》、松島と連れまわされて飛田に辿《たど》り着いたらしい。バンスが百五十万円……。これではどこも、雇い入れる店はない。

「いくつ？」

寒い最中にトレンチコートに赤いスカート、白いモヘヤのセーター、おそらく目一杯のお洒落《しゃれ》をしてきたのだろう。

「十九です。」

目が私に助けを求めている。このオカアサンの店も雇わないのは、バンスだけが理由ではなかった。当時、十九歳を雇い入れるのは勇気が必要だった。府の条例では十八歳はだめだが、二十歳以上はＯＫで、十九歳が時間の制約などで、詳しく記されていなかったのだ。

飛田は、大きな前借金は出さない店が殆《ほとん》どでした。どうしてもお金がいる子は、飛田には日銭貸しがいまして、経営者が保証人になって、最高50万くらいは借りるという方法をとっていた店が多かったのです。大きなお金を貸し付けても、いなくなってしまえば所在不明になり、取立てが難しいのです。うっかり取立てをすれば、女の子は借金の形に売春をさせられていたと、ケイサツにでも走られたら、店は一巻の終わりです。

「いつ？　大阪に？」

「昨日の朝です。」

「昨夜はどこで眠ったん？」

「車です。」

「ゴハン食べたんか？」

「ハイ。」

（ヤクザもんか……）勿論《もちろん》何か事情があるのはわかるが、悲壮感が漂っている。

「オカアサン、ちょっとお部屋を貸してもらえますか？」

私は奥に部屋を借りて、その女の子に洋服を脱ぐように命じた。少し小柄でしたが、若さではちきれそうな体をしていた。顔は観月あ〇さ、色白で申し分のない体だった。私は女の子を雇う前に、必ず裸にしますが、それは体に異常なあざや、傷がないか調べる為《ため》です。

心配した、注射痕もない美しい体でした。ブラジャーとパンティー姿で「お願いします！　一生懸命働きます。お願いします！」と土下座をして頼み込む姿が哀れで、思わず「わかったよ！　疲れたやろ、あたたかいもんでも後で、食べに行こう！」と言ってしまった。

「オカアサン、おおきに！　連れて帰ります。今日は遅いですし、又明日にでもご挨《あい》拶《さつ》には、伺います。」

そう言って大門の店を出た。この子を連れて来た、岡山のヤクザ者には、明日お金を取りに来るように言って、帰らせた。

着替えもろくすっぽ持っていないし、お金も勿論ないこの子を、今日は私のマンションで泊まらせる事にした。帰りがけ、花園町の交差点近くにあるラーメン屋に立ち寄った。

体も温まり、話をゆっくり聞く。お金は親の為に、何があっても明日には用意しないと駄目なのだと言う。その話が嘘であれ、本当であれ、私はどっちでもよかった。もう雇い入れると決めていたし、この子の必死さが私には伝わってきて、きっと使い物になると予感させたのです。

この女の子の父親は元々、ヤクザであり一緒に来たヤクザは子分というところらしい。父親は堅気になり、商売をしていたが、失敗をして岡山で半分、追い込みをかけられている状態らしいとの事。

翌日、この子を連れてきたヤクザは、私にその話を女の子がした事がわかると、安心したのか、昨日のヤクザぽい態度とはうってかわり、普通の少年になっていた。

「ママさん、どうかお願いします。どうしてもそのお金がなかったら、オヤジも岡山には、おれません。助けて下さい。そのかわりもしよかったら他にも、女の子を連れて来ます。借金はしなくてもいい、働くだけの可愛《かわい》い子を見つけて、連れてきます。」

そのヤクザ、岡山の○○組の人間だと名乗った。〉

ブログによると、まゆ美さんは一九五六年生まれの五十三歳（二〇一〇年当時）。若いころ、新地やミナミでホステスをしていた。八〇年代に、二十代で「デートクラブ」を経営した。

飛田に店を持ったのは、警察から許可の出る「箱モノ」商売への憧《あこが》れから。紹介者があり、開業資金は二千五百万円ほど。

開業準備を進めている時に、「ママさん、雇ってください」とやって来た八十年配のおばちゃんを雇う。飛田のいくつもの店を長年渡り歩いてきた、和服のおてるさん。字が書けないが、取り分の計算はぬかりない。

一人目の女の子は、「時々飲みに行く店のホストの紹介」で見つかった。久左衛門（ミナミ）の元ソープ嬢。バンス（前借）なし。三十八歳。

二人目は、「女の子募集」の張り紙を見て飛び込んできた二十二歳の元看護師。近所の店で働いていた子で、「（その店の）マスターと男と女の関係になり、マスターにお金を貸している。けんかして出てきた」。バンス十六万円。

三人目は、十三《じゅうそう》（淀川区）でキャバクラ嬢を自らスカウトした。四人目が、先のブログにある、ヤクザがバンス百五十万円でつれてきた十九歳。

開店前に、チョコレートやおかき、煎餅《せんべい》、するめなどを手押し車で売りに来るおばさんがいる。そのおばさんから「ゲンがつきますように」と縁起をかついでするめ（当たりめ）を買って、ストーブで焼いて食べる。

料金は、三十分一万円（八〇年代後半当時）。できるだけ「延長」を取る。

暗黙の約束事は、女の子が玄関口にいない時には呼び込まないこと。近所の他店の呼び込みの邪魔になるからだ。自分の店の間口の間しか呼び込まず、道路の真ん中より向こう側を歩いている人を呼び込む権利は、向こう側の店にある。店の玄関口に鏡を置くのは、客が店の境界線より手前に来た時点から呼び込むため。鏡に客の姿が映ると、すぐに呼び込みを始めるという寸法だ。

玄関先を照らすのは蛍光灯、女の子を照らすのは白熱灯。肉屋が、牛肉の赤身を美しく見せるために使うライトと同じく、女の子を左右と前から照らす。真っ赤な座蒲《ざぶ》団《とん》、真っ赤な膝掛《ひざか》けが多いのも同じ理屈。

いろんな客が来た。ほとんどは「いい客」だが、中には困った客や個性的な客もいた。

ある時、部屋の様子がおかしいと思って見に行くと、女の子が四つん這《ば》いにさせられ、首にベルトを犬のように巻かれて、お尻《しり》をパチパチと叩《たた》かれていた。

「何さらしとんねん」

と、まゆ美ママが体当たりした。その後、警察に電話している間に、男はいなくなった。やって来た警察官は同情してくれた。

寿司折を下げてくる「松ちゃんじいさん」は、いつも延長してくれる常連だが、ある時、コトの最中に意識を失った。

そういう場合は、服を着せて、外に出してから「誰か倒れている」と救急車を呼ぶのが常だが、この時は服を着せている途中に目を覚ました。酔いが回って、眠ってしまっていたのだった。

ほかの店で断られる身体障害者のしんちゃんも店に上げた。母親からお金をもらってきたとのこと。言葉も不自由だが、やさしい目をした子だった。おっぱいを触るのが目的で通ってきた。

まゆ美ママは、徹底的に従業員教育を行った。客の財布を覗き込み、いくら入っているかを先に確認するように女の子に教え、「財布を空にして帰らせろ」と激励した。そのためには、「ふう（コンドーム）は使うな。病気持ちでないかどうか、尺八を念入りにして調べてから、やれ」と指導。女の子は、一人の客が終わると、ローションや唾液《だえき》で体がどろどろになる。トイレに設置した、瞬間湯沸かし器付きの蛇口からのホースで、膣《ちつ》内のみならず、和式トイレにまたがった恰好《かっこう》で体を洗って、次の客に備えた。

生理休暇は三日間。売れっ子には毎月二十二、二十三、二十四日の暇な日にしか取らせない。ピルを飲んで調整させ、調整できなかったら、海綿を詰めて出血を防ぎ、仕事をさせた。

「それが当たり前」と洗脳していった。「ふう」をしないために移る病気には、HIVのほか、梅毒、コンジローム、ヘルペス、淋菌《りんきん》、毛ジラミがある。毎月、病院での検査を義務づけ、十五日に検査結果を提出させた。

客の支払金をごまかす女の子には、殴る蹴《け》るの制裁を容赦なく加えた。

多くの女の子は「バンス持ち」だ。バンスがなくても、飛田の近くのマンションを借りるので、マイナス二百万円ほどからスタートさせることが多い。この借金が終わるまでに、宝石、ブランドの服などを買わせ、海外旅行をさせ、「夢と希望」を持たせ、「この店にいるからこそ自分がある」と思うように洗脳してゆく。

借金が減ってくると、ホスト遊びを覚えさせる。それも安いホストクラブではなく、座るだけで三万、四万の高級店。お気に入りのホストを指名し、ボトルを入れ、一晩で何十万ものお金を使わせる。女の子たちは、飛田での仕事の辛《つら》さを忘れるために、ホスト遊びに夢中になる。ホストは、「女の子たちがお金を落としてくれる構図」を理解しているので、ホストクラブでの女の子たちの言動をまゆ美ママに伝えてくれた。

こうして、「飴《あめ》と鞭《むち》」で女の子たちを管理した。

大晦日《おおみそか》は、まゆ美ママのマンションに女の子たち全員を集め、無礼講で年越しそばからおせち料理までふるまうのを習わしにした。正月に里心がついて、田舎に帰るのを防止するためだが、慰労のためでもあった。豪勢にふるまった。一月十日の「戎《えべっ》さん」の日には早じまいして、全員で今宮戎に繰り出し、ホストクラブへ流れるのも、二十歳の子の成人式に、貸衣装を借り、写真を撮り、帝塚山《てづかやま》のレストランで食事会をするのも年中行事にした。有馬温泉や東京ディズニーランド、海外旅行にもつれていった。女の子たちは、高級レストランで食事するのも、高級ホテルに泊まるのも、着物を着るのも初めて。大はしゃぎだった。

女の子には、DVに遭い続けている子もいたし、シャブを打つ男と離れられない子もいた。

まゆ美ママは、名義貸し（「年二百万円」などの契約で、別の人の名義を借り、経営者として届け出る）という方法を使って、最盛時三軒の料亭を経営した。使った女の子の総数は何十人もを数える。皆、長く勤めた。

儲かった。警察に踏み込まれると、預金通帳まで調べられる。多額の税金を追徴されるのを避けるために、現金主義だった。お札は、ホームセンターで金庫を買って来て中に入れても、箪笥《たんす》に入れてもすぐにいっぱいになる。住んでいたマンションの隣室を借り、植木の土の下や畳の下に隠したが、限界がある。他府県の銀行に小分けして預けた。黒ビニールのゴミ袋にお札をめいっぱい詰めて、車で運び、信用金庫に預金に行ったこともある。

十数年間、経営を続けたが、警察につかまって五十日間勾留《こうりゅう》されたのを機に、きっぱり足を洗った。

夫と三人の子どもがいる。郊外に豪邸を建て、静かに暮らした。しかし、「義母が知人の保証人のハンコをついた」せいで、家を売り、すべての財産を無くしたため、十年ぶりに飛田に戻り、新規に料亭経営を始めたところだ……。

飴と鞭

ブログのコメント欄に「取材させてほしい」旨《むね》を説明し、「連絡をいただけないでしょうか」と、本名、携帯番号と共に書き込むと、そのまゆ美ママから電話がかかってきたのだ。

「私のつたないブログを読んでくださって、ありがとうございます」

とてもハスキーな声だった。風邪ひきか、酒とタバコで喉《のど》をつぶしたのかと思うような声だった。

「いや全然つたなくない。プロが書いたのかと思いました。文章がとても上手くて、びっくりしました」

「そんなん言うてくれはったらうれしいわぁ。子どものころから、音楽はまるきしダメなのに、本を読むのと感想文を書くのは好きやったんです。書くことはストレス発散になる。この年になって初めて書く楽しみを覚えました。本を読んで、こういう時はこういう言い回しをしたらいいのかと、（表現を）真似《まね》したり。書くのはほんとに楽しかったんです」

「読ませてもらってて、正直、小説や映画の世界みたいって思いました」

「東京の出版社から本にしたいというお申し出をもらったんですが、書き換えるとおっしゃったから、それはイヤやと断ったんです。ひと言ずつ、私、一所懸命に考えて書いたから」

「そうなんですか」

「ドラマになるんやったら、私の役は室井滋」

「ほぉ、室井滋か。そういう感じの方なのかな。あのブログは、読者を想定して書かはったんですか？」

「ヤクザに狙《ねら》われへんかって心配してくれる人もいたけど、ほんまのことを書いて、何が悪い。息子に、私が必死で商売してきたことを伝えたいというのがあって、書いたんです」

電話でそんなやり取りを少しして、三日後の午後二時に会う約束ができた。やはり現役の経営者だった。営業中の店の場所を教えられ、「裏口の前から電話して来てください。開けに行きますから」と言われた。

ドキドキした。あまりにもあっさりとアポが取れたのは、何か裏があるのではないかと却《かえ》って恐怖感を覚え、しかも、その日私は朝のフジテレビ「めざまし占い」で、私の星座、さそり座が最下位だったのにひっかかった。子どもじみているが、さそり座の「ラッキーアイテム」が写真立てだったので、「困ったことが起こりませんように」と藁《わら》にもすがるような気持ちで、大きな写真立てを鞄《かばん》に入れて行ったのだった。なぜそんなにおびえたのか、不思議でしようがない。

まゆ美ママの店は、青春通りにほど近い一等地近くにあった。寒風吹く昼下がり、歩く客はまばらだが、それでもいる。黒コートに黄緑色のマフラーを巻いた、昔日の文学者然とした紳士が悠然と歩いていたことが、その日の記憶にある。

裏口の前から、指示どおり電話をかけると、「タエコというのに迎えに行かせます」とのこと。銘仙風の薄紅色の和服に、白い割烹着《かっぽうぎ》を羽織り、髪の毛をアップにまとめた四十歳くらいの女性が、笑顔で迎えに出て来てくれた。

「タエコです。井上さんですね？」

確認した後、

「この通路、狭いの、ごめんなさいね」

と先導してくれる。タエコさんは、その仕草にも話し方にも品があるように思えた。外通路を二十メートルほど歩き、勝手口から料亭の建物の中に入り、応接間に通された。出てきたまゆ美ママも和装だった。ウサギ柄の化織の着物に、フリルのついた白エプロン。目鼻立ちのしっかりした美形。痩身《そうしん》。

簡単な挨拶をしてから、私が「飛田はすごくいい町だとは思わないけど、必要とする人もいる町だとは思うんです」と言うと、まゆ美ママは「そう。そう思ってもらわな」とにっこりした。以下、記憶にある限りの質疑応答である。

――「箱モノ」をやりたくて、飛田に来たとブログに書いてありましたけど、そうなんですか？

そうですそうです。デートクラブやってたやないですか。ヤクザに「開業届」を出して、公衆電話ボックス内にチラシを貼る場所を「縦一列」「横一列」と高いお金でやっぱりヤクザから買って、女の子たちを派遣。警察にアレされるから、チラシを作ってくれる印刷屋が少ないんですよ。一万枚で五十万円とか、ふつうじゃなかった。

引き取りは真夜中やし。それに比べて、堂々と届け出して商売する箱モノは一種の出世です。憧《あこが》れやったんです。

警察が「ヤクザが何か言って来たり、脅されたりして、困ったことがあったら、すぐに連絡して来なさい」と言ってくれたし、合法だと思っていたんですよ。すぐに非合法やと分かりましたけど。

――水商売ひとすじ？

私はふつうの家庭に生まれ育ったんですけど、なんやしらん商売が好きでね。八百《やお》屋《や》やった友だちの家がうらやましかったし。人に使われるのが嫌いなんですわ。十代のころ、会社勤めというか工場勤めもしたことありますけど、決まったことをさせられるのがあかんのね。

――この仕事、好きですか？

ええ。天職やと思いましたよ。女の子をつくりあげていくのが楽しいんです。こういう所に来るのは、言うたらなんですけど、だらしない女の子ばっかりです。そんな女の子を、世間に通用するようにつくっていくのが面白い。そのためには、叱《しか》るんやなくて、怒る。感情をむき出しにして怒る。分かってくれへんかったら、しばき倒します。そうやって、女の子たちを人間的にも成長させたりますねん。

――たとえば？

五時の出勤予定やった子が、八時に「すいません」って言って入ってきたら、初めのうちは「うわ～」と怒ってたけど、おてるさん（ベテランの曳《ひ》き子）に『ママ、飛田というところはそれが当たり前や。タヌキにならなあかん。時間守れる子はこんな商売しませんよ』と教えられて。最初『このおばはん、何言うてんねん』って反発心ありましたよ。でも、そうかもしれへんなあって。

で、うわ～と怒ったあとには、『親方もおばちゃんも女の子も、お互いに食べさしてもらうんや』と、ご互いに思えるようにもっていく。毎日、店を開ける時『今日も一日よろしくお願いします』って、おばちゃんが女の子に、女の子もおばちゃんに言うて、頭を下げる。おばちゃんが女の子に出前のコーヒーをおごる。女の子は『ありがとうございます』ときちんとお礼を言うて、飲む。親方、おばちゃんのおかげで儲けさしてもらうんやと感謝の気持ちを植え付けさせるんです。

スリッパの揃《そろ》え方、灰皿の置き方、おしぼりの渡し方、洋服の掛け方も一つずつ教えます。

それに、ここらの女の子、もうどれだけだらしないかていうたら、部屋の中、散らかり放題。放っておいたらゴミ屋敷。私は（女の子たちの）マンションの鍵《かぎ》を預かり、抜き打ちで調査に行ったるんです。散らかってたら、ただでは済まさん。そうやって、元々どうしようもなかった女を一人前にさせる。

——「飴と鞭」でしつけていくって書いてはりましたね。

しつけるというより、調教やね。洗脳していくんですよ。「あんたたちは女優や。一流になりなさい。儲けなさい」って。うちは徹底した。てれんてれんの五千円くらいの服着てたら、あかん。高級クラブ並みの、四、五万の服で座らせましたからね。もちろん自分持ちでです。毎日、出勤の前に美容院でセットさして。座ってる時、煙草《たばこ》もジュースも携帯さわるのも禁止。ジュース飲みたかったら、早く（客を二階に）上げなさいと言いました。一から十まで教えた。

——女の子のため？

いいや、違います。自分のため。自分が儲けるためやね。

——お客さんのためでもある？

そやねぇ。一万一千円って、お客さんにとっても簡単に稼げるお金やないですよ。汗して働いたお金を使いに来てくれてはるんやから、こっちだって真心で対応せなと思いますよ。

——ブログにあった、ヤクザがつれてきたユカさんの話、強烈でした。

ユカ？　温泉町から出てきた、きれいな子でした。親がヤクザ者で、博打《ばくち》のお金かなんかで追い打ちをかけられていたんと違いますか。両親、妹、弟。すべての家族の面倒を見てた。妹の高校進学費用も出してましたね。

――すごく儲かる？

ひと月に、六百万、七百万、売り上げる子もいました。五百売り上げても、取り分が二百五十万ありますやん。家賃二十万払ったところで、百五十万、二百万の借金はすぐに返せる。一日に三十万売り上げても、そこから女の子に渡すのは一万。女の子の取り分の十四万のうち十三万をこっちが取っていくんですわ。『一日でも早く返せ』『シビアな気持ちになれ』って、お金に執着心を持たせるんですわ。『うちが拾ってやったから、あんたまともに借金返していけてるねんで』って。半年くらいで、ちょっと緩めてやる（渡す額を増やしてやる）んです。すぐに借金を返させて、辞められてしもたら何してるか分からへんから。服買え、宝石買え、寿司食べろ、焼肉食べろと、ある程度自由にお金を使わせてやる。贅沢《ぜいたく》を覚えるし、親にもせびられ、また借金をつくる。

――ホストクラブも覚えさせるんですね？

そうそう。そうやって、長く（女の子を）使うことを考えるんです。うちは、客が女の子を外に連れ出すのを御法度《ごはっと》にしているから、女の子は軟禁状態ですわ。携帯番号を聞かれたら、「ママに怒られます」と言えって。仕事終わった後、お客が「送っていく」というのもＮＧ。私の言うとおりに頑張ってくれると、いじらしくなってきますよ。

――セックスの仕方も指導？

する前に、まさぐって毛ジラミないか、イボイボないか、病気ないかと調べろと。イボあったら、(コンドームを)被《かぶ》せなあかん。毛ジラミ見つかった客には、私が『お客さん、ちょっとすいません』ってキンチョールをかけたげるの。あれで、一発やね。(一日に)二十人もヤッてたら、(女の子の局部が)擦れて、痛いの。座っただけでも痛いってヒイヒイ言うてた子もいた。そんな子には麻酔剤塗ったげるの。膣口が小さくて痛いからて言うて、病院で切ってきた、見上げたプロ根性の子もいた。

――ＨＩＶの心配は？

あんなもんは喫茶店のコップでも移ることあるんやから、それ言い出したらこの商売でけへん。

――コップでは移らへんと思いますけど……。ママのところがすごくはやると、他の店からやっかまれませんでしたか？

それ。それですねん。（他店が）ややこしい客を送り込んで、「あの店に行ったら、二階のトイレに覚醒剤《かくせいざい》の注射器が置いてあった」て、あるわけないことを警察にたれ込ませる。店をつぶそうと思ったら簡単なんですわ。女の子のお尻の穴に、覚醒剤を入れる客とかも注意せんとあかんけど、予防策をとれないのが一番痛い。

――ママの店も警察入ったんですよね。

やられた時、女の子が警察でどう言うたらいいか、常々店で訓練してたんです。うちの店は全部「名義貸し」やったでしょ。うちの女の子たちは、警察に「ほんまの経営者はこの人やね？」と私のことを言われても、「知りません」と最後の最後まで口を割れへんかったの。見上げたもんですよ。男はあかん。名義貸しの男が口を割ったから、捕まってしもた。

ちょうど息切れしてきてた時やったんです。お金の隠し場所に困り果ててたでしょ。一億で十キロですよ。重たい。古本より始末に悪いって思いましたよ。車で走ってても、後ろの車が警察の車に見えて、サクロンを毎日十袋飲んでも、胃が痛くてしょうがなくなってた。五十日勾留されて、保釈金積んで出て……。もういいかって。

――でも、十年経《た》って今また店をやりださはった。

生きていくため、やね。家もなくなって、すっからかんになってしもたから。息子、一回グレたことあったの。その息子に、私の生きざまを伝えたいと思ってブログを書いたて言うたでしょ。息子たちに、少しは（お金を）残してやりたいと思う。井上さんも子どもいはるんやったら分かるでしょ？

——私も家持ってませんけど、まだ自分のことで精いっぱいで、そこまで考えたことないですけど。

それはね、井上さんが育ちがいいからですよ。私には一目で分かる。

——お金って、そんなにも必要なのかなあ。

あのね。お金って、ものすごい力を持ってます。女の子、ちょっとだけこの仕事をやってやめたら、心に深い傷が残ります。けど、一千万円手に持って辞めたら、傷にならないの。

お金があったら、たいがいの問題は解決します。夫婦喧嘩《げんか》しませんわ。やさしい気持ちになれる。お金ない時、人に親切にしなさい言うてもできへん。生理ナプキン買えないでいて、人のことを思う余裕ないでしょう？　そういうことなんですよ。

返事に詰まっていた私に、まゆ美ママはこうも言った。

「そりゃあ、風俗という選択をしないで人生を送るほうが、女性としては幸せなんだと思いますよ。でも、何かの事情でやむを得ず風俗の世界に飛び込んだのやったら、

（風俗の仕事を）ポジティブにとらえて、頑張って一円でもたくさん儲けるほうがいいに決まってますやんか」

商売哲学

途中、「メモしていいですか？」と聞くと、「どうぞどうぞ。私の話がお役に立つんやったら」と言ってくれる。取材させてもらっておいておかしな言い分だが、私はまずもってまゆ美ママが取材に好意的であることが不思議でならなかった。

飛田の料亭の経営者であることを、誇っているのだとさえ思える。やっていることへの後ろめたさはないのだと思う。

「女の子をつくっていく」この仕事が天職だと思うと言う反面、「後ろの車が警察の車に見える」ほど胃を痛める。すべて「お金」のためと言うも、そのお金の保管方法が、箪笥《たんす》預金だったとは。「ＨＩＶのことなんか考えたら、この商売はできない」ともいう。「適正申告して、税金を払っても、十分に儲けが出るはず」「ＨＩＶは絶対に予防しないといけない」と私なりに突っ込んだが、「税務署を喜ばせるために仕事してるんやない」「（ＨＩＶは）大丈夫」と言う。「井上さんには分からへんのやろなぁ」と、小さく笑いながら突き放したように言う。

聞いているうちに、彼女の「飴と鞭」に飲み込まれていく女の子たちの気持ちが少しだけ分かるような気がしてきた。妙だが、彼女には「確固とした〝商売哲学〟」があるような錯覚に陥るから。「この〝強い〟ママの言うとおりにしていたら、暮らしていける」。当面の衣食住が保証される。先のことは考えない。というか、考えられない。びくびくしながらその日その日をやり過ごさざるを得なかった女の子たちにとって、ある意味「安心して」身を売るだけで暮らしていける唯一《ゆいいつ》の場をこの人が提供してくれるのだから。まゆ美ママは、それもこれも包括して誇っているのだろうか。女の子たちのことを「女優」と言ったママのほうこそ、一枚も二枚も上の女優で、誇り高さを演じる女優なのかもしれないとも思えてくる。まゆ美ママはこうまで言った。

「こんなん主人にも言うたことなくて、井上さんにだけ言いますけど。私はそんなええ人間と違いますけど、心の中で、仏さんに近づきたいと思ってますねん。生きてる間に仏になりたい、世の中に尽くして、いい人生を送りたいと思ってますねん。徳を積む生き方をしたいんですわ」

「女の子を助けてるとまでは言えへん。商売は自分のためにしているから。でも、女の子に、(所作などいろいろなことを)教えることによって、私は修行している、仏に近づいていっていると思っています。今は、胸はってこの仕事をしている。警察につかまっても、命まで取られませんやん」

二時間も話していると、初めに供されたコーヒーも空っぽになる。折を見たように、日本茶を運んできてくれたのが、裏口に迎えに来てくれたタエコさんだった。お茶の供し方、その仕草が「慣れている」と思った。私はまゆ美ママに、「彼女、すごく品がある。こういう仕草も、ママが教えはったんですよね。彼女も女の子なんですか?」と訊《き》いたら、

「井上さん、全然分かってはらへんわ」

と笑われてしまった。「タエコが品あるって、わはは。名古屋のヤクザが連れてきた子や」と。

「うちに来た時、二人子ども連れて、一人は生後一か月の乳飲み子。どうよと思たけど、うちで面倒みた。女の子をやらしたけど、見てのとおりの顔かたちやから、客がつかへんのよ。二十四でおばちゃんになったのかな。頭ないんよ」

と、本人が前にいるのに、まゆ美ママは平気でいう。

「タエコ。ここらでしか、生きてへんのやねえ。大阪来て十何年で、難波に行ったのは数えるほどやんねぇ」

タエコさんは返す。

「そうです、飛田から出るの、なんや怖いですから」

今おいくつですかと訊くと、三十八だという。若い。なんという、若いおばちゃん。

「人の縁って、どこに落ちてるかわからへんですよね。こうして、私、またママのごやっかいになることになったんですから」

とにこやかに言って、タエコさんがお盆を持って部屋を出ていった。以前の店を閉めてから、十年近いインターバルがあったはずだ。まゆ美ママが言う。

「タエコね。『勤めてた居酒屋の女将《おかみ》が、タエコの名前でヤミ金した』って言うから、まあそういうことにしてあげてる。数社で五百万（のヤミ金からの借金が）あったんですよ。ただ、タエコは私に絶対服従で、安心して店を任せられるから、おばちゃんに来させることにした。タエコを引き受けるいうことは、タエコの借金も引き受けるっていうことやから、私、ヤミ金全部に電話したんです。『弁護士に相談したら、過払いあるそうですわ。弁護士に、そちらの宛先《あてさき》を訊けって言われたんで電話しました。明細を出してもらえませんか』って。それだけ言うたら、ヤミ金は『もうええわ』って言うた」

「返さなくてよくなったということ？　ヤミ金数社ともですか」

「そう。ヤミ金百人おったら九十九人これで大丈夫ですよ。私、電話したとこ、一人なんか『素人《しろうと》さんがよう電話してきはったな。ねえさんの気風《きっぷ》が気に入った』って言うてくれた（笑）。そんなもんなんですよ」

「ヤミ金に借金抱えてる女の子は、自分で弁護士に相談しようとか、場合によっては自己破産しようとか、なんで思わないのでしょう？」

「あの子らに、そんな頭ないんよ。飛田から抜け出せない女の子は、まず、パチンコか男。どっちかに溺《おぼ》れるんやね。まだ男のほうがまし。パチンコは博打。『オマエは犬以下や～』言うてどつき回したった子もいた。その先は、結局どっちもヤミ金やからね。だいたい『（お金を）落としました』『（スリに）取られました』と言うてくる。「子どもが取りました」と言うて来た子にゃ、私、子どもの前で、ぼこんぼこんにしたったこともありましたよ。『ええ加減にせえ。目を覚ませ』言うて」

タエコさんの話から、「ヤミ金と飛田の女の子」の話へと続いた。

「井上さん、知らんのやろね（笑）、そこらの居酒屋とヤミ金が結託してるの。飲み食いして、払うお金が足らんとするでしょ。そしたら、居酒屋がヤミ金を紹介するんや。もうどろどろよ。『二万貸して』なら、ヤミ金は二万貸してくれて、借用書には『三万』って書かされるんですよ。一万は利子ということ。で、十日目に『返します』言うたら、三万を返さないと完済にならへん仕組み。十日目に一万円だけ払って、あと十日待ってもらおうとするでしょ。そしたら、(最初に借りてから)十九日目には、さらに三万払わないと完済でけへん。みんな最初二万や三万借りさされてから、二百万、三百万、五百万になっていくの、あっという間。わけあらへん。ここらの女の子、みんなそうですよ」

トサン(年利一〇九五%)、トゴ(年利一八二五%)などトイチ以上のヤミ金が横行しているのだという。先に、ヤクザの人たちから聞いたヤミ金の仕組みの、さらに上をいっているというのだ。

少しして、

「見はりますか?」

と、まゆ美ママが言う。「お客が上がっていないから、今やったらどうぞ」と。白い豪華な胡蝶蘭《こちょうらん》が飾られた表玄関に行き、「ほら、こうやって二重三重にライティングしてるの。肉屋が赤身の牛肉をきれいに見せるのと同じ」「肉屋に行ったら、誰かて赤身のきれいな肉を買おうと思うでしょ」と、ブログに書いていたのと同じ説明をしてくれる。表を向いて座っている女の子が、私のほうを振り返って、にこっと笑って会釈《えしゃく》してくれた。私は反射的に、思い切り微笑《ほほえ》み返した。

二階に上がると、さすが新規オープンの店だけあって、完全にリノベーションされていた。赤いじゅうたんを敷いた廊下に沿って、八畳の部屋が四室。畳の上にカーペットを敷いているらしいが、洋室に見える。白木のチェストや紺色のソファなど今風の家具が置かれ、トレンディドラマに出てくる女の子の部屋という感じである。清潔感がある。「昭和」ではなく「平成」だ。だが、トイレだけは和式。ホースと、「オスバンS」と書かれた殺菌消毒液の容器が生々しかった。

新規オープンして日が浅い。まだ女の子は一人とのことで、三部屋はまっさらだった。

別れ際《ぎわ》、まゆ美ママは「井上さん、いい本書いてください」と言ってくれた。「その本がたくさん売れて、うちも儲かって、一緒に飲みに行って、ドンペリ入れましょう」とも。

この日私は、この人ほどのエネルギーがあるなら、他の真っ当なビジネスをしても成功をおさめるに違いないのに……と思いながら家路についた。

タエコさん

ありがたいことにまゆ美ママの計らいで、店が休みの日、女の子を経ておばちゃんになったタエコさんと二人で会うことになった。場所は、大阪市内の端にある彼女の家に近い、昼間から開いている居酒屋。間の悪いことに、他の取材先から直行となったその日、車で行ったので、私はアルコールが飲めない。「気にせず飲んでくださいね」と言うと、タエコさんは「じゃあ遠慮なく」と生ビールを注文。ごくっと飲んだ時の、美味《おい》しそうな顔に、私は親近感を覚えた。刺し身やサラダや串《くし》カツの皿が並んだテーブルを囲んで、取材開始。

「お休みの日やのにすいません」

「全然いいですよ。朝から蒲団《ふとん》干したり、家の用事をごちゃごちゃやって。もうあとすることないから、平気です」

若いおばちゃんでびっくりしましたと言うと、

「年いった女の子も、若いおばちゃんもいますよ、飛田には」

とにこり。まゆ美ママはボロクソに言ったが、容姿は平均より上だと思う。丸顔。ややふっくらさんだが、私よりははるかに細い。

「二十二歳で、名古屋から飛田に来たと聞きましたけど、どういういきさつだったんですか？」

「いきさつも何もいきなりです。二人目の子どもが生まれて一か月の時、相手に『じつは大阪いう話がある』と言われて。籍は入れてへんかったから、内縁の夫ていうんですかね。家賃が払えなくなって、『大阪に仕事あるから行って、親子四人で心機一転やり直そう』て言うから、『まあええけど』と答えたその晩です。相手の知り合いが車で迎えに来たので、子ども一人抱いて、一人手をひいて、おしめとミルクと着替えを入れた紙袋一つ持って、その車に乗ったんです。つまり、相手と、相手の知り合いと、子ども二人と私で、大阪へ。詳しいこと、何にも聞かされてへんかって、着いた先が飛田やったんです。ウソみたいな話でしょう?」

にわかに信じられないが、事実は小説より奇なりだ。「びっくりしたでしょう?」

「『ここで降り』て言われて車を降りて、ほんまにびっくりした。『知り合いが店をやってる。風俗なんや』言われて、ショックというより腹立った。しかも、すぐにトンズラされたんやから。ったくもう」

「狐《きつね》につままれたような気持ち?」

「そやね。ママの店の前で、子どもと紙袋持って、『ここはどこ? 私は誰?』って感じ。売られたんやね。私に無断でそんな話がつけられてたということ。それが分かった時点で、相手を見限った」

「ここはどこ? 私は誰?」の言い回しを気に入っているのか、タエコさんは繰り返して言い、「わははは」と笑った。笑ったが、目は笑っていなかった。

「くそっ、馬鹿《ばか》にしやがって、よね？」

「う〜ん。ちょっと違うな。過去は戻らへんし」

自分から相手を見限ったというのは、ギリギリのプライドだろうと私は思った。

名古屋生まれ。旅芸人だった父と、父のファンだった母。四人きょうだいの三番目。「放任主義というか、ほったらかし」で育った。中学を出て中華料理屋のウェイトレスをした。次に勤めたスナックの「ママさんの息子」が、相手の男だそうだ。「本当はお兄ちゃんの方が好きやったけど、弟となんやしらんそういうことになって」。二歳上の「遊び人」だったという。

「いくらで売られたんですか？」

「二百万。でも、服も要るし、住む所も要るしというので、三百万になったらしいです」

「タエコさんは何も悪いことをしていないのに、『なんで？』と思ったでしょ」

「そんなん思ってもしゃあないでしょ。しばらくまゆ美ママのところに、子ども付きで寝泊まりさせてもらったんですけど、お金一銭も持ってない。タバコ代も『貸してください』て言わなないから、働かなしゃあないですやん」

しかし、産後一か月の時である。

「まだ生理もきてませんやん。『検診に行かないとだめですし、そんな仕事できないです』って言うたんですが、ママは『誰が乳飲み子を抱えた女を食わしていくんや』って気持ちやったと思います。新今宮に二十四時間預けられる無認可の託児所を見つけてくれて。子ども二人で月三十万円かかりました。イヤやと言うてる場合やなかった。ちょっとの間、先輩のマンションに居候《いそうろう》させてもらったけど、子どもぎゃあぎゃあ泣くし、気をつかいますやん。ママが部屋を借りてくれて、ほんとにありがたかった……」

帰る家はない。警察に駆け込む、福祉の相談窓口に行くなどの方法は「知らなかった」そうだ。まゆ美ママ以外に頼れる人が一人もいなかったのだ。

「ママが鬼の顔に見えて、もう殺されてしまうと思ったこともあったけど、教えられることは多かったんですね」

礼儀を叩《たた》き込まれたという。鏡に向かって、鼻の穴から煙の出ない煙草《たばこ》の吸い方の研究もしたという。一方で、自分が親に育てられたという実感がないから、子どもの育て方が分からなかったともいう。

「子どもに食べるもんやらんと、お前だけ美味しいもん食べて、犬以下じゃ〜」とママに殴られたが、一日の仕事を終えるとくたくたになる。休みの日には、他の女の子と同じように飲みにも行きたい。徐々に子どもを託児所に預ける時間が増え、やがて預けっぱなし状態に。託児料の支払いも滞りがちになり、ついにはママの判断で施設に入れた、と。重い話であるからこそだろうか。タエコさんは努めて明るく話しているように感じた。

最初の注文分が空になると、メニューを開き、「ほっけの塩焼き、頼んでもいいですか」。もちろんもちろん。借金は順調に返していけたんですかという質問には、

「よう分からんのです」

との答だった。「毎日五千円とか一万円とか必要なお金をもらって、後はママが管理してくれたので。今どれだけ返せてるか、残ってるかとか、思ってもしゃあないし」

報酬は現金でもらったのかと訊くと、「当たり前ですやん」。残ったお金は銀行に入れていったのか。

「いいや。銀行は今まで一度も使ったことない。カードも持ってない。親にもそういう習慣なかったから、銀行嫌い。カードって、後で支払いが大変やと聞いてたから、なんか怖くて」

「じゃあ、公共料金とかの支払いも今も銀行引き落としでなく?」

「コンビニに払い込みに行ってますよ」

まゆ美ママの現金主義に驚いた後だから、ああそうなのかと思うが、一度も銀行を使ったことがないとは。「銀行を儲《もう》けさしたることないですやん」と同意を求められても困る。

女の子だった時の感想を訊いた。

「飛田の仕事は、難しいて言うたら難しいし、簡単やて言うたら簡単ってことかな。お客さんと波長が合って、楽しかったら、時間はすぐに過ぎるし、『こいつ嫌い』と思ったら、お客さんのほうもそう思ってるんでしょ。合わせていくのが難しい。いろんなお客さんがいますからね。粋《いき》な遊びをする人、定期的に来る人、しんどくなった時に彼女に会うみたいな感覚で来る人。女の子は〝女優〟なわけやから、プライベートは言いたくない。それを分かっているのがいいお客かなぁ」

また出てきた。女優という言葉。電話で話した現役の女の子も、まゆ美ママも「女の子は女優」と言っていた。タエコさんは、その「女優」をわずか二十四歳で引退して、曳き子のおばちゃんになったのだ。稼ぎが全然違ってくるのが、きつくなかったのだろうか。

「それはしゃあなかったです。私が女の子やってた時の、他の女の子たちがきれいすぎたから。ほんまの女優以上にきれいかったんです。どんなに営業努力しても、私はそんなにお客を取れへんかった。この仕事、二階へ上がって（お客から）金取ったらこっちのもんですけど、その入口であれだけ差があったら、しゃあないですわ」

「おばちゃんの仕事かて、頭使いますよ。声かけていいのは道路のまん中よりこっち側歩いてる人だけやとか、椅子《いす》から立ち上がったらあかんとか、組合の決まり守らなあかんし。女の子一人では商売にならへん。おばちゃんと一体になってこその商売やから。（次回の）指名を取るのは女の子の努力やけど、ええお客を（二階に）上げたげるのがおばちゃんの努力やないですか。『おばちゃんの顔見に来たで〜』って来てくれるお客もいるからね。昨日なんか、二階から女の子とお客がげらげら笑ってる声が聞こえてきて、楽しそうでねぇ。そういうのあると、うれしい」

まゆ美ママが店を閉じていた期間は、飛田近辺の居酒屋やスナックで働いていた。「一発パチンコ」にハマッた時もあった。すぐに噂話《うわさばなし》が広がる飛田には戻りたくないと思っていたが、「ママからの誘いのタイミングが合って」戻った。最近施設から引き取った十六歳になる下の子と二人暮らし。上の子は自活していると身の上も教えてくれた。

「現状満足度は何％？」と訊くと、考え込んだタエコさんは、手にしていたジョッキ

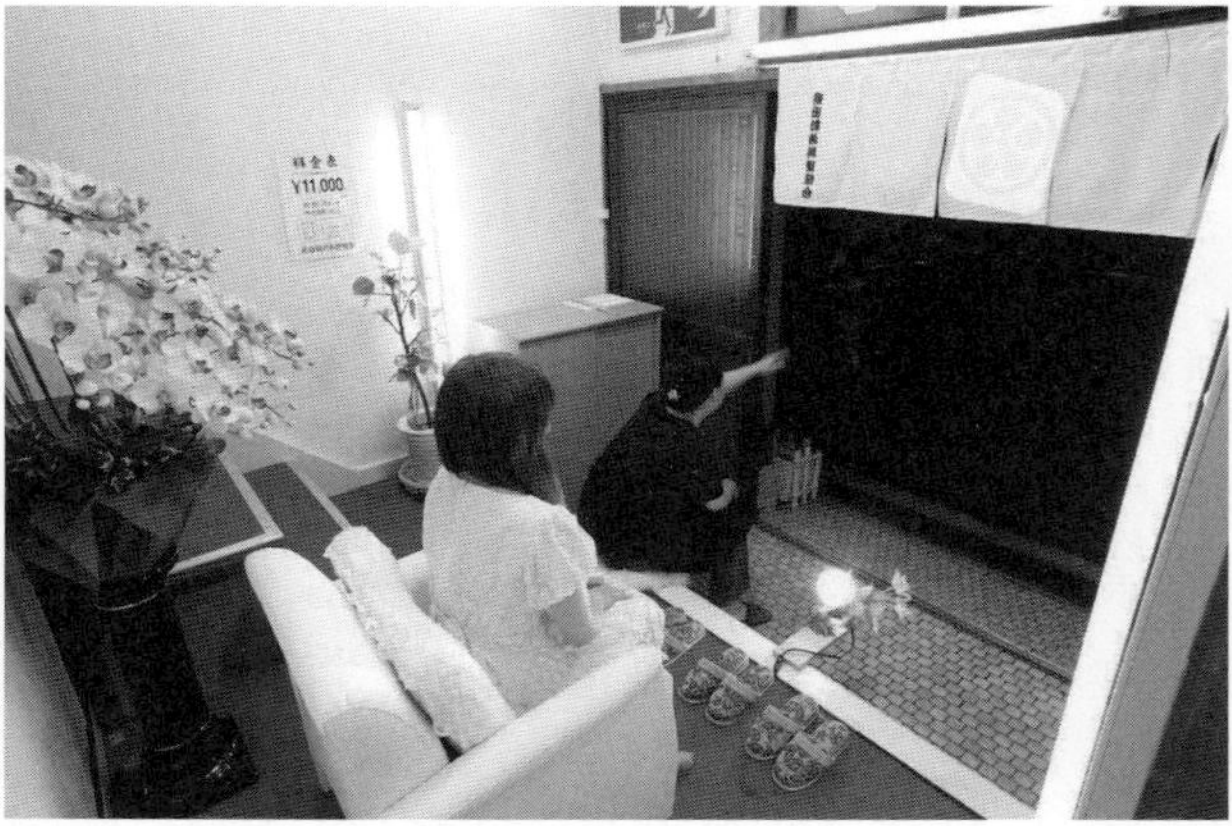

煌々と照らされた店内（撮影・酒井羊一）

をテーブルに戻し、腕組みをして考えてから「ゼロ%やな」と答えた。そして、「ただね。大阪は好き。名古屋は京都的というか、ええ恰好《かっこう》しいな町やから、私は嫌いでしてん。大阪に来れたのはよかったと思いますわ」と言った。

「私は、飛田が悪いことをやっているみたいな気持ちはないんです。人を殺したわけでもないし、お客さんは納得して遊びに来はるんでしょ。ある意味、奉仕活動やないですか」と言い、いつまでこの仕事を続けることになりそうかと聞くと、「今のところ、辞め時は考えられない」と答えた。

二時間半ほど話し、店を出た。タエコさんは、深く頭を下げて、「ごちそうさまでした」と言う。車で家の前まで送った。彼女の住まいは、掃除の行き届いた文化住宅で、窓辺にシクラメンか何かの赤い花が飾られているのが見えた。

私は、その後も、まゆ美ママにもタエコさんにも何度か会った。まゆ美ママは「井上さんにインタビューされてから、タエコが変わった」と言った。「一人前の人間扱いをしてもらった経験、初めてやったんで、うれしかったんやろと思う。前向きに、明るく勤めてくれるようになった」と。そのお礼というわけでもないがと、まゆ美ママは高級焼酎《しょうちゅう》「野うさぎの走り」のボトルを私にくれた。

複雑な気持ちだ。二人の言に、共感できかねる部分はたくさんあるが、私は二人を嫌いでない。タエコさんが「二階からお客さんと女の子がげらげら笑っているのが聞こえてきたらうれしい」と言った、それに近い感覚なのかもしれない。

原田さんとの再会

最後に、二〇〇九年九月に飛田から忽然《こつぜん》と姿を消した原田さんを探し出せたことを書かねばならない。

二〇一〇年三月だった。

原田さんの転居先に手紙を中継してくれる人を、どうにかこうにか見つけ出すことができたのだ。「びっくりしました。一度お会いしたい。ともかく電話ください」と長々と綴《つづ》り、中継場所気付で投函《とうかん》したのは一月の下旬だったか。二か月経って、

「僕や」

と、ご本人から電話がかかってきたのだ。

「りっちゃん、心配させてごめんよ。りっちゃんにだけは言うとかなと思てたんやけど、僕は負け犬やんか、飛田、追い出されてしもたんやんか。なんて言うたらいいのか分からんうちに、引っ越して来てしもてん」

電話の向こうで、原田さんはゆっくりと話し始めた。

「なんで負け犬やのん。元気なんやろ？　奥さんも元気なんやろ？　無事でよかった」と私。

「あんな。夏にりっちゃん、うちに来たやろ。僕、知っててん。見ててん。そやけど、よう顔合わさんから、裏に隠れててん」

「え〜。そうやったん。全然知らんかった」

「そいで、手紙もうて、どうしたらええねん、合わせる顔ないのにと、ずうっといじいじしてたんやけど、お母さん（妻）に電話せえ電話せえて言われて……」

「どこに住んでるの？」

「石川県」

「ええ〜？　そんな遠いとこ」

「さぶいぞ〜。雪降っとるぞ〜。田舎やぞ〜。もう、未練ないど。飛田なんかに」

何がどうしてそうなったか。要領を得ない。飛田が「一生住む」と言っていた生まれ故郷なのに。奥さんの故郷だとはいえ、六十をすぎてから見知らぬ遠方の地に急に引っ越したって、どういうことよ。

「原田さん、私、そっちに行く」

電話があった一週間後、私は北陸本線の特急「サンダーバード」に乗った。大阪に春一番が吹いたその日、湖北あたりからみるみる銀世界となってゆき、四時間近くかかって、原田さんの転居先の最寄《もよ》り駅に着いた。改札を出ると、懐《なつ》かしい二人が、防寒コートに長靴姿で待っていてくれた。

奥さんは、パートに行かなければならない時間だそうで、「顔だけ見に来たん」とついてきてくれたのだという。

「りっちゃんの顔見たら、泣けてきたど。泣けてきたど」と、変わらず赤ら顔の原田さんが鼻をすする。

こうして再会がかなった。横殴りの雪が降っていた。

原田さんと駅前の和風レストランに入り、奥の小上がり席に陣取った。

「飲もうや。飲まな話せんわ。それから、好きなもんどんどん言うてや」

よう来てくれた、よう来てくれたと、何度も原田さんは繰り返す。昼間から生ビールを飲み、刺し身と定食をつつきながら、原田さんの話を聞いた。

「僕な。飛田、好きやってん。おかんが残してくれた家で、一生住もうと思ててん」

「知ってる知ってる。原田さんは飛田の主やと思ってたよ、私も。それがなんでこないなったん。更地見た時、私ほんまにびっくりした。ついこの間も、通りかかったとこ」

「言うな。言うてくれるな。あっこのことはもう。辛《つら》なる」

「ごめん。にしても、なんでこんな思い切ったことしたんよ」

「居づらくなったんよ、飛田に」

「どういうこと？」

「飛田（の住民は）みんな、仲よかったやんか」

「うん」

「そら、足の引っ張り合いとかはあったよ。けど、みんな、仲間やったやんか」

「うん」

「そやのにな。嫌われてしもてん、僕」

「意味が分からへん。何でやのん」

生ビールを飲み干した原田さんは、「ねえちゃん、ねえちゃん」とウェイトレスを呼び、「白波」のボトルを注文した。「おかめ」でいつもそうしていたように、お湯割りを自分で作り、あおるように飲みながら話を続けた。こういうことだったという。

かねがね「昔のような〝情緒〟のある町に戻したい」と思っていた。情緒とは、親方と従業員の思いやりに満ちた関係であり、その関係が町に醸《かも》す雰囲気のことだ。

やっていることは売春ではある。しかし、かつての飛田には、親方が女の子らの親のような気持ちで身の上に親身になり、困った時には手を差しのべる関係があった。その関係が、最近とみに希薄になって、ハッタリだらけの町になった。

以前のように、親方自身が店に出て、店の全責任を負うことがなくなってきているからだ。他人に店の切り盛りを委《ゆだ》ねる。近ごろ、経営者は「上がり」だけ、「甘い汁」だけを取ろうとしているんじゃないか。「金の亡者《もうじゃ》」に成り下がっていないか。昔のような〝情緒〟のある飛田に戻すために、親方自身が店に常駐するべきだと思う――。

会合でそんな発言をしたのが、飛田の人たちを立腹させたのだ、と。

「え、なんで？　正論やん。なんで（飛田の人たちは）そんなことくらいで怒らはるの？」

「そやろ。そう思うやろ。ふつう」

「うん」

「分かるか？　僕は、昔の情緒ある飛田に戻そうやて言うただけなんやで。そやのに『じゃかましい、黙っとれ、タテつくな』ていうことやったんやろ。原田は目の上のたん瘤《こぶ》や、邪魔や、出て行けていうことになったんや」

「たったそれだけで？」

「そや」

「出て行けって言われたの？」

「……」

「どういうことよ」

「……態度で示された……」

「はあ～？　態度って？」と訊き返しながら、「村八分」という言葉が脳裏をかすめる。そんな今どき。

「まさか嫌がらせされたとか？」

「りっちゃん、それは訊いてくれるな」

原田さんは目も鼻もぐしょぐしょだった。

「訊いてくれるな。……ありえへんことが起きるんが飛田や。僕、もう無理やと思たんや」

よほどだったのだろうが、それにしても「意味分からへん」と私。

「分からんでええのや。これ以上訊いてくれるな。な、な、訊いてくれるな」

原田さんはお湯割りをあおりながら、頭を左右に小さく振り続け、「りっちゃんも気ぃつけなあかんど」と言う。

「原田さん。誰か相談する人はいなかったの？」

「そら、一人二人は僕のことを分かってくれる人、涙してくれる人おったよ。けど、最後は『原田さん、もうこうなってしもたらしゃあないな』って。けったくそ悪い。協同組合の権利、全部売って、家も店もみんな売って……。昔のもんみんな捨てたんや」

「あの、貴重な昔の遊廓《ゆうかく》時代の写真も捨ててしまったの？　いつか写真展を開きたいって言ってはったのに」

「捨てたわ、泣きながら捨てたわ。飛田と決別するのに、アルバム持ってるわけにいかんやろ。分かってくれよな、りっちゃん。このまま飛田におったら、たぶん僕は死んでた。当ったり前やねん。そういうとこやねん、飛田は。そやから自分から消えたんや。分かるか？」

分かるも何も、こんな遠くの寒い町に引っ越してきたのが現実だ。

現実ではあるが、どんな話も、主軸をどこに置くかによって、曲がることはあり得るとも、私は思う。もう一方の側の話を聞かないと、欠席裁判になる。ただ、原田さんにこのように縷々《るる》聞いたということだけが、私の目の前の事実である。

「僕な、飛田でおかめを十五年やったんは、あれは意地やってん」

「意地って、何に対する意地？」への返事はなかった。

「うちのお母さん（妻）は偉かった。ようついて来てくれた。けど、もうええ。僕、もうじき六十五やろ。お母さんは六十や。あと十年やと思てる。何も、嫌われてまで、飛田にしがみつくことないやんか。あと十年、自分の人生、大切にしようと思てん。お母さんは前から田舎に帰りたがってたし」

「にしても、急やったんはなんで？」

「腹決めたからや。ぐだぐだ迷うようなことと違うやろ。お母さんの息子がこっちへ来たらええやんって言うてくれたん。分かるか？　息子、家持っとる。一緒に住もうて言うてくれたん。こんなありがたいことあるか。なんもかんも捨てて、こっち来たんよ。これだけはちょっとは持って」

と、原田さんは右手の親指と人差し指で丸をつくる。得意のポーズだ。

「こっち来て、お母さんはすぐ仕事見つけて、毎日パートに行く。僕はみんなの分、ご飯作ってるんや。飲みに行くとこなんかどっこもない。行きたいとも思わへん。知り合い一人もおらへんし。何してるかって、時々温泉に行くくらいや。毎日、夜十一時ごろになったら、もう眠たなる。朝五時ごろには目ぇがあく。変わったど」

そこまで話すころには、もう白波のボトルが残り一センチくらいになっていた。

「もう飛田には一生行かへん。けど、六十三の切り替えいうのは辛いど～」

原田さんはぐでんぐでんだ。トイレに立とうとして、よろけてこけた。起き上がろうとしても腰が立たない。私一人では起こすことができず、レストランの人たちに助けてもらって、ようやく立ち上がることができた。

トイレから戻ってきた原田さんがレストランの人を呼び、「酒と焼酎、ボトルで売ってんか」と回らぬ舌で言う。「構いませんけど、同じもの、酒屋で買ったら半額ですよ」と言われても「ええねんええねん」。

私にお土産だと、地酒と白波のボトルをくれた原田さんは、「今度来る時は、うちに泊まってや。おいしいもんいっぱい作ったるよって。絶対来てや。お母さんと待ってるよって」と、何度も何度も繰り返した。

鉛色の空から雪が降りしきる中、駅前のタクシー乗り場で原田さんを見送ったのは午後四時半ごろだったと思う。飛田にネオンが灯り始める時刻だ。

あとがき

本書の初校があがった後、久しぶりに飛田に行った。

駐車場が増えたり、料亭の屋号が微妙に変わったりはしているが、町の全体の雰囲気は、一年前とも十年前とも、何ら変わらない。

そんな中で、「近ごろ、ヤクザと関係のない、新手の斡旋屋《あっせんや》が増えてきた」と聞いた。二〇一〇年春までは、本書に書いたように、「経営者四（または五）・女の子五（または四）・おばちゃん一」の利益配分が（たとえ経営者が、女の子の分配額から「貸金」の返済分を大きく差し引くケースがあろうとも）町の了解事項だったが、それが大きく崩れてきている、と。「新手の斡旋屋」から女の子の斡旋を受けると、高額の斡旋料に加えて、斡旋した女の子が稼働《かどう》する限り、経営者の取り分の三割から半額のマージンを強いられるのだという。それではやっていけなくなると分かりながらも、従前の方法で女の子の求人ができなくなった経営者たちはそういった斡施屋を頼り、「食いつぶされていっている」というのだ。

二〇一一年四月刊の溝口敦著『ヤクザ崩壊　侵食される六代目山口組』（講談社＋α文庫）には、暴力団対策法の強化によって、多重債務者の売り飛ばしやオレオレ詐欺《さぎ》、麻薬の売買などがやりにくくなった暴力団員たちが、組に帰属するメリットがなくなってきているとも、ITや法律に強い堅気が暴力団員や元暴力団員らと〝共生〟をはかっているとも書かれている。元暴力団関係者で現事業家の「警察は暴力団を潰《つぶ》して、その後に座る。かつて総会屋に起こったことが暴力団全体に起こる。そう見てまちがいない」との証言も載っている。溝口さんは、警察官ＯＢの受け皿となっていることが確かな各都道府県の「暴力団追放推進センター」が、暴対法をバックアップしていると書き、「暴力団が退いた後を埋めるのは警察力だと断言して間違いない」と分析している。それを背景に「半グレ」と呼ばれる犯罪予備軍の登場に警鐘を鳴らしている。

同著を読んで、私は飛田で起きてきていることが、まさにこれに符合すると思った。暴対法の強化、大阪府暴力団排除条例の施行が、飛田に新手のグレー層を出現させた。グレー層は暴力団員でないため、彼らの犯罪を取り締まる具体策はないに等しく、警察はますます目こぼしする。

人に話を聞くのは難しい。特に、飛田では難しい。「おまえは何者か。なぜ、聞きたいのか」の説明が求められる。「ライターの井上と申します。飛田がどんな仕組みなのか。どんな歴史を経て今があるのか。どんな人がいるのか知りたくて……」。そんな説明は、ほとんどの場合、まったく通じなかった。

「さわらんといて」

「そっとしておいてほしいんや」

「うるさいんじゃ」

それが、飛田の人であり、飛田という町なのだ。そっとしておいてほしい町をつついて一体何になるのか。掟《おきて》破りはいけないのではないかと、私は何度も自問した。

誰にだって、〝負〟の経歴はある。通りすがりの名もなきライターなんかの質問に、答える責務などない。分かっている。それでも聞きたかったのは、あの町のなんとも表現しがたい雰囲気を、言葉で紡《つむ》ぎたかったからだと思う。怒ったり、笑ったり、騙《だま》したり、騙されたりを、どうしようもなく繰り返す人間の性《さが》がむきだしのあの町は、私を惹《ひ》きつけ続けた。

〝負〟の部分も含めて語ってくれた飛田と飛田周辺の人たちに、心から感謝申し上げます。改めて思うに、やはり人は多面体だということだ。私に「語ってくれた」のは事実であり、語った時のその人にとって、言葉は「本当」だ。しかし、その人は、一方に、また違った履歴や立ち位置や思いを語る言葉も持っている、と思える。実際、同じ人が、「もう一人の自分」を語る場面にも何度も遭遇した。平易に言えば、平気で「嘘《うそ》」をつく人々があまりにも大勢いた。もっとも、「嘘」を語っているうちに嘘でなくなり、その人たちの心の真実になっていくのだと思う。

よって、本書には、書くべきか、控えるべきか、考えあぐねた末、やはり書こうと思ったことだけを書いた。語ってくれた人たちに、迷惑がかかることは避けたかった。しかし、筆を控えすぎると、その人たちの心の動きや町の姿を伝えられなくなりかねない。そう思い直して、書いた。

売買春の是非を問いたいわけではなかったが、そのことについては、書き終わった今も私に解答はない。それよりも、今思うのは、飛田とその周辺に巣食う、貧困の連鎖であり、自己防衛のための差別がまかり通っていることである。

多くの「女の子」「おばちゃん」は、他の職業を選択することができないために、飛田で働いている。他の職業を選べないのは、連鎖する貧困に抗《あらが》えないからだ。抗うためのベースとなる家庭教育、学校教育、社会教育が欠落した環境に、育たざるを得なかった。多くは十代で親になる。親になると、わが子を、かつての自分と類似した状況下におくことになる。

本書には書かなかったある女の子と、ミナミの居酒屋で会った時、彼女は生ビールのジョッキが汚れていたとアルバイトの若い女性を頭ごなしに怒り、料理の運び方がなっていない、客をバカにしているのかと声を荒らげた。自分が〝上〟の位置にいるとの誇示と、普段抑圧下にいるストレスの発露だと思う。そうした幼稚な言動は、時として、差別言語となって露呈する。「あいつは朝鮮や」「あいつら部落や」「（生活）保護をもらう奴《やつ》はクズや」といった耳を疑う言葉を、飛田とその周辺で、幾度となく耳にした。個別の責任ではなく、社会の責任だと思う。

「この商売をして、よかったと思うことは一つもない」と、料亭経営者のマツノさんは言った。「現状満足度はゼロ％や」と、女の子を経ておばちゃんになったタエコさんも言った。それでも、みんな、生きていくために飛田にいる。

「民俗学とは、ある地域やある集団が古今共通して共有する『クセ』である」と、民俗学者の神崎宣武《のりたけ》さんが、『聞書 遊廓成駒屋《ゆうかくなりこまや》』に書いておられる。本書は「学」ではないが、そういった「クセ」が累積《るいせき》し、多重化した一つの地域の姿を描いたものとして、読んでいただけたらと思う。

なお、本書を読んで、飛田に行ってみたいと思う読者がいたとしたら、「おやめください」と申し上げたい。客として、お金を落としに行くならいい。そうでなく、物見にならば、行ってほしくない。そこで生きざるを得ない人たちが、ある意味、一所懸命に暮らしている町だから、邪魔をしてはいけない。
本書は、多くの友人知人の協力なしでは、脱稿に及ばなかった。とりわけ、中野晴行さん、上野卓彦さん、大賀榮一さん、真野修三さん、高山明美さんに大きな力添えをもらった。また、十二年もの間、困難なことに出くわすたびに相談にのってくれ、助言をくれた筑摩書房編集部の青木真次さんに、心からの謝意を申し上げたい。

二〇一一年六月三十日
井上理津子

文庫版あとがき

二〇一一年十月にこの本の単行本が出てすぐに、私は飛田新地料理組合に献本に行った。

幹部たちは留守だったので、「取材期間中お世話になりました。組合の方々にとって不本意だとお思いになる箇所があるかもしれませんが、私の目線で書かせていただきました。飛田の人たちへの応援歌の気持ちも込めたつもりです。ありがとうございました」と、置き手紙をした。

正直にいうと、幹部たちの逆鱗《げきりん》に触れないかと冷や冷やした。彼らは、「飛田の宣伝になる本を書くならいいけど」と取材に応じてくれていたからだ。

本はさっそく新聞等で取り上げられたりして、とりわけ大阪の書店では目につくところに置かれた。が、「アンタッチャブルな世界をオープンにして、けしからん」という声もたくさん聞こえてきて、気にしないでおこうと思っても気になる。私の冷や冷やは続いた。

一か月経《た》ち、ようやく組合の幹部から電話がかかってきた。二〇一一年の四月に組合の役員の改選があったそうで、以前の取材期間中に主に担当してくれていた幹部と別の若手で、かねてより面識のあった人だ。

「読んだよ」

「は、はい」

「終わりまで全部読んだよ」

「ありがとうございます」

「組合（に所属する料亭）は、警察にちゃんと届けを出して営業しているということ、井上さんも分かってるわけやんか」

「はい」

「分かってて、ああいうふうに書いたわけやんか」

「は、はい」

「井上さんの取材した店は、たまたまそういうことをやっている店やった」

「………」

「あの本で、店（料亭）が全部そうやというてるわけやない。僕らはそう理解するから、まあええわ、気にせえへんということになった。そやから、井上さんこっち来たらまた（組合に）寄っていいよ」

私は、胸をなで下ろした。

こうして「上梓後《じょうし》」が始まった。


読者からたくさんの手紙をいただいた。

「あなたの体当たり取材にハラハラしながら、一気に読みました」

といった感想と共に、さまざまな自分の「飛田体験」を綴《つづ》った、六十代、七十代の男性からの手紙が圧倒的に多かった。

自分がかつてお客として遊んだ経験を綴ってきた人もいるにはいたが、そうではないアプローチからの飛田への思いを綴った手紙のほうが多かった。

最年長の方は、飛田から三キロほどの平野区で育ったJさん（七十九歳）だ。小学生の時、母親に連れられて親戚《しんせき》の家に行く途中、路面電車の中からコンクリートの塀が聳《そび》えるのが見え、その「異様な高さ」に、子ども心にただならぬ気配を感じた。そのとき、母親に「あっちを見たらあかん」と強く制止された。

塀が途切れたところから見えた先に、一点の「紅色」があり、強烈な印象を持ったという。紅色は歩く女性の着物の色だったのか、緋毛氈《ひもうせん》の色だったのか。あるいは心象風景だったのかもしれない。色事のイの字も知らなかった年なのに、「ぞくっ」として、「何か怪しい」と直感した。

中学生になって、級友から「飛田というところがある」という話を聞き、自分が見た高塀の先の紅色がそこだと、すぐにピンときた。そして、「早く大人になって、行きたい」と思うようになった。

長じて十七歳。阿倍野《あべの》の鉄工所で働き始めて間もなく、Jさんは友人を誘い、給料袋まるごとを手に、飛田を目指した。「筆おろし」をしたかったのだという。しかし、入口の近くに来たとき、聳える高塀に、なぜだか「お前にはまだ早い。親を養えるようになってから出直して来い」と拒絶された気がして、「紅色」の中に入ることができなかった。引き返したのだという。Jさんの頭の中に、

〈飛田↓大人の世界↓一人前になるよう精進〉

というチャートができた。

「職場の中には、楽することばかり考えている者もいたし、社長の目を盗んでストックの素材を横流しする人間もいました。しかし、キツい仕事なのに、私がその頃黙々と真面目《まじめ》に働けたのは、『いつか自分も飛田に』という気持ちをバネにできたからだ

と思います」

と、角張った右上がりの文字で書かれていた。

Tさん（おそらく六十代）からの手紙には、阿倍野区の小学生だったときの思い出が綴られていた。

飛田から越境してきていた同級生N君に誘われ、春休みに彼の家に遊びに行った。中庭に松の木がある大きな家で、その大きさに「お城みたい」と思ったという。

N君の部屋にはあらゆるマンガ本が揃《そろ》っていた。お手伝いさんが、ティーバッグの紅茶を淹《い》れて持ってきてくれた。おそらく外国製。ティーバッグというものを見るのが初めてで、「ものすごいお金持ちなんや」と思った。

家にお父さんがいて、「よう来てくれた、よう来てくれた」とTさんを大歓迎してくれた。そのお父さんがきれいな女の人たちに「お父さん、お父さん」と呼ばれていたので、N君にはお姉さんが多いんだなあと思った。

N君の家が「特別な家」だったと分かるのは、帰宅後、母親に遊びに行ったことを報告してからだ。「そんなとこ、二度と行ったらあかん」とえらい剣幕で怒られた。怒られたからではなく、その後のクラス替えでN君とクラスが別れたために、それっきりになった。Tさんの手紙は、「N君は今どうしているのか。あなたの本を読んで、N君の消息が知りたい気持ちに駆られました」と締めくくられていた。

それらの手紙を読んで、私は、飛田の「特別な町」としての存在感の重たさを改めて思った。

Mさん（六十七歳）の手紙には、自身が育った飛田の周縁部、旭町《あさひまち》（商店街）のことが、こんなふうに綴られていた。

〈旭町はもとは長屋が並ぶ住宅街でしたが、昭和二十年代後半から、飛田が隆盛になっていくにつれて、カウンターだけの小さな一杯飲み屋が増えました。飛田で働いている女の人たちも、隣近所に住んでいたと思います。

昨日までいた人がいつの間にかいなくなったり、昨日まで知らなかった人が大きい顔をして住み着いていたり、住民の入れ替わりが激しかったのです。友達の家でも、風呂屋《ふろや》でも、あの人が友達のお父さんなのか、ただのおっちゃんなのか、お姉さんなのか、ワケありの人なのか、訊《たず》ねないのが暗黙のルールでした（要約）〉

「特別な町」は周縁部にも形を変えて波及し、子どもにも暗黙のルールがしっかりと認識されていたのだ。

最も強烈だったのは、「私の母親は飛田で働いていました」という、大阪から一時間ほどの町に住むYさん（五十七歳）からの手紙だった。

〈父親を知らない。祖父母に育てられ、母と住んだことも、母親らしいことをされたことも一度もない。母が祖父母の家に顔を見せるのは、金をせびりに来る時だけだった。何年も帰ってこない。極貧だった。小学校の時から一日も休まずに働いた。飛田と母親を憎んでいる。自分のような存在がいることを知ってほしい（要約）〉

そういう内容だった。取材を重ねて、飛田を「分かった」つもりになっていたのは、いかに浅かったか。私は頭をハンマーで殴られた気がした。

Yさんに大阪・難波でお会いした。私と同年配だが、そしてジーパンに柄のシャツ、ズック靴というラフな服装だったが、白髪まじりのYさんは私よりかなり年長に見えた。

「飛田の本が出ているると知ってすぐに購入し、一気に読み、うちの母親が働いていた頃と何も変わっていないような飛田の現状に、やりきれなさを覚えました」

そう話し始めたYさんは、手紙の文面の行間に詰まった生い立ちを教えてくれた。

一九五六年生まれ。母親は十七歳で自分を生んだと聞いている。父親は飛田の客だったそうだが、名前しか分からない。

「母親は、私を育てる気力がなかったんでしょう」

Yさんは切り捨てるように、そんな言い方をした。

物心がついたとき、祖父母の家で育てられていた。もっとも「育てられた」は結果論であって、「食うや食わずや」の極貧状態で、「いつも腹をすかしていた」。

通っていた小学校では、六年生から給食になった。祖父母は給食代を持たせてくれない。給食の時間になるとクラスをぬけ出して校庭で時間をつぶし、空腹に耐えた。

給食代を自分で稼ぐため、十二歳からゴルフ場で働いた。中学になると、新聞配達、土木作業、イベント手伝いなど、十以上のアルバイトをした。

「貧乏人に、教育の機会均等はなかったのです」

勉強しようなんて考える余裕はなく、「働いたらお金をもらえる。パンが買える」と思うばかりの少年の日々だったという。

——お母さんが、飛田で働いていたと、どうやって知ったのですか？

「近所に住んでいた親戚のひそひそ話から、ですね。子ども心になんとなく分かるものです」

——お母さんは、やむを得ずYさんをおじいさん、おばあさんに預けたが、暮らしが落ち着いたら引き取るつもりだった？

「そういう人と違うんです。あの人は私を産んですぐに施設に入れようとした。祖父母が「あまりにも不憫《ふびん》」と引き取ってくれたそうです。私が八歳の時に、別の人と結婚します。うちの近くで住んで、私にとっては父違いの妹が生まれますが、うまくいかず、あの人は飛田に舞い戻りました。その後、私があの人の顔を見るのは、祖父母に金をせびりに来る時だけ。私は飛田へ母親を捜しにいったこともあったけど、期待していた『よう来たね』という言葉はなく、追い返された……」

Yさんは中学を卒業して、地元の市役所の業務員として働きながら夜間高校に入学した。「その夜間高校のおかげで、今の自分があると思う」。まさに「読み書き算盤《そろばん》」も「人の道」も教えられた。

夜間高校卒業後、市役所に事務職員として採用された。結婚後の二十代後半に短大の二部で学び、配属された福祉や人権等の部署で働く傍ら、ボランティアで地元のコミュニティ活動や、DVを受けた女性を保護し、再生を支援する活動に邁進《まいしん》する。四十代で民主党から市議に立候補し、四期務めた。五期目の選挙期間中に、「Yの母親は飛田で働いていた」の噂《うわさ》が立って烈火のごとく広がり、落選したのだという。

Yさんは、結構早口だった。自身の話を知らしめなければ、あなたは飛田を公平に見られないでしょ、という気持ちからの早口だと私には思えた。

「今も生きていますが、私はあの人のことを『母親』だとは思っていません」

と、きっぱりと言い切った。

昭和三十年代に、Yさんの母親のような女性が飛田に幾人もいたのかもしれない。育児放棄をして、飛田に舞い戻らざるを得なかった何がしかの理由があったのか。あったとしても伝えなかったのだから、惨《むご》い。

「並大抵でない環境から、ご自身の手で人生を切り拓《ひら》いたYさんの来し方に頭が下がります。と同時に、五期目の落選の理由が惨すぎます。親子は別の人格なのに。飛田で働いていた人の子どもだから支持しないって、民度が低すぎますよね」

そう私が言ったら、Yさんは、打って変わってゆっくりとした、かみしめるような口調でこう言葉を返した。

「私、あなたの本を読んでから、飛田の雰囲気や音、匂《にお》い、人の様子などを知りたくなって、飛田へ行ってきました。感じたのは『(私の母親のいた)飛田は今も存在する。何も変わっていない』ということでした。今も私は母親と飛田を憎んでいますが、飛田という町の存在とあの人がいなければ私はこの世に存在しないのだから、複雑な心境です。

貧困は連鎖するので、いったんその中に身を投ずると、職業選択の自由が極端に狭くなるうえに、差別がついて回る。とくに女性は社会的に弱い立場。飛田は社会が作った仕組みやと思う。我が国の社会の縮図やないでしょうか。

悔しいけど、私は生を享《う》けると同時に試練をもらった。五十何年かかってようやく克服できたと思ったら、また大きな難題をもらった。ああいう母親から生まれたということを事実として受け止めて生きていかなあかんと思っています」

Yさんのひと言ひと言が、私の胸に突き刺さった。


Yさんと知り合ったのと前後して、写真家だった三好淳雄《みよしあつお》さん（八十一歳）とも知り合った。息子さんから、「私の父は昔、流しのカメラマンをやっていて、昭和三十年代に飛田の女性の写真を撮影しに行っていたそうです。その時に撮影したネガが多数残っています。ご覧になりますか」とメールが来たのが端緒だった。

大阪市内の三好さんのお宅に伺った。

「流しのギター弾きのようなものです。ミノルタの二眼レフと三脚を持って、飛田を毎日のように歩いたんです。『写真屋のにいちゃん』と呼ばれたものです」

遠い日々のことを懐《なつ》かしそうに、そう振り返る三好さんは、おっとりした小柄な方だった。三好さんのことを書くには、経歴から書かねばならないと思う。

三好さんは、明治から大正にかけて、ジャーナリスト宮武外骨《みやたけがいこつ》らが政府批判記事などを寄せた、あの「滑稽新聞《こっけい》」の編集発行人だった三好米吉《よねきち》の子息だった。生家は、その米吉が滑稽新聞休刊後、心斎橋に開いた「柳屋画廊」。そこは在阪の文士らが集うサロンのような画廊で、曰《いわ》く「ニヒリズム」の環境の中で育ったという。

しかし、小学六年の時に父が亡くなり、大阪大空襲で家は全焼し……と辛苦を舐《な》め、戦後、西成区の写真店に住み込みで働いた。その写真店の営業メニューの一つが、飛田の女性のポートレートの撮影で、やがて独立して住吉区に写真店を構えた後も、「生活のため」に飛田の女性の撮影を続けたのだという。売春防止法が施行される前後、一九五五年頃から六三年頃までだ。

「私が飛田に行っていたのは、早めの夕刻から午後八時頃までの時間だったでしょうか。『新しい着物を買ったから撮って』と言われたりしましてね。女性たちは、カメラを向けるとポーズをとって、にこっとする。ロバート・キャパと同じで、私もスイッチが入る。私自身が苦労して育っていたので、彼女らと同じ目線で接したと思います。特別な女性とは思えませんでした」

三好さんは、「何度も引っ越して、いろんなものを捨てたのに、これは捨てなかったんですね。自分でもなぜか分かりませんが」と言いながら、多数のネガを色褪《いろあ》せた箱の中から取り出して見せてくれた。

目が釘付《くぎづ》けになった。

資料と関係者への取材で私が知り得たその頃の飛田の女性は、辛《つら》い過去を持ち、まさに裸一貫で生きてゆくために、前借金をして飛田に来た人がほとんどだったはずだ。ところが、三好さんの写真に写っている女性たちは、退廃的という言葉からかけ離れて見えた。

襟付きの白いブラウスに、膝上丈《ひざうえたけ》のスカートをはき、背筋を伸ばす人。屋外で、ヒルマン（車）によりかかり、知的に微笑《ほほえ》む人。電話の受話器を持ったり、ドアのノブに手をやったり、体を斜めにしてしっかりポーズする人。「料亭」の中らしき坪庭で、小紋の着物姿でこちらを見据える人……。

もっとも、食堂や喫茶店、スタンドの店先で撮ったものもあるから、皆が、いわゆる「料亭」勤めの女性とは限らないが、写っている誰もがキリッとした表情をしていた。二、三人一緒に写ったスナップ風の幾枚か以外、まるで女優のようなポートレートだ。挑発的な服装の人や、淫靡《いんび》な微笑みを向ける人など、一人もいない。

「今、私はここにいる。誰がなんと言おうが、とにかく、私はここで生きていく」

といった気概を感じ、さきほど三好さんの来歴の中で聞いた「ニヒリズム」という言葉が、私の頭の中に去来した。

「生きてゆく意義？　目的？　真理？　寝ぼけたこと言うんじゃないよ」

そんなドスの利《き》いた声が聞こえてきそうな気がした。Yさんの母親がいた時代と重なるが、一方で、こういう女性たちも少なからずいたのだ。

「私、〝おとなしい〟を絵に描いたような人間です。女の人たちに上手に声をかけるとか全然できないタイプですが、飛田で写真を撮るのは食べていくための仕事ですし、今と違って十二枚撮り、六六判のフィルムは高価で無駄にできなかったですからね。女の人は、今のモデルのように自分からポーズをとらないから、『もうちょっとこっち向いて』とか『右手を少し上げて』とか、徹底的に注文をつけて一発で撮りました」

三枚一組、二百円。自宅の押し入れに設けた暗室で自ら現像し、印画紙に焼き付け、名刺判の大きさにトリミングして渡し、お金と引き換える。女性たちは故郷に送ったり、ブロマイドのようにお客さんに渡したりしていたという。

「（飛田の）女の人は、店屋物をとったり、モノを買ったりするのが好きです。発散していたのでしょう。それと同じように、写真も注文してくれたのだと思います」

「商売の邪魔をしてはいけない」を鉄則に、女性の身の上を聞くなど、深入りはしなかった。撮影を咎《とが》められたときのために、大阪神農商業協同組合（露店商の組合）に入り、身分証を携帯したが、提示を求められることは一度もなかった。町に、ヤクザの気配をとりわけ感じることも、釜ケ崎《かまがさき》と隣接している地だと感じることもなかったとも言う。

飛田には、飲食店、キャバレー、映画館もあったことが、ポートレートの背景から窺《うかが》える。「料亭」のお客以外に「外」からも集客したのかどうかは分からないが、普通の繁華街的要素が十分にあった。もっと言えば、働く女性にとっても、ある意味、しっかりと「新しい時代」を享受《きょうじゅ》する町だったのかもしれないと思える。

「その頃の飛田は、他の町と〝地続き〟な感じだったように見えますね」

写真を見ながら感じてきたことを口にした私に、三好さんは少し考え込んでから、

「そうかもしれません。私も同じですし」と答えた。

「同じ」が意味するのは、「とりあえず、ここで頑張る」の強い意志だ。

両親も亡く、裸一貫からの出発を余儀なくされ、歩み出した写真の道だった。写真雑誌で土門拳《どもんけん》らの作品を見て、思うところがあったが、自分は冒険などできない。

なんとか独立して自分の写真館を構えたが、結婚したばかりでもあり、生活が苦しい。縁あって撮り出した飛田。ここで頑張って、お金を貯《た》めよう――。三好さんは

写真館の仕事だけで食べていけるようになるまで、来る日も来る日も飛田に通ったのだ。

「私も、町の片隅であがいてきたのです」

妻は、実家の両親に、三好さんが飛田で写真を撮っていることを言えずにいたという。売春防止法施行を機に、いつまでもする仕事ではないという気持ちが強くなった。河岸《かし》を変えようかと、ミナミのキャバレーに女性の写真を撮らせてほしいと出向いたが、かなわない。飛田だけが受け入れ続けてくれる、心優しい町だったのである。

三好さんの言う「あがき」は、飛田の女性に通ずるものだったのではないか。だからこそ、「特別な女性とは思えませんでした」と最初におっしゃったのだ。

やがて、写真店で食べていけるようになった三好さんは、足かけ九年間の飛田通いを止《や》めた。以後、フィルムの現像を請け合うと共に、七五三、成人式、お見合い用、家族写真など「幸せ」の写真をスタジオ撮影する「町の写真屋さん」となった。写真店は、体調を崩す二〇〇六年まで続けた。

「写真店を閉じる時、市大病院の帰りに、およそ五十年ぶりに飛田にふと行ってみましたが、何も変わっていないように見えました」

三好さんは、やるせないような、切ないような表情になった。「何も変わっていない」……。近頃の飛田については、図らずも、先のYさんとまったく同じ印象を口にしたのだった。

二〇一四年の晩夏、飛田へ行った。およそ二年ぶりだった。

地下鉄動物園前駅から、動物園前一番街（商店街）を歩いて向かう。通い慣れた道、のはずだった。年季の入った一杯飲み屋やパン屋に心の中で「ただいま」とつぶやき、歩を進めたが、軽く腹ごしらえをとオムライスを食べによく立ち寄った洋食屋が閉まっていて「移転しました」の貼《は》り紙がある。中古の背広上下をいつも五百円で売っていた店も姿を消している。シャッターを閉じた店がぐんと増えていることに驚きを隠せない。

足早に歩く人が一人もいないのは、以前と同じだ。我が家の延長のようにエプロンをつけたまま歩くおばちゃんや、ふらふらとママチャリに乗っているおっちゃんとすれ違う。

「久しぶりですね」と覚えていてくれた商店会会長が、

「一番街では八十軒ほどのうち、開いているのは三十軒ほどになってしまいましたよ」

と教えてくれ、かつて「近くて遠い」と言っていた飛田との〝距離〟については、地元商店会などで構成する「あいりんクリーン推進協議会（事務局／西成警察署防犯コーナー）」で飛田の組合の人とも顔を合わせるが、挨拶《あいさつ》する程度なので、変化していないとも言う。

「最近の変化は、その先のところが整備されたのと、中国人経営の〝明るいカラオケ居酒屋〟が増えたことくらいですかね」

先に進むと、金網が張られていた南海天王寺支線の跡地が、「山王みどり公園」という名の緑地に変わっていた。「開門10時〜17時」と表示されているのは、ホームレスの人たちの寝床化への防御だろう。昼下がり、ワンカップ片手にベンチに座っていたツッカケ履きのおっちゃんが一人だけいた。

「こんにちは」して、「このへん（に住んで）長いですか」と訊《き》いてみる。

おっちゃんは、上から下まで舐めるように私を見たあと、

「ああ」

と、けだるそうに答えた。

「十年とか二十年とか？」

「昭和の終わり」

「ということは二十五年以上」

「そやな」

「建設の仕事?」

「アンコ(日雇労働者)」

「今も?」

「いや。ひなたぼっこ」

「私、これから飛田へ行くんやけど、おっちゃんも飛田とか行った?」

おっちゃんは頬の深い皺《しわ》をよじらせ、にたっと笑う。口元に前歯がなかった。

「いいや」

ベンチの前に垂れているユキヤナギのギザギザの葉の先をちぎり、ゆっくりと立ち上がり、私に背を向けた。

公園から出て商店街に戻ると、路地との角に、地面に紙を敷き、錠剤のばら売りをする人がいた。

「何の薬?」

「これが胃薬で、これは睡眠薬。こっちは痛み止めで、あっちはウンコ出す薬」

快活だ。

「効く？」

「効くわ、そら。医者の薬やもん」

「もらってくるの？」

「あほ言え、買《こ》うたんや。正真正銘」

「あたし、胃薬もらおうかな」

「よっしゃ、ねえちゃん、朝昼晩一錠ずつ飲み。効くで」

四錠で百五十円。払うとおっちゃんは、小銭がたんまり入った透明のビニールの袋に入れた。じゃりんと音がした。

「足らんようになったら、また来《き》いや」

こうして、飛田に近づいて行った。

パチンコ屋、スーパー玉出、大阪城の絵をショーウインドーに描いた洋品店などは以前のままだったが、商店会会長が言ったように〝明るいカラオケ居酒屋〟がずいぶん出来ている。動物園前二番街と、東に折れる新開筋商店街に、ざっと数えて十五軒以上ある。

一様に、外から丸見えのガラス張りで、店内の照明も明るい。カウンター内に、中国人っぽい若い美人女性が二、三人いるのが見えた。お客は意外と若く、カラオケに興じている。年配の女性が年配の男性（多くは生活保護受給者）を相手にする、昭和の下町を煮詰めたような付近の一杯飲み屋と、明らかに一線を画している。

ちょっと不思議な、新しい町の貌《かお》だ。

もう一つ不思議だったのが、この半ばシャッター通りと化した、うらぶれた商店街を四百メートルほど歩く中で、ごくふつうの若者四、五人連れ二組とすれ違ったことだった。鞄《かばん》をたすきがけにした二十代後半から三十代前半の、サラリーマンの休日あるいは自由業のような服装スタイルに、「神保町以上・品川未満」と思った。私がかつてせっせとこの商店街を歩いた時は皆無だったと言って過言でない、こう言っちゃなんだが、身なりがきれいなごくふつうの若い男たちだ。すれ違ったときは「あら？」と思ったにすぎなかったが、飛田のエリア内に入り、二〇一四年の主流客層の符号だったことに気づくことになる。


アーチ状に提灯《ちょうちん》がぶらさがる大門（跡）からエリアに入る。「大門交番」の小道をはさんで隣の三階建てのビルの外壁がオレンジ色になっていたのに少し驚いたが、立ち並ぶワンルームマンションや医院、ガソリンスタンドは変わっていない。勝手知ったる、のつもりで、交差する南北の小道に以前どおり「料亭」が軒を並べる光景を見やりながら、大門通りを西に向かう。

阪神高速道路の高架を過ぎ、左手に紅色の壁が覆《おお》う料亭。右手に公衆トイレ。かつて、閉店して長いです、という雰囲気を醸《かも》していた元料亭や元飲食店の建物も、閉店してさらに長いです、の様相を見せている。なんだか「やれやれ」の気持ちになった。ところが、その先に真っ黄色の背の高いビルが飛び込んできて、目を見張った。

元々はスーパーマーケットがあり、以前の取材の終盤には空地になっていた場所だ。真っ黄色の建物の一階はボクシングジムと韓国料理レストラン、二階から上は集合住宅のようだった。ボクシングジムのウインドーに、

〈仕事をしながらボクシングに打ち込めます　渥美ボクシングジム　プロ志望者　練習生大募集〉

と記した貼り紙があった。サンドバッグの手入れをしていた人に、

「いつ出来たんですか？」

と訊く。

「二、三年前ですね」

飛田の「外」すれすれの地にある、とび・土木工事員を派遣する建設業者、有限会社渥美《あつみ》組《ぐみ》が開設したもので、すでにチャンピオンが輩出しているという。階上は寮、

黄色は「会長の趣味」だそうだ。

ボクシングジムの前を、エプロン姿のおばちゃんが自転車で通る。平然とゆるゆると通る。斜め向かいの「鯛《たい》よし百番」は、重厚な遊廓《ゆうかく》建築を誇示するように、変わらず軒に提灯をひけらかしている。黄色いビルとボクシングジムに違和感を覚えているのは私だけだ。

そうだ、木下さんのところに行こう。木下さんは、以前の取材の折り、十年間にわたって、「また来てはんのだっか」と迎えてくれた、酒類卸業の株式会社みつわやの女社長で、「鯛よし百番」の経営者でもあった。

「黄色い建物が出来ていて、びっくりしました」と話そうと、ボクシングジムから西へ二十メートルほどのところにあるみつわやの前に移動し、私はさらにびっくりした。閉鎖していたからだ。人の気配がしないコンクリート造りの建物が、やけに大きく感じられた。かつて手入れが行き届いていた、隣接する自宅の庭にも、雑草が容赦なく茂っている。

以前の飛田取材の後半、原田さんの居酒屋「おかめ」が忽然《こつぜん》と消えていたのを目にした時のことを咄嗟《とっさ》に思い出した。時は刻々と移っているのだ。変わらない町・飛田だって、変わっているのだ。

手元の携帯で、「みつわや　大阪市西成区」と打って検索する。「二〇一四年二月に、大阪地裁より破産手続開始の決定を受けた」との情報を得る。

その日、私は飛田の町を行きつ戻りつしながら歩き回った。

大門通りより南側のエリアには、小ぶりなマンションが何棟か出来ていた。「おかめ」の跡地にも、二階建てのアパートが二棟建ち、計十六個の郵便受けが並んでいた。原田さんがかつて案内してくれた、元料亭の建物は取り壊され、空地になっていた。

飛田を去った原田さんを探す過程で知り合い、友人タカヤマが面接を受けてくれた料亭「吉元」もなくなり、同じ建物で別の屋号の料亭が営業していた。レトロな佇まいのまま営業を続けていた喫茶「みゆき」のママに訊くと、

「吉元のママは辞めて田舎へ帰らはった」

とのことだった。

みゆきのママは、「近ごろ変わったこと、あります？」の問いに、

「世知辛くなりましたよ。出勤の前にコーヒーを飲みに来る女の子もいなくなったし、待ち合わせに使うお客さんもほとんどいなくなった。みんな、自動販売機の缶コーヒ

ーでいいみたいですよ。あ、これ、前も言いましたかねえ」

と答え、そして、「そうや、これこれ」と、缶飲料のプルトップが詰まった空き瓶を私に見せた。

「これ、千個集まったら社会福祉協議会へ持っていくの。未開発の国の子どもに車いすを贈れるらしいから。集め始めてから、料亭へ出前に行ったときなんかにそう言ってると、女の子たちが『おばちゃん、これ』言うて、ちょっとずつ持ってきてくれるようになったの」

ママは、「車いす分が集まるまで気が遠い話やけど、塵《ちり》も積もれば、でしょ」と、柔かな笑みを浮かべた。

みゆきの位置する飛田の南側は、お客も「女の子」も年配が多いエリアだ。しかし、その界隈《かいわい》で会釈《えしやく》を交わしたおそらく四十代から六十代の「女の子」たちを、私はあまり年配に感じず、以前のように痛々しく感じることもなかった。彼女たちが、以前の比でない、外見を磨く〝営業努力〟を行っているからなのか。それとも私自身が年をとったからなのか。

明らかに三十代のような女の子も、南側エリアに流入してきていた。

以前顔見知りになっていた「おばちゃん」が一人いたので、「この頃どうですか」

と訊いてみる。

「あかんよ。そら、メインの方がメインやし。けど、うちは長いお馴染《なじ》みさんがいるからね。二本、三本、続くときかてある」

二本、三本というのは、お客がつく数のことだ。

「メインって?」

以前は耳にしなかった言葉である。

「青春通りのこと。このごろメインとかメイン通りとか言うわ」

青春通りの料亭が女の子の求人にあたって、「日本一の高レベルの風俗街の〝メイン〟に立地する店」と書くとイメージが良いため、使い出した。近頃では「青春通り」の名を凌駕《りょうが》していると、後に知る。

北側では新しい建物がところどころに目についた。リノベーションした店も新築の店も、間口二間ほど、赤いカーペットが敷かれた上がり框《かまち》に、照明に照らされた女の子が座る構図は同じなので、妙な言い方だが〝飛田らしさ〟は損なわれていない。むしろ、新しい店が街区全体の〝やる気〟を牽引《けんいん》しているように見受けられる。

青春通り改めメイン通りまで来ると、明らかに賑《にぎ》わいが増した。「男たちが束になって歩いている」感があった。どう見ても皆、以前より若くて、身ぎれい。くわえ煙草《たばこ》でズック靴のかかとを踏んで歩いているような、以前いた層が一人もいない。バッグをたすき掛けにした二十代、三十代と思《おぼ》しき人がやたら目につく。そう、往路の商店街ですれ違った「神保町以上・品川未満」の若者たちと、ぴったり重なった。

各店とも、上がり框に座っている女の子は、やはり美人揃いだ。私の目には、みなが二十代に見える。

「にいちゃんにいちゃん」

「遊んでいってや〜」

「どや〜、かわいいやろ」

おばちゃんが呼び込む声が聞こえる頻度も高くなる。

「また来た（笑）」

「まだ迷てるのかいな。いい加減に決めや」

ため口のおばちゃんもいる。

あ、と思った。ワイシャツに濃いグレーのスラックス、ビジネスマンの出《い》で立《た》ちの白人男性が三人連れ立って歩いている。以前の飛田は「外国人ご法度《はっと》」が不文律だったのに。彼らはさして驚いた様子を見せず、町にとけ込んでいるから、初めてでなさそうだ。やがて三人ばらばらになり、別々の店に上がっていった。

窓越しに料亭を覗《のぞ》き、女の子の品定めをしながら歩くようなスピードで走る車も、私の感覚では以前より多い。ほとんどが小型車だが、意外にも遠方のナンバープレートが多かった。釧路、青森、宮城、大宮、袖ヶ浦、岡山、宮崎……。大阪でこんなにも遠方からの集客を見せるのは、USJとここだけじゃないか、と思った。

「いつの間にか飛田は全国区になってたんですね。ユーチューブとかにあがっているから有名になったんですかね」

小休止に入ったお寿司屋《すしや》で、隣り合わせた（おそらく）おばちゃんにそう言うと、ふふんと鼻で笑って、

「ちゃんと上がってくれたら、どこから（お客が）来てても、どうでもええんや」

と、つまらなさそうに言って、生ビールをがぶっと飲んだ。

新開筋商店街の不動産屋に行く。

〈新築料亭
山王三丁目　桜木町
客室四室
保証金五百万

家賃四十万〉
〈料亭　山王三丁目　桜木町
客室四室
保証金四百万
家賃三十五万（応相談）〉
などと貼り紙が出ていた。
「飛田の本、読みましたよ。本の中に保証金二千万、家賃二百万ていう物件が載ってたの、あれ、一桁《ひとけた》間違ってはったんとちゃいますか」。名乗ると、主人が亡くなったので、私がやってますという、私より少し若そうな奥さんが、そんなふうに指摘した。
その日の「貸料亭」の貼り紙は七枚。以前よりも多いのは、新規開業がしやすくなっているということだろうか。
「こういう貼り紙を見て、飛び込んで来るお客さん結構いるんですか」
「いますよ。けど、誰でも『はいどうぞ』というわけにいかへんの。組合の面接が厳しくなってますからね」
お客さんから物件の打診があると、組合に連絡するのだと教えてくれた。

大気温は三十度を超えていたが、じりじりと照りつける日射《ひざ》しはなく、耐えられない暑さではなかったその日から五日間、私は知己を訪ね歩いた。表層的な変化と共に、飛田はその有り様も変わったのか。聞きかじった「近ごろの飛田」を列挙する。
・二〇一一年後半に入り込んできていた「新手の斡旋屋《あっせんや》」は、その後横行するに至らなかった。
・ホストクラブやパチンコ金融を介して、飛田に〝売られて〟来る「女の子」も、料亭側が必要としなくなった。
・ネットが女の子の求人に使われるようになったからだ。
・「15分のお仕事でお給料5０００円」と記した「飛田求人・アルバイト情報」をはじめ、料亭の女の子の総合求人サイトが数種できた。
・料亭独自の求人サイトも多数できた。
・求人サイトでは、「送迎あり」「衣裳《いしょう》無料」「日給制」「勤務時間選択制」が強調されている。
・求人サイトには、他の風俗で働いている女性が応募してくる。性サービスの中で、本番に抵抗感がない子が増えているようだ。

・そのため、女の子は、売り手市場から買い手市場に転じた。
・広く風俗で働く女性たちの間で、「飛田で働ける私」がステータスと囁《ささや》かれるまでになった。
・お客に、他の風俗のようにパネルでなく、実物を見て選ばれるシステムが、「私は一流」のプライドにつながっている。堂々と「私は飛田で働いているのよ」と言う。
・顔や胸にプチ整形をする子が増えた。「飛田の女の子」に採用されてからも、お客がつくように、個々に努力する子の率が上がった。
・専業でなく、ヘルスやデリヘル、神戸のソープランドなど他の風俗と掛け持ちの女の子が増えた。「一流大学の学生」も、飛田での仕事を終えてから、デリヘルの仕事に行く子など、「必死」で働く子もいる。
・彼女らは、タクシーを使わず、電車通勤する。出前を取らず、コンビニ弁当と缶飲料。帰宅途上のコンビニＡＴＭに、その日の給料を入金するなど堅実だ。
・女の子同士の「掲示板」のサイトもでき、情報交換されている。経営者や「おばちゃん」の様子についての書き込みもあり、油断できなくなった。
・「十五分一万一千円、二十分一万六千円、三十分二万一千円」の料金、女の子五〇%、おばちゃん一〇%、経営者四〇%の配分は、以前どおり。

・経営者は、高齢などによる廃業も、他業種からの新規参入もあるのも以前どおり。
・警官の見回りが増えた。しかし、近年検挙者は出ていない。
・お客は、中流以上の若い男性が圧倒的に増えた。
・飛田内に三か所あった「賭場《とば》」がなくなった。それに伴い、客待ちをするタクシーが極端に減った。
・NPO団体の人たちが、数人〜十人を引率して、飛田の〝町案内〟をして歩くスタディツアーが増えた。「中」の人たちは気分を害している。
二〇一二年十二月刊の中村淳彦《あつひこ》著『デフレ化するセックス』（宝島社新書）に、性風俗で働くことが、低収入で働く女性たちの「副業」として一般化し、女性の供給過多が起きてきていると指摘されていた。中村さんは、さらに二〇一四年八月刊の『日本の風俗嬢』（新潮新書）に、そのような激しい状況が続いており、「過去のように女性の価値が簡単に認められて、性がそれなりの価格で男性に売れる社会に戻ることはない。（中略）人気のある風俗嬢には容姿に加えて教養やサービス業の心得がある女性が増えている」とも書いている。飛田の女性が、この潮流にぴたりと当てはまり、装置として飛田新地が隆盛を続けているのだろうか。

もっとも、足早の滞在で、「近ごろの飛田」を知り得るほど、飛田は一筋縄の町ではない。最後に、単行本に登場した主だった人たちの「二〇一四年」を記して結びとしたい。

飛田新地料理組合幹部

飛田会館の重々しい佇まいは、まったく変わっていなかったが、先述のとおり、私の相手をしてくれる幹部は、一世代若返った。この幹部は、私事ながら、遊んでばかりいたうちの息子を立ち直らせてくれた中学三年の時の担任に容貌《ようぼう》が似ていて、私は勝手に親近感を持っている。

「文庫化にあたって、三年の変化を教えてください」

と申し出ると、

「あの本（単行本）は、組合員の中には怒ってる人もいて、たいへんやったんやで。あれで完結にしてくれな困るわ」

と、いらだちを隠さなかったが、相手をしてくれた。

「あの後に他の本も出たでしょ」

と幹部のほうから、料亭経営者からスカウトマンに転じたという著者の手記『飛田の子』『飛田で生きる』（共に杉坂圭介著、徳間書店）のことを話題にした。

「あっちは、悪いこと書いてないからええんやけど」

「著者の方、お知り合いですか？」

「いや、知らん」

ぷつっと話が途切れる。

「お客さんが若返って、遠方のナンバープレートの車も来ているし、すごく賑わっていて、びっくりしました。ずいぶん変わったと思いました」

私は率直な言葉を投げた。

「グループで来てるね。ただ、人通りが多くても、（お客となって二階に）上がるとは限らんしね」

と、痛し痒《かゆ》しの表情を見せる。

「ネット社会やから。写真あかんとしてても、みんなパチパチ勝手に撮って、（サイトに写真や動画を）アップしてるでしょ。ああいうのを見て、見に行こかっていう人は増えてるんちゃうか」

「お店の数も増えました？」

「この三年で十軒増えて、今、百六十四軒かな。けど、ここ三年で客の入りが変わってないていうことは、一軒当たりの売上げが下がってるということ」

増えた十軒は、地元外からの新規参入も、元からの経営者の二軒目、三軒目ということもあるという。「オープンなわけよ」と、表情が少し緩んだ。

「不動産屋さんで、物件を探しに来た人に、組合が面接すると聞きましたが」

「(組合員＝料亭の経営者になるには)組合員の紹介が絶対に要るし、どんどん審査を厳しくしてきてるんよ。暴力団が入ってきたら具合悪いからね」

ずばりの暴力団員ではなく、「後ろに暴力団がついてるな」と思える人が物件の問い合わせをしてくるケースもあるのだという。

「何を聞いてもしどろもどろやったりするから、怪しいとすぐに分かる。一回だけ、見抜けなくて入り込んだことがあったけど、暴力団関係やと分かった時点ですぐに出ていってもらった」

暴力団の排除もそうだが、「規約の行間」に、いくつもの組合の取り決めがあると幹部は言う。

たとえば?

「子どもの通学時間に配慮して、朝は九時半以降しか店を開けてはならないとか、夜十二時にはいかなる場合も閉店するとか。規定の料金を明示して遵守《じゅんしゅ》するとか。料金の明示は風営法で決まってるからね」

それらは、以前から聞いていた、飛田の町づくりのセオリーでもある。トータルな町の継続の所以《ゆえん》であることは間違いなさそうだ。

「外国人のお客さんはオッケーになったんですよね？」

「各お店の判断で。その代わり、言葉とかでトラブっても、お店が責任を取ってね、ということになった。今のところ、トラブルは起きてない」

次に女の子の求人についての変化も訊かなければ、と思った時、それまでかろうじてにこやかだった幹部の顔が急にねじれた。

「もうこれくらいでええやろ？　たいがいにしてや。僕も忙しいねん」

お礼を言っておいとまする。十五分間の対面となった。

帰り際《ぎわ》、玄関のガラス扉に施された、美しい鳥のすかし彫りに目を留めていると、「飛田新地料理組合」と白抜き文字が入った上着を羽織った男性が近づいて来て、誇らしそうにそっと教えてくれた。

「鳶《とび》です。飛田を鳶の田とも昔、書いたから。左右（の模様）は稲がデザインされてるんですわ」

鳶は上昇気流に乗って輪を描きながら上空へ舞い上がるが、餌《えさ》を見つけると急降下する鳥だ。飛田のトレードマークは、一九三七年（昭和十二）の建設以来びくともしないこの建物に、かすり傷ひとつなく、在り続けている。

まゆ美ママ

単行本の取材で知り合って以来、私はまゆ美ママと、お気に入りの飲食店の情報交換をしたり、犬の飼い方について話したりするようになり（三匹を飼ってきたママに、私が教えを乞《こ》うばかりだったが）、仲良くなった。

単行本が出た翌二〇一二年に店に行った時、心理カウンセラーとして独立するために、東京から稼ぎにきているという美しい女の子がいた。ママ曰く「今まで使った中で最高の、聡明《そうめい》な子」。

「熱海で温泉芸者をしていた時、〝膣芸《ちつげい》〟に興味を持って学んだことが、通用するかどうか試したいから飛田に来た」と、その女の子から聞いた。

借金うんぬんはなし。私にとって、単行本の取材中には一人も会えなかった「自分の意志で飛田にやって来た女の子」だった。

今回訪ねると、彼女はすでに「結婚して辞めた」とのことだったが、負けず劣らず、見るからに「しっかりした」タイプの女の子たちがいた。

「前に井上さんに話した頃と大違いですよ」

ママの声は、変わらずハスキーだ。以前は、年より老《ふ》けて見えたが、今は見た目の年齢に、実年齢がきっかり追いついた。五十七歳だ。女の子を「『飴《あめ》と鞭《むち》』でしつけていく」「調教、洗脳していく」と強烈な商売哲学を聞いたことが記憶に鮮明だが、求人にネットを使うようになった今はもうそういう時代ではないときっぱり言った。

応募してきたメールのやりとりで「きちっとした常識のある文章が書ける女の子」を見極めて面接し、採用する。以前のように、完全な「上」と「下」の関係ではなく、むしろ「お金を稼ぐ」という確固たる目的を共有する「同志」の感覚。だからこそ、プライドを保てるように、ひと言ひと言に気をつかうという。私生活にも、性的サービスの仕方にも立ち入らないともいう。

「プロ意識がきちんとあるんですよ、このごろの子。もう感心しますよ」

以前悩まされた無断欠勤や無断遅刻をする子はいなくなった。今の女の子は「体が資本」としっかり弁《わきま》えているから、自発的に小顔エステや骨盤マッサージに行く。体を柔らかくしてから、イキイキした顔で出勤してくる。体重が少しでも増えれば、甘いものを我慢し、「マンツーマンでやっているダイエット教室」に行く。ボディクリームも「びっくりするくらい高価なもの」を使っている。

態度が横柄《おうへい》で断ったほうがよかったかもともたげたお客を上げてしまった後、「キツかった?」とママが訊くと、以前の女の子ならお客の悪口を言ったものだが、「いいえ、やんちゃな人はかわいいです」と、お客の味方をする子さえいるのだそうだ。

「強いね〜。そういう真剣な気持ちは、接客態度に出るんですよ、絶対。いい仕事をするから、馴染みさんができる」

たとえばこんな子もいたと、ママが熱く語ってくれたのは、「営業の仕事をしていて、どうにもイカンことになった二十三か二十四の女の子」の話だ。

「はっきり言って、ぶさいくで汚い子やったんよ」

そう言い切った。

「その子の裸を見て、これは使えん、お客さんがひくやろと思った。アトピー体質で、肌もかさかさ。アザも紫色のシミもあって。おまけにペチャパイやし。でも、『どうしても』って言うから雇ったんですよ。そしたら、たぶんお客さんに『私、こういう体でごめんなさい』って包み隠さず体を見せて先にお詫《わ》びしてから、そのぶん真心を込めていい仕事をしたんやろね。足を広げて（性器を）貸すだけと違うんよ。昼間のバイトで来ていたけど、毎日、立て続けに何本も取った。誰一人、文句を言うお客さんがいなかったばかりか、彼女が辞めて半年経《た》っても、『あの、紫色のアザの子』と指名で訪ねてくるお客さんもいた……」

彼女は金額目標を達成し、十か月できっぱり辞めたそうだ。私は思わず「快挙ですね」と言った。ママは以前「ちょっとだけこの仕事をやってやめたら、心に深い傷が残ります。けど、一千万円手に持って辞めたら、傷にならないの」と言ったが、つまりそういうことなのか。

「あのアトピーの子には、『風俗の仕事を真剣にするとはこういうことや』と、私の方が勉強させてもらった」

私は、女の子も変わったが、ママも変わったのではないかと思った。女の子を自分のところの〝商品〟としか見ていなかった以前のママなら、こんなことは言わなかったはずだ。

「飛田、というか風俗は質を問われる時代に入っていると思いますよ。髪がぱさぱさで、へちゃけた靴を履いてるような『風俗乞食《こじき》』は生き残れない。イヤイヤやる子ももう先はない。『自分の借金、自分で返すぞ』っていう気力に満ち、私生活もしっかりしている子たちの中で、しのぎを削っていくことになるんちゃうかな」

そう分析し、「私もがんばれるところまでがんばろうと、この仕事を前向きに考えている」と、不退転の決意を示したのだった。

タエコさん

まゆ美ママの店で「おばちゃん」をしていたタエコさんには、どうにもこうにも飛田で会えず、東京に戻ってから電話で話した。

この三年で三か所の店を変わり、別の店のおばちゃんになっていた。四十四歳。生まれ育った名古屋より、すでに飛田での暮らしのほうが長くなった。

——飛田、変わりましたよねえ。

おじさんがおらんくなったのは、ここ二年くらいかな。女の子（の求人）が、ネットになったのもだいたいそれくらいから。昔は、借金があって内緒でやる仕事やったのに、そうでなくなって。別に風俗せんでええんちゃうの、と思う子がいっぱいいるもんね。あの意識感覚、もううちらには分からんわ。

——プロ意識が強い子が増えたって、まゆ美ママに聞いたけど。

それはお店によりますわ。ソープやヘルスと掛け持ちでしんどいからとか、昨日ホスト（クラブ）に行って朝起きられへんから、『今日はや〜すも』の子もいますよ。そんなにいい子ちゃんばかりやない。

——タエコさんがお店を変わったのはなぜ？

女の子のネット掲示板に、あることないこと書き込まれたから。「気にせえへんよ」と言ってくれてた親方も、やがてそうでなくなり……みたいな感じかな。

——でも、また次に雇ってくれるお店が見つかる。

分かってくれるところはある。人脈が大事やと思います。

——前に「現状満足度ゼロ％」と言ってたけど、今は？

変わらんちゃうかな。今、三十万円を誰かがくれたら、おばちゃん辞めて「昼職」を探すと思う。その三十万円がないんですよ。

——三十万円を「誰か」に頼らなくても、一か月に一万円ずつ貯金したら、三十か月で貯まるよね？

それができへんのよ。宵越しの金は持たない、みたいなクセがついているから。日銭（日給）が怖いのは、『明日仕事行ったら金になる、なんとかなるわ』『必死こいて考えて客をひいたら、明日一万円持って帰れるわ』って思うこと。実際、二十年なんとかなってきたし。浪費してきてしもた。出勤したら毎日千円の出前とって、休みの日はコンビニ弁当。自炊せえへんし。たまには息抜きも必要やん。パチンコ行くし。

——お給料って、いくらくらい？

一か月トータルで言うと、二十五、二十六から三十。八月は三十超えた。せめてその三分の二を稼げる昼職につきたいけど、ないよねえ。

――昼職って、事務とか?

事務はムリ。飲食店が理想やけど、パチンコ屋かスーパーで働きたい。三十二のとき、一所懸命探したことあるんよ。「募集」て書いてある店に行って、応募して。でも、ことごとくあかんかった。高校生のバイトは採用されても、うちは採用されへん。三十二であかんかったんやから、今いけるわけないと思ってしまう。

そいでさあ。七十のおばちゃん見てたら、アホやなあと思う。二十年前のいい時に稼いでるのに、使ってしまって、未《いま》だに闇金《やみきん》に借金やろ。うちは六十から六十五で離れたいと思う。ま、生きてるだけもうけもんや、幸せやと思うけどね。

以前会ったとき高校生だった娘さんは、二十二歳になった。高校卒業後、自動車部品の販売会社に勤めた後、今年の三月に子どもが生まれ、結婚した。相手は「ふつうの子」で、娘さんは目下専業主婦なのだという。「孫、かわいくて~。一緒に買い物に行って、洋服やらなんやら、ついついいっぱい買ってあげてしまう」と、声がはずんだ。

田口さん夫婦

以前の取材中、飛田周縁の古びた大型木造アパートに住んでいる時に知り合い、途中で二階建ての借家に引っ越した田口さん・さっちゃん夫婦は、仲良く住み続けていた。

日雇労働中に大けがをした後、生活保護を受給していた田口さんは、そのままの暮らしを続行。今年五月に「オシッコが出んようになって、七転八倒の痛みがきて、救急車で運ばれた」。前立腺《ぜんりつせん》肥大の手術をした後、健康を取り戻したという。

飛田のおばちゃんだった奥さんのさっちゃんは、目が見えなくなってきて、網膜剝《はく》離《り》の手術をした。休んでいる間に、大腸などにポリープが五つ見つかった。「大手術をして、なんとか生き返った」という。

「おばちゃんの仕事は、目が疲れるんよ。ストレスも溜《た》まって、病気になったんやと思う」

退院後、「働くのはもうムリ」になり、生活保護を受給するようになった。

二人とも、創価学会の活動により熱心に取り組むようになっていた。

「飛田の本、何か月もかかって、線をひきながら初めから終わりまで読んだで。その後、五冊買うて、近所の人にあげたがな」

と田口さんがありがたいことを言ってくれる。

孫の一人が、公立大学に入学し、専門職を目指して勉強していると、少し誇らしげに教えてくれた。

マツノさんの娘、梅田さん

「母（マツノさん）はさすがに年いきましたが、元気にしています」とのこと。梅田さんも料亭の経営を続けていた。

伺った日は、梅田さんの店のすぐ近くにあるお地蔵さんの「地蔵盆」の日で、前日から炊《た》いたという大量のおでんなどを料亭脇《わき》のスペースにテーブルや椅子《いす》を設営し、お手伝いの女性らと並べていた。

夕刻になると、飛田の親方やおばちゃんやその家族らが三三五五、お地蔵さんへのお供えを持ってやってきて、井戸端会議に花を咲かせた。

さらには、地域外からも子どもたちが次々とやってきた。若い親に手を引かれ浴衣《ゆかた》を着た幼い子もいれば、部活帰り風の中学生グループもいる。合計二百人近くに及んだ。

「はい、並んで。みんなお線香一本ずつね」

と線香を配り、幼い子には、

「まんまんちゃんあん、やで～」と促す。

拝み終わった子たちに、駄菓子を大量に詰めたビニール袋を手渡していく。

「(出費が)かさむけどね。毎年のことやから」

梅田さんは、始終にこやかだった。

原田さん

単行本の取材の終盤、飛田の町から追い出される形で、奥さんの出身地の北陸の温泉町に引っ越した原田さんは、その後、立山連峰を望む富山県の小さな町に再び夫婦で引っ越した。

私は、単行本が出た時に送り、「着いたど～。読むど～。りっちゃん、ようやったど～」と電話をもらって少し話したが、その後連絡をとっていなかったことが悔やまれる。

「あの～、これ、井上さんの携帯ですよね?」と原田さんの奥さんから電話がかかってきたのは、二〇一二年の五月だった。

「お父さん(原田さん)の携帯に井上さんの登録があったから、いちおう知らせておこうと思って」

イヤな予感がした。

「お父さん、一週間前の夜、コタツでコーヒーを飲んでいて、ちょっとむせったと思ったら、急にばたん、みたいな感じで死んでしもたん……」

六十六歳。とりたてて持病はなかった。本当に急な死だったと、奥さんはとぎれとぎれに話してくれた。

立山連峰を仰ぐ町は、やはり奥さんの親戚《しんせき》のある町だという。二度目の引っ越しの理由を私は知らない。

「あっけなかったけど……悲しいけど……、そんなに苦しまずに逝《い》けたのはよかったと思うの。お父さん、最期《さいご》はわたしに迷惑をかけたくなかったんよ。（頼れるのは）わたししかなかったんやと思う……」

聞きながら、酒焼けの赤ら顔でお湯割を飲む原田さんがありありと思い出された。

「森繁久彌《もりしげひさや》の家の近く、枚方《ひらかた》の豪邸へ、おかんとおとんが、飛田から車飛ばして朝方帰ってくる」

「台湾で乞食したあと、カラオケのビジネス大成功よ」

「女の子が帰ってきたら、迎えたらなあかんから、この家つぶされへんのよぉ」

原田さんからたくさん聞いた話の中で、なぜかその三つのフレーズがリフレインする。細長いカウンター席の「おかめ」の店内と、だだっ広い居宅、それに最後に会った雪が降りしきる温泉町の駅前での姿が思い出されてならなかった。

「原田家のお墓は京都の八幡《やわた》市にあるんやけど、一心寺に入りたいて言ってたし、お父さんにはそっちのほうが賑やかでええかなと思ったりしてる」

と、奥さんの声は、電話の途中から気丈になっていった。

「誰か飛田の人に伝えましょうか」

と訊くと、

「いや、いいわ。一人だけ、お父さんが最後まで懇意にしてた人に電話したけど、その人ももう病気で……。他にはもういいわ、ってお父さん言ってると思うので」

私は、お花を送りたいと伝えたが、奥さんは「気持ちだけもらっとくね」と固辞された。「知らせてくださって、ありがとうございました。ご冥福《めいふく》をお祈りします」と電話を切った。

四十九日を過ぎて、原田さんの遺骨は一心寺に納骨された。以来、奥さんは、命日やお彼岸など年に五回、お参りに行っている。飛田の近くの行きつけだった喫茶店に寄ってコーヒーを飲むが、飛田の「中」には行かない。毎回、富山から日帰りしていると後に聞いた。

一心寺は、飛田から三キロほど北、天王寺区逢阪《おうさか》にある「骨佛《こつぶつ》」で知られるお寺だ。浄土宗だが、檀家《だんか》でなくとも、宗派を問わず誰もが納骨でき、納骨された多くの人たちの遺骨で作られた骨佛（阿弥陀如来《あみだにょらい》）がある。今回、私はやっと訪れることができた。

境内に入ると、平日なのにずいぶんな人出だ。

大本堂の左手に「お骨佛堂」と「納骨堂」があり、合計七体の「骨佛」が鎮座していた。次から次にお参りの人がやって来ている。線香の煙が絶えないとはこういう光景を指すんだと思った。

「明治二十年におよそ五万体の遺骨を粉末状にし、布海苔《ふのり》を加えて仏像を建立したのが最初。大阪大空襲で全焼した後、戦後一体目が鋳造された。以来十年毎《ごと》に建立しており、次の建立は平成二十九年の予定である」との旨《むね》の説明書きがある。

案内所で、納められた遺骨の数を訊く。「すでに十数万人ですね。京阪神はもちろん日本全国、遠く海外からも納めに来られています」

原田さんの奥さんが言うとおり、確かに「賑やか」である。原田さんの遺骨は粉砕されて、三年後に建立される阿弥陀仏の一部になるのを待っているのだ。

身内でなくてもお経をあげてもらうことができるそうで、書類に原田さんのフルネームと命日を書いて依頼した。

念仏堂で、手を合わせながら僧侶の読経を聴く。

まぶたに浮かんだ原田さんは、吹雪の北陸の町で肩を落としている姿でも、居酒屋「おかめ」で焼酎《しょうちゅう》をあおっている姿でもなく、飛田の夏祭りの子ども神輿《みこし》の先頭に立って、大勢の子どもたちを率い、汗をふきふき練り歩いている姿だった。

「りっちゃん、僕（飛田の近くへ）帰ってきたど～」

そんな声が聞こえたような気がした。

読経が終わり、クーラーの効いた念仏堂を出ると、まだまだ残暑は厳しい。なのに、ふと空を見上げると、大きないわし雲が広がっていた。


今回、飛田を訪ね歩いた後、天王寺に出た。長く工事していた駅前が、ファッショナブルに整備され、大きく変貌を遂げている。ひときわ目を引くのが、天を仰ぐように聳《そび》える、日本一高層の「あべのハルカス」である。

壁も天井もガラス張りの洒落《しゃれ》たエレベーターに乗ると、またたく間に地上六十階、三百メートルの展望フロアに昇り着いた。北方ににょきにょきと立つ梅田やＯＢＰ

（大阪ビジネスパーク）のビル群など繁華な町並みが広がり、東方は生駒《いこま》山系、西方は大阪湾まで建物で埋め尽くされている。大阪の町の巨大さに圧倒される思いだ。

西方の足元に目を向けると、すぐに分かった。ボクシングジムのある黄色いビルがランドマークだ。その周りに、黒く低い家並が集中している。日が落ちてくると、碁盤の目に橙色《だいだいいろ》の光が一直線に点《とも》り、黒い家並を煌々《こうこう》と照らした。そして、北側と西側に続くあの暗い商店街のアーケードに蛍光灯の白い灯りが浮かび上がり、飛田の「中」がここからここまでと、あたかも明示するがごとくだ。私は、持ってきたデジカメのシャッターを押した。

展望台の窓際には、あそこがＵＳＪ、あっちは梅田、向こうは明石海峡大橋だとはしゃぎ、写メやデジカメで眺望を撮る人たちが溢《あふ》れかえっていたが、黒く低い家並にカメラを向ける人など皆無だ。

ふと思った。

かつてのフィルム写真は、真実のみを写し取り、プリントは経年につれて徐々にセピア色化していった。対して、デジカメで撮った写真は色褪せることもなければ、いかようにも加工が可能である。飛田の「今」は、セピア色のフィルム写真と、自在に操られ形を変えるデジカメ写真が混ざり合っている、と。

展望フロアの喧噪《けんそう》が遠い世界のように感じた。

二〇一四年十月

井上理津子

四三二～四三五ページ、四四〇～四四五ページは「飛田新地の『写真屋』」（「オール讀物」二〇一二年十月号）に加筆修正したものである。

解説

桜木紫乃

井上理津子さんは、「目と耳と魂のひと」だ。

その目で見てその耳で聞き、その魂で書く。井上さんは女一生の仕事として、最後に残るのは書き手の「人柄」という恐ろしいジャンルを選んだ。

井上さんの文章は構えがない。「よし、行くぞ」の前に走り出しているので、構えている暇がないのだ。敵が構えている間に斬《き》っている。相手は斬られていることにも気づかないかもしれない。いや、斬ってる本人も、自分の興味が刃《やいば》だと気づいてないのではないか。まるで居合抜きのような気配を漂わせながら、しかし彼女は途中何度も、自分の取材方法に悔いを挟み込む。最後まで走って残る「悔い」ではない。走りながらつまずきながら、更に走るためのエネルギーとしての「悔い」だ。

井上さんはこれをオリジナルの文章芸としてさらけ出してしまう。ゆえに書き手と読者が、同じ視線の高さで取材対象を見つめることになる。書き手の体を巡っている血が書かせているのかもしれない。本能なのか――。

その、体温に比例する井上節に触れているとき、「なんて無防備な格好で走っているんだ。おばちゃん、転んでしまうで」とツッコミを入れたくなることたびたび。こちら極道映画が大好物で、この手の話には目がないのだが、井上さんの徹底ぶりには正直ハラハラする。組事務所にいきなり訪ねて行き門前払いをされるも、その後すぐに手紙で筋を通す。そして一家を構える組長に「身も蓋《ふた》もない質問」をするのだ。無防備もここまでくると痛快だが、文章にならなかったあれやこれやを想像すると、こちらの心拍数は上がりっぱなしだ。

取材のためなら友人（タカヤマさん）に飛田の求人募集で囮《おとり》面接をさせる。目と鼻の先にある警察署に「取締の有無」を訊《たず》ねる。話を聞かせてくれ、と手製のビラも配る。ビラを見て連絡をくれた女の子の、借金や男での失敗が満載の告白を聞き、著者はうっかり「消費生活センターとか法律事務所に相談しなかったんですか？」と聞いてしまう。電話はそのあとブチッと切れた。著者は「私は地雷を踏んだのだ。こういう場合、まともな質問をはさんではいけなかったのだ」と悔いる。

（女の子の）告白には首を傾《かし》げたくなることがいくつもあった――が、井上節はそこで終わらず。――しかし、今思うに、話のいくぶんかは本当だった、と――思うのだ。

女の子たちの告白が明らかな虚言だったとしても、彼女たちの言う「ドラマにでも映画にでもなる人生」というドレスを（その時だけでも）着させてあげれば良かったというところに着地する。書き手の涙が見える瞬間だ。四百枚配ったビラで、連絡をくれたのは四人だった。

本書は、女の生き方、生きる場所、死ぬ場所、を追求し続けてきた著者が十二年という長きにわたり取材しつづけた色街、「飛田新地」で目にした現実だ。フィルターとして在る視線が女性ゆえ、男性の書き手とはまったく異なる角度から切り込んでいる。

本書は、「春をひさぐ女性」の、「女」の一文字を取り出して、「生活」というスポットライトをあてている。これが男性の視点を持つとどうなるか。「性」の一文字を取り出して「女」にスポットがあたるのではないか、と考えた。強いて言うなら、「売りものの春」に金を払う者と受け取る者の、意識の違いが出る一冊なのだ。

取材を始めたころの記述が生々しい。料理組合の幹部とのやりとりだ。

「で、ご用件は？」に彼女は直球も直球、剛速球のストレートを投げ込む。この球は本人も止められないし、本能だから仕方ない。

「飛田の町が好きだから歴史を書きたい、町のあらましを知りたい」

訴える著者と、笑顔のいっさいない男性六人の言葉の綱渡り。

「書いてもらわんでいい」

「飛田のことは、話すべきことではない」

しかし「大阪の古き良き町を代表するような町やから、もっと知りたいんです」と食い下がる彼女に返ってきた言葉が「それ書いたら、おたくはいくら儲《もう》かるの？」だ。

「あんまり儲からない」と彼女は答える。しかし「儲からなくても、書きたいんです」と続ける。人の心が動くとき、いつもそこには「切実」があると思っている。まさにこのやりとりによって、書き手の輪郭がはっきりする。姿勢が決まる瞬間だ。儲からないと言い切る姿が、いつしか相手の心を動かしてゆくのだ。

「あんたに話すことは何もない」、穏やかな口調での押し問答は続く。

「それはなんでですか？」と著者。

「おたくが、飛田を本当のところはどう思ってはるのか分からへんけど、昔はともかく、今は私らはイカンことしてるんやから。書かれては困るんや」

かみしめるように放たれた言葉に対して「イカンことをしている」意識があるのだ、と驚くところが井上節の「抜き」だ。好奇心と罪悪感と冷静さでマーブル模様になった文章は、常に等身大。読者にストレスを与えない文章とはこういうものかと気づかされる。文は人、というのは本当だった。


十二年ものあいだ同じ意識を持ち気づきを繰り返す。想像しただけで気が遠くなる。この間の書き手のフィルターは、透明。まったく濁りを感じない。本書は取材先が生身の人間であるがゆえ、書き手の迷いは迷いとして認めながら前に進むのだ。

そして、歴史と街のあらましを記した箇所では一切の迷いが消える。取材にかけた長い年月と資料の数が立証するできごと、ひとつひとつが重い。人と歴史のあいだに立ち、己を守る術《すべ》を忘れた書き手の執念が見える。

ふと漏れ出したように綴《つづ》られる箇所で、思わず手を止めた。

「人は多面体だ。経歴を問われ、答える時、軸足をどこに置くかによって、いかようにも話すことができる。自分を正当化するなり、卑下するなり、微妙な創作を他意なく加えがちだ。誰だってそうだ。聞く側との距離が縮まらないうちから、率先して都合の悪いことなど口にしないのも当然だろう」

だからこそ、ノンフィクション、フィクションにかかわらず、書き手は自分の軸を曲げられないのだ。迷いはしても、曲げない。結果的に、曲げられなかったことしか世に出て行かないことを、経験的に識《し》っている。

拙著『ラブレス』の記事取材をしてもらってからのつき合いだが、興味の方向が似ているらしく、話しだしたらとまらない。

いつか電話でこんなやりとりをしたことがある。

「カニサラダ作るときってさ、カニのむき身だけじゃちょっともの足りないらしいよ」とワタクシ。

「え、なになに、それ」と井上さん（どうだこの、スカッと飛びつく足さばきの良さ）。

「風味だすのにカニカマボコをちょっとだけ入れると旨《うま》いって聞いた。ノンフィクションとフィクションって、もしかしたらこのカニのむき身の分量と書き手のフィルターのバランスが関係あるかもしれないな、って」

「ちょっと、いきなりグッサリくるようなこと言わんといて」

「いや、アタシはどうやらカニカマだけで作っているかなぁ、って思ったもんだから。フィルターの反省も込めてさ……」

「あたしいま、カニカマってメモした……どうすんの、メモしちゃったよ！」

あれ以来、お互い旨いカニサラダを作ることばかり考えている。

生きること、死ぬこと、生きてきた道、これから往《ゆ》く道、そして人間——。

実際にいるひとやあったことを綴る人間と、そこにないもの居ない人を綴る人間の目指しているものは、等しく「真実」（カニサラダ）であったか。あの日、ふたりとも同時にため息を吐《つ》いたので、おそらく同じ気持ちだったろう。

産婆《さんば》さん、下町酒場、大阪名物に女の仕事、そして納棺師。まさにゆりかごから墓場まで、人の世の好奇心を背負って生きる井上理津子の仕事に終わりはない。

時代の尻馬《しりうま》に乗らず、長い長い年月と有り金をたたき込んだ一冊『さいごの色街飛田』は、己の味を信じて書き続けてきた著者の「心意気」を読む醍醐味《だいごみ》に溢《あふ》れている。

文庫化まで街を見つめ続けてきた十四年間、飛田新地もずいぶんその姿を変えたという。経営者、女の子、客引きのおばちゃん、お客も街の景観も。なので文庫版には、長い「あとがき」が加えられた。〝その後の色街 飛田〟だ。

あとがきの長さが、単行本から文庫になるまでの間、人が動き建物が古び、なにもかもが「生きている」あるいは「生きていた」ことを教えてくれる。いつだって、劣化しないものの恐ろしさを、正直に恐ろしいと言える人間でありたい。人も思いも移ろいゆくもの。そんな書き手の切ない思いが、あとがきの行間に滲《にじ》んでいる。

彼女は書く。「かつてのフィルム写真は、真実のみを写し取り、プリントは経年につれて徐々にセピア色化していった。対して、デジカメで撮った写真は色褪せることもなければ、いかようにも加工が可能である」と。やはり、劣化しないものは、ひとに「かなしみ」を伝えてはくれないのだ。

女の道は穴だらけだが、その心と体に無数に空いた穴の愛《いと》しさよ。

ページをめくっていると、「女の穴は、男の穴でもある」と言われている気がする。本書の半ばにある一行が、ことのほか好きだ。

――しぶとく、すさまじく、ろくでもない。

書き手、井上理津子が愛してやまないものが、この一行に込められている気がするのだ。

文庫版『さいごの色街　飛田』は、人の世の欠落と過剰を、まるごと愛してくれるひとの、人情凝縮の一冊として、新たな一歩を踏み出した。

二〇一一年の単行本あとがきには、「売買春の是非を問いたいわけではなかったが、そのことについては、書き終わった今も私に解答はない」とある。きっと文庫化された今も、著者の意識は同じ思いを抱えたまま、飛田の街を歩いている。

（平成二十六年十一月、作家）

主要参考文献

『東成郡最近発達史』大阪府自治講究会東成郡支部、1925年
『東成郡誌』大阪府東成郡役所編、大阪府東成郡役所、1922年
『天王寺村誌』大阪府東成郡天王寺村編、天王寺村公同会、1925年
『西成区史』川端直正編、1968年
『新修大阪市史　第五巻、第六巻、第七巻』大阪市、1991年、1994年
『大阪府史蹟名勝天然記念物』大阪府学務部、1931年
『大阪の町名　その歴史　上巻』大阪市市民局編、大阪市市民局、1990年
『大阪の町名　その歴史　下巻』大阪市市民局編、大阪市市民局、1992年
『大阪市の歴史』大阪市史編纂所、1997年
『大阪の風俗』宮本又次、毎日放送文化双書、1973年
『新装版　大阪繁盛記』鍋井克之、東京布井出版、1994年（旧版、1960年）
『都市の近代・大阪の20世紀』芝村篤樹、思文閣出版、1999年
『覆刻版　近代大阪』北尾鐐之助、創元社、1989年
『飛田遊廓の沿革』1933年
『飛田遊廓沿革史』（『南大阪名士録』巻末付録）三橋義澄編、関西朝日新聞社、1941年
『飛田遊廓反対意見』飛田遊廓設置反対同盟会、1916年
『近代庶民生活誌　第13巻　色街・遊廓Ⅰ』南博・林喜代弘編、三一書房、1992年
『近代庶民生活誌　第14巻　色街・遊廓Ⅱ』南博・林喜代弘編、三一書房、1993年
『性暴力問題資料集成　第１巻、第２巻、第４巻、第13巻、第23巻』不二出版、2004～2006年
『近代日本のどん底社会』草間八十雄、磯村英一監修、安岡憲彦責任編集、明石書店、1992年

『南海鉄道案内（全）復刻版』宇田川文海編述、新和出版、1978年
『日本遊里史』上村行彰編、文化生活研究会、1929年（復刻版、藤森書店、1982年）
『売られ行く女』上村行彰、大鐙閣、1918年
『全国遊廓案内（関西編）』日本遊覧社、1930年
『三都花街めぐり』松川二郎、誠文堂、1932年
『全国花街めぐり』松川二郎、誠文堂、1929年
『上方色町通』食満南北、四六書院、1930年
『日本歓楽郷案内』酒井潔、竹酔書房、1931年
『極秘　貸座敷ニ関スル調査』内務省警保局保安課、1936年（復刻版、早川重雄刊、1994年）
『芸娼妓酌婦紹介業ニ関スル調査』中央職業紹介事務局編、1926年
『大阪基督教会沿革略史』大阪基督教会、1924年
『大阪府下新地組合　組合員名簿』1953年
『日本廃娼運動史（復刻版）』伊藤秀吉、不二出版、1982年（元本、1931年）
『滋賀県八日市市　八日市新地遊廓』三露俊男（前掲『近代庶民生活誌　第13巻』付録）
『浪華夜ばなし』篠崎昌美、朝日新聞社、1954年
『全国女性街・ガイド』渡辺寛、季節風書店、1955年
『大阪と売春』大阪市民生局福祉課、1957年
『婦人保護の二カ年』大阪府民生部、1958年
『平成21年版　警察白書』警察庁編、ぎょうせい、2009年
『大阪の売春小史』大阪市民生局福祉課、1959年
『大阪の婦人保護』大阪府民生部、1961年
『昭和60年度　婦人保護の概要』大阪府婦人相談所、1986年
『平成７年度　婦人保護の概要』大阪府婦人相談所、1996年
『売春対策の現況』売春対策審議会編、大蔵省印刷局、1968年
『遊女の生活』中野栄三、雄山閣出版、1969年
『雪の碑』江夏美好、河出書房新社、1980年

『哲学者　無然先生奥義書』
『国家売春命令』小林大治郎・村瀬昭、雄山閣出版、1992年
『占領下の大阪：大阪連絡調整事務局「執務月報」』大阪市史編纂所（大阪市史料調査会、1985年）
『日本売春史・考』吉田秀弘、自由社、2000年
『大阪ことば事典』牧村史陽編、講談社学術文庫、1984年
『松島遊廓沿革誌』須田菊二、松島遊廓取締事務所、1933年
『今里新地十年史』黒阪雅之、今里新地組合、1940年
『遊女・からゆき・慰安婦の系譜』金一勉、雄山閣出版、1997年
『昭和平成ニッポン性風俗史』白川充、展望社、2007年
『売買春問題にとりくむ』高橋喜久江、明石書店、2004年
『性風俗史年表　昭和［戦後］編』下川耿史、河出書房新社、2007年
『戦後　性風俗大系』広岡敬一、朝日出版社、2000年
『昭和キャバレー秘史』福富太郎、文春文庫 PLUS、2004年
『大正・昭和の風俗批評と社会探訪——村嶋歸之著作選集第４巻　売買春と女性』津金澤聰廣・土屋礼子編、柏書房、2004年
『現代の売春と人権』三塚武男、大阪の婦人保護事業を守る会、1985年
『女たちの戦後史』柴田悦子編、創元社、1989年
『女性弁護士の歩み』日本弁護士連合会 両性の平等に関する委員会編、明石書店、2007年
『暮らしと物価　大阪百話』大阪市市民局企画、「暮らしと物価　大阪百話」編集委員会編、財団法人大阪都市協会、1992年
『戦後値段史年表』週刊朝日編、朝日文庫、1995年
『大阪市の区画整理』大阪都市整備協会編、大阪市建設局、1995年
『大阪府警察40年の記録—昭和30年〜平成７年』大阪府警察史編集委員会編、大阪府警察本部、1998年
『広域暴力団山口組壊滅史』兵庫県警察本部、1968年
『殺しの軍団柳川組』木村勝美、メディアックス、2008年
『実録柳川組の戦闘』飯干晃一、徳間書店、1978年
『廓』西口克己、三一書房、1956年

『飛田ホテル』黒岩重吾、角川文庫、1971年
『花街』加藤政洋、朝日新聞社、2005年
『遊廓』森田一朗編、筑摩書房、1998年
『飛田百番』橋爪紳也監修、吉里忠史・橋爪紳也・加藤政洋、創元社、2004年
『写真集　なにわ今昔』毎日新聞社、1983年
『赤線跡を歩く』木村聡、ちくま文庫、2002年
『消えた赤線放浪記』木村聡、ミリオン出版、2005年
『娼婦学ノート』伊藤裕作、データハウス、2008年
『聞書　遊廓成駒屋』神崎宣武、講談社、1989年
『中村区史』中村区制十五周年記念協賛会編、中村区制十五周年記念協賛会、1953年
『山口組概論』猪野健治、ちくま新書、2008年
『図解　裏社会のカラクリ』丸山佑介、彩図社、2007年
『愛するがゆえに』伊佐千尋、文春文庫、1997年
『自伝的戦後史』羽仁五郎、講談社、1976年
『大阪朝日新聞』
『大阪毎日新聞』
『基督教週報』第33巻第14号
『週刊コウロン』1960年４月５日号、「無軌道売春の街・大阪『飛田』」黒岩重吾
『週刊大衆』1989年２月６日号
『週刊読売』1957年５月26日号
『大阪春秋』（第９号、第25号、第75号、第79号、第89号）
『上方』1933年４月、第28号、「飛田遊廓の沿革」上方郷土研究会編、創元社
『東洋時論』1912年７月号
『サンデー毎日』1983年９月21日号
『婦人公論』1958年９月号
『朝日ジャーナル』1959年３月22日号

この作品は二〇一一年十月筑摩書房より刊行された。

さいごの色街《いろまち》 飛田《とびた》

新潮文庫 い-121-1

平成二十七年二月一日発行
令和三年十二月二十五日十一刷

著者 井《いの》上《うえ》理《り》津《つ》子《こ》

発行者 佐藤隆信
発行所 株式会社新潮社
郵便番号 一六二―八七一一
東京都新宿区矢来町七一
電話 編集部(〇三)三二六六―五四四〇
読者係(〇三)三二六六―五一一一
http://www.shinchosha.co.jp

印刷・錦明印刷株式会社 製本・錦明印刷株式会社

ISBN978-4-10-126391-5 C0195